U0640725

新时代职业教育课证融通新形态一体化教材

现代物流综合实务

主　编　刘庭翠　周　娜

副主编　秦可欣　沈　捷　滕　蔓

中国财富出版社有限公司

图书在版编目（CIP）数据

现代物流综合实务 / 刘庭翠，周娜主编. — 北京：中国财富出版社有限公司，2024.3

ISBN 978-7-5047-8154-3

Ⅰ.①现… Ⅱ.①刘… ②周… Ⅲ.①物流 Ⅳ.①F25

中国国家版本馆CIP数据核字（2024）第068224号

策划编辑 黄正丽	**责任编辑** 刘 斐 于名珏		**版权编辑** 李 洋	
责任印制 尚立业	**责任校对** 杨小静		**责任发行** 敬 东	

出版发行	中国财富出版社有限公司		
社 址	北京市丰台区南四环西路188号5区20楼	**邮政编码**	100070
电 话	010-52227588 转 2098（发行部）	010-52227588 转 321（总编室）	
	010-52227566（24小时读者服务）	010-52227588 转 305（质检部）	
网 址	http：// www.cfpress.com.cn	**排 版**	宝蕾元
经 销	新华书店	**印 刷**	北京九州迅驰传媒文化有限公司
书 号	ISBN 978-7-5047-8154-3 / F·3644		
开 本	787mm×1092mm 1/16	**版 次**	2024 年11月第1版
印 张	15.75	**印 次**	2024 年11月第1次印刷
字 数	326千字	**定 价**	48.00 元

前　言

在当今这个经济高速发展的时代，物流已然成为推动我国经济增长的重要引擎，被誉为"利润的第三个源泉"。随着全球化的深入和市场竞争的加剧，现代物流业以其高效、便捷的特性，不断展现出其独特的魅力和巨大的潜力。从物流中心、配送中心到第三方物流，这些全新的物流业态不仅促进了物流产业的蓬勃发展，也带动了相关行业的转型升级。与此同时，物流设施与设备的现代化进程也在加速。信息化、自动化、集成化、柔性化、标准化、绿色化已成为现代物流设施与设备的重要发展趋势。这些变化对物流业人才的专业素养和综合能力提出了更高的要求。

因此，为了满足物流业对高素质人才的需求，我们编写了这本教材。本书旨在通过系统的知识体系，结合实践操作，培养学生在现代物流管理领域的专业能力和实践能力。

本书有八个项目，分别为初识现代物流、仓储与配送实务、运输作业实务、物流信息技术、供应链运营、物流成本核算、物流市场开发与客户服务、数字化与智能化应用。本书紧密结合当前物流领域的实践，从强化培养操作技能角度出发，体现了现代物流管理领域的最新实用知识与操作技术，在案例上也有新的突破。

本书的编写团队由多位在物流领域具有丰富经验和深厚学术背景的专家和学者组成。其中，刘庭翠、周娜担任主编，秦可欣、沈捷、滕蔓担任副主编，陈雅娟担任主审，胡倩、肖建敏、李菁、汤冬梅、罗嘉欣、吴文春、蒲稚等多位老师及北京络捷斯特科技发展股份有限公司的多位专家参与编写工作。他们凭借自身的专业知识和实践经验，为本书的质量提供了坚实的保障。

在此，向所有为本书编写付出努力和做出贡献的专家和学者表示衷心感谢。本书在编写过程中，参考并引用了国内外相关专家、学者在现代物流知识领域内的研究成果，在此，向他们表示诚挚谢意。由于编写团队的能力和时间有限，书中难免存在一些不足之处，恳请广大读者提出宝贵的意见和建议，以便我们不断完善和提高。

编　者

2024 年 5 月

目　录

项目一　初识现代物流

项目二　仓储与配送实务

项目三　运输作业实务

项目四 物流信息技术

项目五 供应链运营

项目六 物流成本核算

项目七 物流市场开发与客户服务

项目八 数字化与智能化应用

参考文献

项目一　初识现代物流

- 1 -

📖 **项目概览**

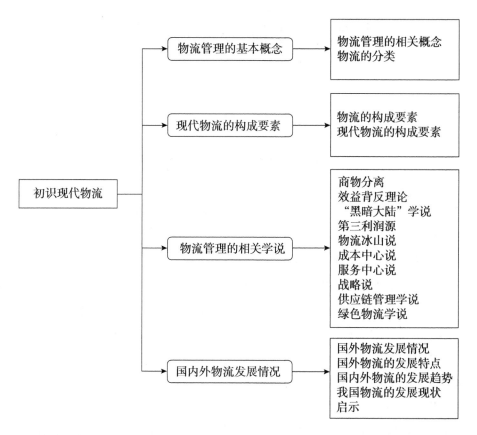

📍 **项目目标**

知识目标	1.掌握物流、物流设施与设备、物流系统等相关概念； 2.掌握现代物流的构成要素； 3.了解物流管理的相关学说； 4.了解国内外物流发展情况
能力目标	能够阐述物流管理的基本概念和现代物流的构成要素，宏观把握国内外物流发展情况

续表

素质目标	培养学生，让他们掌握现代物流基本理论，为其成为现代物流管理人才打下坚实基础
教学重难点	1.物流管理的基本概念； 2.现代物流的构成要素

 **项目解析**

任务一　物流管理的基本概念

案例导入

物流管理专业学生就业情况

对于物流管理专业，很多人并不是十分了解，而且存有疑问：难道学生毕业后就是去物流公司搬运货物吗？

随着世界经济一体化进程的加快、我国经济体系的建立和科学技术的飞速发展，物流产业作为国民经济中的新兴产业，是21世纪的重要产业，也将成为国民经济新的增长点。许多市场意识敏锐的企业，已把物流作为提高市场竞争力和提升核心竞争力的"抓手"，中央、地方把现代物流理念、先进的物流技术和现代物流模式引入经济建设和企业管理。但是，现代物流综合性人才，尤其是改造传统物流与加强物流管理、规划物流系统、运作第三方物流的现代物流综合性人才匮乏，阻碍了企业经济效益的提高。

物流管理专业的毕业生可在物流企业（货运公司）、商贸企业等就业，就业前景良好。除仓储、运输、货运代理等领域的物流人才紧缺外，相关的系统化管理人才、懂得进出口贸易业务的专业操作人才、电子商务物流人才、掌握商品配送和资金周转以及成本核算等相关知识和操作方法的国际性物流高级人才将更具有竞争力。据了解，最为抢手的物流人才，是那些掌握现代经济贸易、运输与物流理论和技能，且具有扎实英语能力的国际贸易运输及物流经营型人才。

任务执行

物流业是融合运输业、仓储业、货代业和信息业等产业的复合型服务产业，是国民经济的重要组成部分，涉及领域广，吸纳就业人数多，促进生产、拉动消费作用大，在促进产业结构调整、转变经济发展方式和增强国民经济竞争力等方面发挥着重要作用。

一、物流管理的相关概念

1.物流

物流是物品从供应地到接收地的实体流动过程，根据实际需要，对运输、储存、装卸、搬运、包装、流通加工、配送、信息处理等基本功能实施的有机结合。

2.物流系统

物流系统是指由两个或两个以上的物流功能单元构成，以完成物流服务为目的的有机集合体。物流系统的"输入"指采购、运输、储存、流通加工、装卸、搬运、包装、销售、物流信息处理等物流环节所需的劳务、设备、材料、资源等要素，由外部环境向系统提供的过程。物流系统是指在一定的时间和空间里，由所需输送的物料和有关设备、输送工具、仓储设备、人员等若干相互制约的动态要素构成的具有特定功能的有机整体。

3.物流管理

物流管理（Logistics Management）：在社会生产过程中，根据物质资料实体流动的规律，应用管理的基本原理和科学方法，对物流活动进行计划、组织、指挥、协调、控制和监督，使各项物流活动实现最佳配合，以降低物流成本，提高物流效率和经济效益。现代物流管理是建立在系统论、信息论和控制论的基础上的。

物流管理不仅是对实物流通的管理，也包含了对服务这种无形商品的管理。物流无处不在，它与人们的生活息息相关，因而物流管理涉及所有类型的组织和机构，包括政府、学校、医院、金融机构、批发商和零售商等。物流管理强调对各种物流活动进行集成化、系统化管理，贯穿产品价值实现的全过程。

物流管理的基本术语的概念如下。

（1）物流战略（Logistics Strategy）。为寻求物流的可持续发展，就物流发展目标以及达成目标的途径与手段而制定的具有长远性、全局性的规划与谋略。

（2）物流战略管理（Logistics Strategy Management）。物流组织根据已制定的物流战略，付诸实施和控制的过程。

（3）仓库管理（Warehouse Management）。对库存物品、仓库设施及其布局等进行规划、控制的活动。

（4）仓库布局（Warehouse Layout）。在一定区域或库区内，对仓库的数量、规模、地理位置和仓库设施、道路等要素进行科学规划和总体设计。

（5）库存控制（Inventory Control）。在保障供应的前提下，使库存物品的数量最优，进行有效管理而实施的技术经济措施。

（6）经济订货批量（Economic Order Quantity，EOQ）。通过平衡采购进货成本和保管仓储成本，以实现总库存成本最低的最佳订货量。

（7）定量订货方式（Fixed Quantity System，FQS）。当库存量下降到预先设定的最低的数量（订货点）时，按规定数量（一般以经济订货批量为标准）进行订货补充的一种库存管理方式。

（8）定期订货方式（Fixed Interval System，FIS）。按预先确定的订货间隔期间进行订货补充的一种库存管理方式。

（9）ABC 分类（ABC Classification）管理。将库存物品按品种和占用资金的多少分为特别重要的库存物品（A 类）、一般重要的库存物品（B 类）和不重要的库存物品（C 类）三个等级，然后针对不同等级分别进行管理与控制。

（10）电子订货系统（Electronic Order System，EOS）。不同组织间利用通信网络和终端设备以在线联结方式进行订货作业与订货信息交换的体系。

（11）准时制（Just-in-time，JIT）。在精确测定生产各工艺环节作业效率的前提下，按准确的订单计划，以消除一切无效作业与浪费为目标的一种管理模式。

（12）准时制物流（Just-in-time Logistics）。一种建立在 JIT 管理理念基础上的现代物流方式。

（13）零库存（Zero Inventory）技术。在生产与流通领域按照 JIT 组织物资供应，使整个过程库存最小化的技术的总称。

（14）物流成本管理（Logistics Cost Management）。对物流相关费用进行计划、协调与控制。

（15）物料需求计划（Material Requirements Planning，MRP）。一种工业制造企业内的物资计划管理模式。根据产品结构各层次物品的从属和数量关系，以每个物品为计划对象，以完工日期为时间基准倒排计划，按提前期长短区别各个物品下达计划时间的先后顺序。

（16）制造资源计划（Manufacturing Resource Planning，MRP Ⅱ）。从整体最优的角度出发，运用科学的方法，对企业的各种制造资源和企业生产经营各环节进行合理有效的计划、组织、控制和协调，实现既能连续均衡生产，又能最大限度地降低各种物品的库存量，进而提高企业经济效益。

（17）配送需求计划（Distribution Requirement Planning，DRP）。一种既保证有效满足市场需求，又使得物流资源配置费用最省的计划方法，是 MRP 原理与方法在物品配送中的运用。

（18）配送资源计划（Distribution Resource Planning，DRP Ⅱ）。一种企业内物品配送计划系统管理模式。在DRP的基础上提高各环节的物流能力，达到系统优化运行的目的。

（19）物流资源计划（Logistics Resource Planning，LRP）。以物流为基础手段，打破生产与流通界限，集成制造资源计划、分销需求计划以及功能计划而形成的物资资源优化配置方法。

（20）企业资源计划（Enterprise Resource Planning，ERP）。在MRP Ⅱ的基础上，通过反馈的物流和反馈的信息流、资金流，把客户需求、企业内部的生产经营活动以及供应商的资源整合在一起，体现完全按客户需求进行经营管理的一种全新的管理方法。

（21）快速反应（Quick Response，QR）。物流企业面对多品种、小批量的买方市场，不是储备了产品，而是准备了各种要素，在客户提出要求时，能以最快速度抽取要素，及时组装，提供所需服务或产品。

（22）有效客户反应（Efficient Customer Response，ECR）。以满足顾客要求和最大限度降低物流过程费用为原则，能及时做出准确反应，使提供的物品供应或服务流程最佳化的一种供应链管理战略。

（23）连续补货计划（Continuous Replenishment Program，CRP）。利用及时、准确的销售时点信息确定已销售的商品数量，根据零售商或批发商的库存信息和预先规定的库存补充程序确定发货补充数量和配送时间的计划方法。

（24）计算机付诸订货系统（Computer Assisted Ordering，CAO）。基于库存和客户需求信息，利用计算机进行自动订货管理的系统。

（25）供应商管理库存（Vendor Managed Inventory，VMI）。供应商等上游企业基于其下游客户的生产经营、库存信息，对下游客户的库存进行管理与控制。

（26）业务外包（Outsourcing）。企业为了获得比单纯利用内部资源更多的竞争优势，将其非核心业务交由合作企业完成。

4.现代物流管理

现代物流管理是指将信息处理、运输、储存、搬运、包装等物流活动综合起来的一种新型的集成式管理，它的任务是用尽可能低的物流成本，为客户提供满意的物流服务。

二、物流的分类

由于物流对象不同，物流目的不同，物流范围、范畴不同，形成了不同的物流类型。对物流的分类标准目前还没有统一的看法，主要的分类方法有以下七种。

1.按照物流活动的空间范围分类

按照物流活动的空间范围分类，可分为国际物流和区域物流。

（1）国际物流是不同国家之间的物流，这种物流是国际贸易的组成部分，各国之间的相互贸易最终通过国际物流来实现。国际物流是现代物流系统中重要的物流领域，是一种新的物流形态。

（2）区域物流是相对于国际物流而言的概念，它是指一个国家范围之内的物流，如一个城市的物流、一个经济区域的物流均属于区域物流。

2.按照物流发生的范围大小分类

按照物流发生的范围大小分类，可分为宏观物流和微观物流。

（1）宏观物流是指社会再生产总体的物流活动，是从社会再生产总体的角度来认识和研究物流活动。宏观物流主要研究社会再生产过程物流活动的运行规律以及物流活动的总体行为。

（2）微观物流是指消费者、生产者所从事的实际的、具体的物流活动。在整个物流活动过程中，微观物流仅涉及系统中的一个局部、一个环节或一个地区。

3.按照物流系统的性质分类

按照物流系统的性质分类，可分为社会物流、行业物流和企业物流。

（1）社会物流属于宏观范畴，它是指超越一家一户，以整个社会为范畴，以面向社会为目的的物流。社会物流的社会性很强，通常是由专业的物流承担者来完成，包括设备制造、运输、仓储、包装、信息服务等，公共物流和第三方物流贯穿其中。社会物流的范畴是社会经济大领域。社会物流研究在再生产过程中随之发生的物流活动，研究国民经济中的物流活动，研究如何形成服务于社会、面向社会又在社会环境中运行的物流，研究社会中的物流体系结构和运行情况，因此带有宏观性和广泛性。

（2）行业物流属于宏观范畴，它是指在一个行业内部发生的物流。一般情况下，同一行业的各个企业往往在经营上是竞争关系，但为了共同的利益，在物流领域中却又常常互相协作，共同促进物流系统的合理化。国内外有许多行业均有自己的行业协会或学会，并对本行业的行业物流进行研究。在行业的物流活动中，有共同的运输系统和零部件仓库，实行统一的集体配送；有共同的新旧设备及零部件的流通中心；有共同的技术服务中心，对本行业的维护人员进行培训；有统一的设备机械规格、商品规格；有统一的法规政策和统一的报表等。行业物流系统化使行业内的各个企业都得到了相应的利益。

（3）企业物流属于微观物流的范畴，它从企业角度，研究与之有关的具体、微观的物流活动，包括生产物流、供应物流、销售物流、回收物流和废弃物物流等。

4.按照物流活动的方向分类

按照物流活动的方向分类，可分为正向物流和逆向物流。

（1）正向物流又称为顺向物流，是指从供应链上游向下游的运动所引发的物流活动。这一系列的流动过程包括从原材料的生产，到产品的加工生产，再到产品的批发零售，最终到消费者的使用。

（2）逆向物流也称为反向物流，是指从供应链下游向上游的运动所引发的物流活动。一般包括回收物流、废弃物物流。逆向物流有广义和狭义之分。狭义的逆向物流是指不合格物品的返修、退货以及周转使用的包装容器从需方返回供方所形成的物品实体流动（回收物流）。例如，托盘和集装箱的回收，客户的退货，缺陷产品返修、退货等物品实体反向的流动过程。它将物品中有再利用价值的部分加以分拣、加工、分解，使其重新进入生产和消费领域。广义的逆向物流除了包含狭义的逆向物流外，还包括废弃物物流，其最终目标是减少社会资源的使用，减少废弃物，同时使物流更有效率。

5.按照物流在物品流转中的作用分类

按照物流在物品流转中的作用分类，可分为生产物流、供应物流、销售物流、回收物流和废弃物物流。

（1）生产物流也称为厂区物流，是企业物流的核心部分。企业生产物流是指企业在生产工艺中的物流活动。生产物流一般表现为原材料、零部件、燃料等辅助材料从企业仓库开始，进入生产线的开始端，随生产加工过程，每一个环节按照工艺安排向下一个环节的流动。在流动的过程中，物品被加工，同时产生一些废料、余料，直到生产加工终结，再流转到产成品仓库，结束企业的生产物流过程。过去人们在研究生产活动时，主要注重其中的某个生产加工过程，而忽略了将每一个生产加工过程联系在一起，使得一个生产周期内，物流活动所用的时间远多于实际加工的时间。所以，从物流的角度分析企业的生产物流，可以大大缩短生产周期，节约劳动力，降低生产成本，提高经济效益。

（2）供应物流是指企业为组织生产所需的原材料、零部件等物资供应而进行的物流活动，包括向物资提供者采购，送到本企业的外部供应物流和组织本企业将物资送达生产线的内部供应物流。企业为保证生产的节奏，要不断组织供应原材料、零部件、燃料等辅助材料的物流活动，这种物流活动对企业生产的正常、高效进行起重大作用。企业供应物流不仅要最大限度地保证供应，而且要以最低成本、最少消耗为目标。企业竞争的关键在于如何降低这一物流过程的成本，这可以说是企业供应物流的难点。为此，企业供应物流就必须有效解决供应网络问题、供应方式问题和零库存问题等。

（3）销售物流是指企业在出售商品过程中所发生的物流活动。其包括批发商、零售商从商品采购、运输、储存、装卸搬运、包装、拣选、配送、销售，到顾客收到商品过程的物流。企业销售物流是企业为保证经营效益，伴随销售活动，将商品所有权转给顾客的物流活动。在现代社会中，市场是完全的买方市场，因此，销售物流活动便带有极强的服务性，以满足买方的需求，最终实现销售。在这种市场的前提下，销售往往以送达顾客并提供售后服务才算终止，而销售物流的空间范围很大，这便是销售物流的难度所在。企业销售物流的特点是通过包装、配送等一系列物流实现销售，这就需要研究送货方式、包装水平、运输路线等，并采取诸如少批量、多批次、定时或定量配送等特殊的物流方式以达到目的，因而，其研究领域较广。

（4）回收物流是指货物运输或搬运中的包装容器、装卸工具及其他可再用的杂物等，通过回收、分类、再加工、使用过程的物流。企业在生产、供应、销售的活动中会产生余料和废料，对它们的回收是需要伴随物流活动的，而且，在一个企业中，回收物品处理不当，不仅影响整个生产环境，甚至影响产品质量，还会占用很大空间，从而造成浪费。

（5）废弃物物流是指将经济活动中失去原有使用价值的物品，根据实际需要进行收集、分类、加工、包装、搬运、储存等，并分送到专门处理场所的物流活动。这些物品包括生产过程中产生的副产品，如铁屑、铁板等；消费过程中产生的废弃物，如生活垃圾等。

6. 按照物流提供的主体分类

按照物流提供的主体分类，可分为第一方物流、第二方物流、第三方物流和第四方物流。

（1）第一方物流（The First Party Logistics）。它是指由供应方提供专项或全面的物流系统设计或系统运营的物流服务模式。

（2）第二方物流（The Second Party Logistics）。它是指由需求方提供专项或全面的物流系统设计或系统运营的物流服务模式。

（3）第三方物流（The Third Party Logistics）。它是指独立于供需双方，为客户提供专项或全面的物流系统设计或系统运营的物流服务模式。由供应方、需求方之外的第三方去完成物流服务，第三方就是为物流交易双方提供部分或全部物流功能的外部公司。

（4）第四方物流（The Fourth Party Logistics）。物流服务提供者是供应链的集成商，它对公司内部和具有互补性的服务提供者所拥有的不同资源、能力和技术进行整合和管理，提供一整套供应链解决方案。

第四方物流的特点：第四方物流提供一整套完善的供应链解决方案；第四方物流通过其对整个供应链产生影响的能力来增加价值。第四方物流公司的运作方式有超能力组合（"1+1>2"）协同运作模型、方案集成商模型和行业创新者模型。

7.根据发展的历史进程分类

根据发展的历史进程分类，可将物流分为传统物流和现代物流。

（1）传统物流的主要精力集中在仓储的管理和库存产品的派送，一般指产品出厂后的包装、运输、装卸、仓储。

（2）现代物流是为了满足消费者的需要，对从起点到终点的原材料、中间过程库存、最终产品和相关信息的有效流动及储存进行计划，实现和控制管理的过程。它强调了从起点到终点的过程，提高了物流的标准和要求，是各国物流的发展方向。国际上，大型物流公司认为现代物流有两项重要功能：能够管理不同货物的流通质量；开发信息和通信系统，通过网络建立商务联系，直接从客户处获得订单。

现代物流不仅提供运输服务，还包括许多协调工作，是对整个供应链的管理，如订单处理、采购等工作。现代物流将很多精力放在对供应链的管理上，因此，责任更大，管理也更复杂。这是现代物流与传统物流的区别。

✂ 课后练习

1.什么是物流？

2.什么是物流管理？

3.简述物流的分类方法有哪些。

✏ 技能训练

利用互联网，查找在新冠疫情下，物流行业面临的挑战与机遇。

任务二　现代物流的构成要素

❓ 案例导入

构建现代物流体系　助推银川市高质量发展

物流是经济的命脉，加大构建现代物流体系，对助推银川市高质量发展具有重要意义。近年来，银川市通过"稳增长、调结构、促转型"的各项措施，以供给侧结构性改革为主线，强化创新驱动发展，注重新旧动能转换，在实现中高速稳步增长的同时，抢下转型升级"先手棋"。

走进新百现代物流园区，各类仓储中心、信息处理中心、分销中心一应俱全，功能完善的仓库管理系统，不仅为物流提供了灵活的模块化仓储和流程控制，也有效地提高了仓库作业的效率和库存精准度，为企业的发展提供了源源不断的动力。宁夏新华百货现代物流有限公司人事经理表示，我们可以实时掌控出入库数量，包括出入库日期，以便我们的门店超市在适当的时候促销，或者进货采购，做一些补充。

在园区的监控指挥中心，车辆智能调度系统、北斗卫星监控系统实时掌握车辆的运行状态，确保商品安全准点到达，很好地承担起了"物"与"流"的重要职能。"我们的消费者可以在我们的平台上实时观测我们的商品到了什么样的一个环节，什么时候可以配送到家，这个时效性也非常强。"相关负责人说。

以大数据为依托，鼓励创新、融合互联网技术等方式提升资源配置效率，已成为全面推进的发展方向。宁夏苏宁物流有限公司则通过区域性联合聚集打造企业优势。据企业工作人员介绍，由于银川市需求量相对于周边省市较小，所以苏宁易购运用银川、兰州、西安三市联动的物流方式使各地的现代物流业更加具有便利性、时效性。宁夏苏宁物流有限公司运营总监坦言，宁夏区域最慢的时效是一日达，银川市内是半日达，西北地区几个大的城市，是半日达和次日达的时效，完全保障了物流的时效性，给末端"最后一公里"的顾客带来服务的保障。高效率的配送以及打通"最后一公里"全覆盖，让企业在银川市物流业中拔得头筹。企业大家电年存储能力强，支持销售规模8亿以上，物流配送范围已辐射银川、石嘴山、吴忠、固原、中卫等市域。宁夏苏宁物流有限公司运营总监表示，下一步把苏宁物流的服务和时效放在首位，把所有的线路提升，再做一个优化，保障整个宁夏区域的时效得到进一步提升，实现更高的现代化物流的进程。

👥 任务执行

一、物流的构成要素

物流的构成要素包括三大内容，即物流的基础要素、物流的活动（功能）要素和物流的系统要素。

（1）物流的基础要素。基础要素是维系物流活动得以运行的基本条件，没有这些基本条件，物流就无法发生，也无法运行。这些基础要素就是与物流活动有关的"人、财、物"三要素。

（2）物流的活动（功能）要素。它是指与物流有关的各种作业活动（功能），包括运输、储存、包装、装卸、流通加工、配送及物流信息等。

（3）物流的系统要素。站在系统论的角度，任何一项物流活动都是在一个或大或小的物流系统内发生的，物流的系统要素主要是指构成物流系统的要素。了解物流的系统要素，能够让我们对物流系统有一个更好的理解。

二、现代物流的构成要素

现代物流的构成要素如图1-2-1所示。

图1-2-1　现代物流的构成要素

1.运输

运输是物流的核心业务之一，也是物流系统的一项重要功能。选择何种运输手段对于物流效率具有十分重要的意义，在决定运输手段时，必须权衡运输管理系统要求的运输服务和运输成本，可以将运输的服务特性作为判断的基准，如货物的安全性、时间的准确性、适用性、伸缩性、网络性等。

2.仓储

在物流系统中，仓储和运输是同样重要的构成要素。仓储功能包括对进入物流系统的货物进行堆存、管理、保管、保养、维护等一系列的活动。仓储的作用主要表现在两个方面：一是完好地保证货物的使用价值和价值；二是为将货物配送给用户，在物流中心进行必要的加工活动而进行的保存。

随着经济的发展，由少品种、大批量物流转向多品种、小批量或多批次、小批量物流，仓储功能从重视保管效率逐渐变为重视顺利地进行发货和配送作业。流通仓库作为物流仓储功能的服务据点，在流通作业中发挥着重要的作用，它将不再以储存、保管为其主要目的。

流通仓库包括拣选、配货、检验、分类等作业，并具有多品种、小批量或多批次、小批量等收货、配送功能以及附加标签、重新包装等流通加工功能。根据使用目的，流通仓库的形式可分为以下三种。

（1）配送中心（流通中心）型仓库：具有发货、配送和流通加工功能的仓库。

（2）存储中心型仓库：以存储为主的仓库。

（3）物流中心型仓库：具有存储、发货、配送、流通加工功能的仓库。

物流系统现代化仓储功能的设置，以生产支持仓库的形式，为有关企业提供稳定的零部件和材料供给，将企业独自承担的安全储备逐步转为社会承担的公共储备，降低企业的经营风险和物流成本，促使企业逐步形成零库存的生产物资管理模式。

3.包装

为使物流过程中的货物完好地运送到用户手中，并满足用户或服务对象的要求，需要对大多数商品进行不同方式、不同程度的包装。

包装分为工业包装和商品包装两种。工业包装的作用是按单位分开商品，便于运输，并保护在途货物。商品包装的目的是便于最后的销售。因此，包装的功能体现在保护商品、单位化、便利化和商品广告这四个方面。前三项属于物流功能，最后一项属于营销功能。

4.装卸搬运

装卸搬运是随运输和保管等而产生的必要物流活动，是对运输、保管、包装、流通加工等物流活动进行衔接的中间环节，包括在保管等活动中为进行检验、维护、保养而实施的装卸作业，如货物的装上、卸下等。

装卸作业的代表形式是集装箱化和托盘化，使用的装卸搬运机械设备有吊车、叉车、传送带和台车等。在物流活动的全过程中，装卸搬运活动是频繁发生的。对装卸搬运的管理，主要包括对装卸搬运方式、装卸搬运机械设备的选择、合理配置与使用以及装卸搬运合理化，尽可能减少装卸搬运次数，以节约物流费用，获得较好的经济效益。

5.流通加工

流通加工功能是在物品从生产领域向消费领域流动的过程中，为了促进产品销售、确保产品质量和实现物流效率化，对物品进行加工处理，使物品发生物理或化学性变化的功能。在流通过程中对商品进一步的辅助性加工，可以弥补企业生产过程中加工程度的不足，更有效地满足用户的需求，更好地衔接生产和需求环节，使流通过程更加合理化，是物流活动中的一项重要增值服务，也是现代物流发展的一个重要趋势。

流通加工的内容有装袋、定制小包装、拴牌子、贴标签、配货、挑选、混装、刷标记等。流通加工功能的主要作用表现在：进行初级加工，方便用户；提高原材料利用率；提高加工效率及设备利用率；充分发挥各种运输手段；改变品质，提高收益。

6.配送

物流配送，从商品流通的经营方式来看，是一种商品流通方式，是一种现代的流通方式。物流配送定位系统为电子商务的客户提供服务，根据电子商务的特点，对整个物流配送体系实行统一的信息管理和调度。按照客户订货要求，在物流基地进行理货工作，并将配好的货物送交收货人。物流仓储配送服务已经成为电子商务的核心环节，电子商务供应商、品牌商必须完善物流仓储配送解决方案。物流配送的许多环节都造成巨大的成本、人力、时间浪费，物流企业必须重视物流配送系统的信息化管理，来降低物流成本。

配送功能的设置，可采取物流中心集中库存、共同配货的形式，使用户或服务对象实现零库存，依靠物流中心的准时配送，而无须保持自己的库存或只保持少量的保险储备，减少物流成本。配送是现代物流的一个重要的特征。

7.信息服务

现代物流是依靠信息技术来保证物流体系正常运作的。物流系统的信息服务功能广泛涵盖了与上述各项功能紧密相关的计划制定、预测分析、动态监控（如运量和收、发、存数量等关键指标），以及费用、生产和市场情报的全面收集等活动。为了高效管理这些物流情报活动，必须构建完善的情报系统与情报渠道，精确选定情报科目，并合理设计情报的收集、汇总、统计、分析、应用流程，从而确保其信息的可靠性和时效性。

从信息的载体及服务对象来看，物流系统的信息服务功能还可分成物流信息服务功能和商流信息服务功能。商流信息主要包括交易的有关信息，如货源信息、物价信息、市场信息、资金信息、合同信息、付款结算信息等。商流信息不但提供了交易的结果，也提供了物流的依据。物流信息主要包括物流数量、物流地区、物流费用等方面的信息。物流信息中的库存量信息，不但是物流的结果，也是商流的依据。

物流系统的信息服务功能必须建立在计算机网络技术和电子数据交换（EDI）技术的基础之上，才能高效地实现物流活动一系列环节的准确对接，真正创造"场所效用"及"时间效用"。可以说，信息服务是物流活动的"中枢神经"，在物流系统中处于不可或缺的重要地位。

物流系统的信息服务功能的主要作用表现为：缩短从订货到发货的时间；库存适量化；提高搬运作业效率；提高运输效率；使订货和发货更为省力；提高订单处理的精度；防止配送出现差错；调整需求和供给；提供信息咨询等。

课后练习

简述现代物流的构成要素。

技能训练

到当地物流公司参观，了解物流公司所提供的相关服务。

任务三　物流管理的相关学说

案例导入

热门专业和冷门专业

2020 年，热门专业和冷门专业有哪些，是志愿填报阶段考生和家长最为关注的内容。据百度统计，物流管理专业、漫画专业、人工智能专业、语文教育专业、医学影像技术专业、临床医学专业、老年服务与管理专业、国际商务专业、航空航天工程专业和影视摄影与制作专业是 2020 年 7 月 7 日至 14 日搜索热度飙升的专业。然而，在搜索热度下降的专业中，劳动与社会保障专业的搜索热度下降最快。2020 年的热门专业和冷门专业如图 1-3-1 所示。

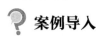 物流管理专业搜索热度飙升第一，劳动与社会保障专业搜索热度下降最快

TOP1	物流管理专业		1	劳动与社会保障专业	
TOP2	漫画专业		2	人力资源管理专业	
TOP3	人工智能专业		3	传播学专业	
TOP4	语文教育专业		4	翻译专业	
TOP5	医学影像技术专业		5	工商管理专业	
TOP6	临床医学专业		6	法学专业	
TOP7	老年服务与管理专业		7	市场营销专业	
TOP8	国际商务专业		8	会计学专业	
TOP9	航空航天工程专业		9	广告学专业	
TOP10	影视摄影与制作专业		10	统计学专业	
7月7日至14日，搜索热度飙升专业排行			7月7日至14日，搜索热度下降专业排行		

图 1-3-1　2020 年的热门专业和冷门专业

任务执行

在国外，物流理论研究起始于20世纪30年代。当时，经济理论界的学者大多是从"有利于商品销售"的角度出发来研究物流理论的。从研究的内容上来看，主要是界定和解释物流的相关概念，尚未更多地涉及其他理论问题。到了20世纪中期，由于经济开始从危机阶段转向复苏阶段，经济得以开始迅速发展，商品流通规模不断扩大，物流的影响和作用日趋明显，其在经济发展中的地位不断提高。至此，人们对物流的认识也日趋深入，物流理论研究所涉及的问题明显增多，研究的视角也不断扩展，物流理论研究逐步产生了许多学说。

国内有关物流理论方面的研究是从20世纪80年代初期开始的。当时学术界的一些学者从不同角度研究和探讨物流问题，并相继引进和介绍国外物流概念和物流理论研究的动态，在此基础上一度掀起了物流理论研究热潮。20世纪80年代末期至90年代初期，伴随我国经济改革的不断深化及"两个转变"战略措施的实施，国内有关理论研究也从物流概念的界定和物流基本知识的介绍转为开展专题性研究。同时不少专家在考察、研究国外物流经验的基础上，从管理和技术的角度阐述了物流运行原理和模式，并出版和发表了反映我国物流理论研究水平的专著和学术论文。

这里我们将介绍几种主要的物流管理的相关学说。

一、商物分离

"商"，指"商流"，即商业性"交易"，实际是商品价值运动，是商品所有权的转让，流动的是"商品所有权证书"，是通过货币实现的。商流泛指商品交易的流通过程及其间商品所有权转移的所有活动。

物流是指实物从供给方向需求方的转移，这种转移既要通过运输或搬运来解决空间位置的变化，又要通过储存、保管来调节双方在时间节奏方面的差别。商流是价值运动，物流是使用价值的物质运动。正像使用价值是价值的物质承担者一样，物流是商流运动的物质内容。

物流不是先于商流存在的，它是在有了买卖行为之后才产生的。物流虽然只是在商流确定之后实现买卖的具体行为，但如果没有物流，买卖行为也无法实现。商流和物流是相辅相成、互相补充的。

随着商品流通的深化、企业管理的需要和信息技术的发展，企业物流与商流分离成为必然的趋势，它是企业供应链优化的必经之路。商物分离，就是在物资流通过程中将商流和物流活动分开进行。商流的特点是灵活、机动、活跃、相对成本低；而物流的特点是费人、费事、费成本。

1.商流在前，物流在后

物流是在商流之后完成的。商品的预购就属于这种情况，商品预购时，首先买卖双方进行一系列交易活动，如商务谈判、签订合同、支付订金或预付货款等。这时商品可能还没有生产出来，当然也不会有物流，经过一定的时间，等商品生产出来以后，才运送到购买者手中，此过程发生商品的包装、装卸、运输、保管等物流活动。

2.物流在前，商流在后

商品的赊销就属于这种情况。买方不是先付货款，而是先获得商品。首先发生包装、装卸、运输、仓储等物流活动。之后，才付款和结算，商流是在物流之后完成的。

3.商流迂回，物流直达

例如在商流中，产品的所有权多次易手，但产品实体可能从最初的生产者直接送达最终的购买者。在这种情况，商流是曲线迂回地进行，但物流则不需要迂回进行，而是直达供货。商流和物流是商品流通中的两个方面，两者是互相制约的。在商流的一切活动中，中心的环节是销售，进行其他活动是为了实现商品的销售。离开销售，社会的需求就无从满足。

商流堵塞，物流随之不畅。反过来，物流是商流的物质基础。物流堵塞，商流也不能畅通无阻。而商流与物流的分离不仅具有其客观必然性，也有其重要的现实意义。商流与物流的分离有利于减少商品实体运动过程中的不必要的中转环节，节约流通时间。商流与物流的分离既是商品经济发展的产物，又会给商品经济的发展带来新的矛盾。例如在商流与物流分离的条件下，易引发非法投机、买空卖空活动，不法之徒可能利用这种空隙转手倒卖，造成中间环节膨胀和人为的损失浪费。因此，对不同商品要注意从商流与物流分离的特点上去采取不同的调控和管理方法，防止商品经营出现混乱。

商物分离是经济运行规律的必然体现。商物分离实际是流通总体中的专业分工、职能分工，通过这种分工实现大生产式的社会再生产的产物。

4.商流与物流过程的分离

（1）在经济全球化的趋势下，国际分工越来越深入。

（2）商流过程与物流过程的分离，将成为网络经济时代的一个趋势，这种分离在网络经济时代将越发彻底。

5.商流经营者与物流经营者的分离

（1）网络经济时代，由于物流服务供应商的出现，商品的交易双方只进行商流的运作，而物流则由第三方来承担。这种商流运作负责人和物流运作责任人的分离，是网络经济时代商物分离的一个标志。

（2）商物分离也并非绝对。

（3）配送已成为许多人公认的既是商流又是物流的概念。

二、效益背反理论

"效益背反"又称为"二律背反"或"交替损益"，是18世纪德国古典哲学家康德提出的哲学基本概念，这一术语表明两个相互排斥而又被认为是同样正确的命题之间的矛盾。效益背反理论指的是物流的若干功能要素之间存在着损益的矛盾，即某一功能要素的优化和利益发生的同时，必然会存在另一个或几个功能要素的利益损失，反之也如此。

例如，物流成本与物流服务水平的效益背反是指物流服务的高水平必然带来企业业务量的增加、收入的增加，同时也带来企业物流成本的增加，即高水平的物流服务必然产生高水平的物流成本，而且物流服务水平与物流成本之间并非呈线性关系。

三、"黑暗大陆"学说

"黑暗大陆"主要是指尚未认识、尚未了解的领域。在财务会计中把生产经营费用大致划分为生产成本、管理费用、营业费用、财务费用，然后再把营业费用按各种支付形态进行分类。这样，利润表中所能看到的物流成本在整个销售额中只占极少的比重。因此，物流的重要性不会被认识到，这就是物流被称为"黑暗大陆"的原因。

物流管理通常存在问题，有效的物流管理对企业盈利和发展有重要作用。1962年，彼得·德鲁克将物流比作"一块未开垦的处女地"，强调应高度重视流通及流通过程中的物流管理。由于流通领域中物流活动的模糊性特别突出，它是流通领域中人们认识不清的领域，所以"黑暗大陆"学说主要针对物流而言。

四、第三利润源

"第三利润源"的说法主要出自日本，是对物流潜力及效益的描述。它基于两个前提条件：第一，物流是可以完全从流通中分化出来的，自成一个独立运行的系统进行管理，因而能单独对其进行判断；第二，物流和其他独立的经营活动一样，它不是成本构成因素，而是盈利因素，可以成为"利润中心"型的独立系统。

20世纪中期以后，受客观条件的限制，依靠传统方式获取利润面临挑战，在这种情况下，人们的注意力逐步转向了流通领域，随之提出了实现物流合理化和节约流通费用的主张，这集中反映在"物流利润学说"。在此期间，美国著名营销学家帕尔曾经预言："物流是节约费用的广阔领域"。物流利润学说揭示了现代物流的本质，使物流能在战略和管理上统筹企业生产、经营的全过程，推动物流现代化发展。按时间顺序排列，物流的这一作用被表述为"第三利润源"。

五、物流冰山说

物流冰山说是日本早稻田大学西泽修教授提出来的，他发现现行的财务会计制度和会计核算方法都不可能掌握物流费用的实际情况，因而人们对物流费用的了解一片空白，甚至有虚假性，他把这种情况比作"物流冰山"。

物流冰山说之所以成立，有三个方面的原因。

第一，物流成本的核算范围太大。物流成本的核算包括采购与供应物流、厂内物流、生产物流、销售物流、回收和废弃物物流的成本核算。

第二，物流成本计算牵涉的环节太多。在运输、保管、包装、装卸等物流环节中，不管以哪个环节作为物流成本的计算对象，其计算结果都相差很大。

第三，物流成本的支付方式多种多样。向外支付的运费和燃料费、物流相关人员的人工费、折旧费、物流设备维修费等都与物流费用直接相关，就其复杂程度而言，物流费用确实只是"露出水面的冰山一角"。

六、成本中心说

成本中心的含义是物流在整个企业战略中，只对企业营销活动的成本发生影响，物流是企业成本的重要产生点。因而，解决物流的问题，并不主要是为了搞合理化、现代化，主要不在于支持保障其他活动，而是通过物流管理和物流的一系列活动降低成本。所以，成本中心既是指主要成本的产生点，又是指降低成本的关注点，物流是"降低成本的宝库"的说法正是这种认识的形象表述。

成本中心说指出"黑暗大陆"或"冰山的水下部分"正是尚待开发的领域，是物流的潜力所在。这无疑激发了人们对物流成本的关注，但是，成本中心说过分强调了物流的成本机能，使物流在企业发展战略的主体地位没法得到认可，从而限制了物流本身的进一步发展。

七、服务中心说

服务中心说代表了美国和欧洲的一些国家和地区的学者对物流的认识，这种说法认为，物流活动最大的作用，并不在于为企业节约消耗、降低成本或增加利润，而在于提高企业对用户的服务水平，进而提高企业的竞争能力。这种说法特别强调了物流的服务保障功能，借助物流的服务保障作用，企业可以通过整体能力的加强来压缩成本、增加利润。

鲍尔索克斯在其著作中指出，物流活动存在的唯一目的是要向内外顾客提供及时而精确的产品递送，因此，顾客服务是发展物流战略的关键要素，当物流活动发展到与顾客合作的程度时，就能以增值服务的形式开发更高水准的服务。

八、战略说

战略说是当前非常盛行的说法，越来越多的人逐渐认识到物流更具有战略性，对企业而言，物流不仅是一项具体的操作性任务，还应该是企业发展战略的一部分。这一学说把物流提升到了相当高的位置，对促进物流的发展具有重要意义。

企业战略是什么呢？是生存和发展。物流会影响企业总体的生存和发展，而不是在哪个环节搞得合理一些，省多少钱。将物流与企业总体的生存和发展直接联系起来的战略说的提出，对促进物流的发展有重要意义。企业不追求物流一时一事的效益，而着眼于总体，着眼于长远，于是物流本身的战略性发展也提到议事日程上来。战略性的规划、战略性的投资、战略性的技术开发是近些年促进物流现代化发展的重要原因。

九、供应链管理学说

供应链管理学说的基本思想是把由供应商、生产商、经销商、零售商等一系列企业组成的整条供应链看作一个集成组织，把链上的各个企业都看作合作伙伴，对整条供应链进行集成管理。其目的是通过链上各个企业间的合作与分工，致力于促进整条供应链上的商流、物流、信息流和资金流的合理化与优化，从而提高整条供应链的竞争能力。

当前形成了这样几种理论观点：①供应链管理是物流管理的超集；②供应链物流；③物流管理是供应链管理的一部分；④物流供应链。物流战略联盟也是此方面的研究热点之一。

十、绿色物流学说

依据绿色物流学说，人们从环境的角度对物流体系进行改进，形成了环保共生型的物流管理系统。这种物流管理系统建立在维护地球环境和推进可持续发展的基础上，改变原来经济发展与物流、消费生活与物流的单向作用关系，在抑制传统直线型的物流对环境造成危害的同时，采取一种与环境和谐共生的态度，并秉持全新的环保理念，设计和建立了一个环形的循环物流系统，使到达传统物流末端的废旧物质能回到正常的物流工程中来。

综上，"黑暗大陆"学说、物流冰山说、成本中心说和第三利润源都是从物流的价值领域方面分析现实经济活动中大量存在的物流浪费现象，并揭示了物流潜在的价值。服务中心说强调物流的服务保障功能，认为服务重于成本，通过服务质量的不断提高可以实现总成本的下降。战略说强调站在战略的高度研究物流，认为对企业而言，物流不仅是一项具体的操作性任务，更应是企业发展战略的一个重要部分。为此，要求企业不应只追求物流一时一事的效益，而是着眼于总体，着眼于长远。供应链管理学说从系统论的角度去研究物流的内在运动规律，探寻物流在供应链的融合方式、地位和作用，同时也探寻物流供应链的整合模式及运作规律，通过将供应链上的所有环节有效联系起来，实现顾客服务的高水平与低成本，以赢得竞争优势。绿色物流学说是从可持续发展的角度出发，认为现代物流是一个循环物流系统，它是由正向物流和逆向物流共同组成的系统，研究现代物流必须在综合考虑经济、资源、环境等因素的前提下，分析现代物流系统的运行机理、发展战略和模式。

✂ 课后练习

1.近年来，各地争相将发展物流业作为地方经济新的增长点，兴建了一批物流园区、公路港，如今物流已成为支撑国民经济社会发展的基础性、战略性产业。"对于物流业而言，从基层成长起来的人，才更适合做管理。"你是否认同这一观点？

2.简述商流和物流的区别与联系。

3.如何理解"物流是第三利润源"的说法？

✐ 技能训练

1.训练目的

通过实地调查当地物流企业的发展现状，分析我国物流业的发展趋势。

2.训练内容

调查3家以上的物流企业，并对其进行对比、分析，提出发展建议。

3.训练要求

（1）学生建立调查小组，选择具有代表性的物流企业进行调查。

（2）教师提前给学生指出调查方向，配合学生拟订调查计划。

（3）根据调查结果，撰写调查总结报告。

（4）教师从专业角度进行点评。

任务四 国内外物流发展情况

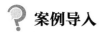 案例导入

物流人才缺乏

根据《物流业发展中长期规划（2014—2020年）》，我国物流从业人员以年均6.2%的速度增长。每年新增180万人左右的物流岗位就业需求，虽然我国2000多所开设物流专业的院校每年为社会培养15万人左右的物流人才，加上第三方培训机构每年约17万人和公共实训基地每年约14万人的人才供给，物流人才的培养数量仍然不能满足社会对物流人才的需求。

随着互联网的广泛应用，电商行业的发展，物流业对专业人才的需求更加迫切。物流业从业人员基数很大，但是引领行业发展的专业人才相对缺乏。第一种是技术型人才，能负责运营管理、信息技术管理，甚至在整个物流产业的规划和需求上发挥作用。第二种是复合型人才，能在企业经营管理各方面起到一定作用。

合适的物流人才本来就难招，快递和物流行业的人才流失率也一直居高不下。行业人员流动性大，主要集中在传统的物流产业，如专线物流企业和区域物流企业。2013年以后，资本开始进入物流业，很多物流企业开始朝着网络化方向发展，这些企业无论是待遇还是保障，都比传统物流企业要好。

此外，物流业基层员工流失率高，中高层员工流失率则相对稳定。

任务执行

现代物流是经济全球化的产物，它推动了经济全球化的发展。世界现代物流业一直

呈现增长的态势，美国、欧洲、日本成为当前全球范围内重要的物流基地。我国物流业虽然起步较晚，但是随着国民经济的飞速发展，我国物流业也以惊人的速度向前发展。

一、国外物流发展情况

（一）英国

英国物流的发展概括起来受三个方面因素的影响：一是政策宽松；二是综合物流概念的深入人心；三是流通领域经营策略的变化。运输政策的变化开始于20世纪60年代，使得运输公司的营业范围得以扩大。以前，英国对大型车辆的重量有所限制，所以一般物流公司的车辆相对较小。综合物流概念的引入，提高了物流的效率。过去企业对物流的认识仅停留在物流的各个环节上，缺乏对物流系统的认识。流通领域经营策略的变化主要集中在零售业，在零售业的组织中物流管理是重要的组成部分。比如，经营连锁商店的公司，开始降低利用自有车辆进行配送的比例。同时，不论是制造业还是零售业，企业开始将重心向本业集中，而将配送业务委托给专业物流公司的趋势也逐渐显现。

1.英国物流业的特征

（1）政策导向。在英国物流中，只有库存不受约束，而道路运输、保管计划等受到政府和地方自治团体的管理。

英国的道路运输被分成两个部分：一是营业性运输；二是自有运输。1968年运输法公布之前，运输业的准入门槛很高。希望参与这一领域的运输公司必须自定服务标准，然后据此进行报批。政策宽松后标准有所改变。政策宽松对整个运输业起到了积极的促进作用，门槛降低后并未出现大量运输公司倒闭、转产，而且竞争加剧也没有造成安全性损失。反之，却提高了卡车运输的服务标准。

政策由政府制定，对保管计划的管理则由地方自治团体负责。英国的地方自治团体的管理权限相当大，它的管理范围不仅包括对现有基础设施的管理，而且也包括对仓库建设计划的管理。它可以对仓库的建设方案进行否决。另外，企业为了提高效率，构建物流网络时，即使是临时中转仓库的建设也必须得到地方自治团体的同意。高速公路的发展，推动了企业重新对基础设施进行布局建设，地方自治团体起到了推波助澜的作用。物流业作为英国服务性行业中就业人口较多的行业，成为英国经济的支柱。

（2）公路运输方式的分担率高。公路运输是英国物流的重要运输手段。从货物周转量上也可以看出这一趋势，随着企业中转仓库的增加，公路运输的距离也在增加。

（3）自有运输和营业性运输所占的比重发生变化。20世纪80年代，一种新型的物流服务方式在英国出现，即专属物流服务方式，属于营业性运输。物流公司与货主签订协议，物流公司提供针对货主定制的运输服务，同时提供仓储服务。专属物流服务方式的出现，使英国自有运输和营业性运输所占的比重发生变化。

（4）运输公司的车辆构成。据统计，在英国，运输公司大型车的数量基本上是中型车的数量的3倍。

2.英国物流的组织和管理

（1）生产企业主导物流。生产企业直接向零售商供货。20世纪70年代，这种形式约占到零售额的71%。这种形式是通过企业的仓库网络进行流通的，仓库尽可能与工厂相连。据此，部分产品可不通过干线运输直接送达零售商，但前提条件是在没有工厂的区域设置中转仓库。因此，在产品送达最终消费者手中前，生产企业内部发生大量的物流移动。因此，降低企业内部的物流成本是生产企业的当务之急。

（2）批发企业主导物流。由于市场中存在着大量分散的零售商，批发商有存在的必要性。而每一个零售商的订货量相对较少，因此，不可能全部由生产企业直接供货。这样批发企业的物流大多数由批发商自行组织，在使用车辆时采取利用大型车辆进行配送和利用巡回车辆进行配送两种方式。大型车辆一般用于大型连锁企业，一般进货量相对较大。而巡回车辆一般用于店铺规模小、地点相对分散的企业。

（3）零售企业主导物流。这主要指大规模连锁企业主导物流的形式。零售店向物流中心订货可以享受到较高的折扣已是不争的事实，而且还可以降低企业内部的库存。但这对物流管理也提出了新的要求：一是向地方物流中心大量供货和向连锁店少量、多批次供货的矛盾，对车辆的选型提出了高的要求；二是自有运输车辆的增加，过去直接向供货商订货可利用供货商车辆，但现在由于增加了物流中心，终端客户可能需要利用自有车辆进行配送。

3.英国物流的技术革新

（1）货主企业专属的运输服务。一般来说，道路运输部门大致分为专业运输和自有运输两个部门。不过，20世纪70年代之后，各个部门提供的服务向着不同的方向发展。自有运输部门几乎没有变化，只是受销售部门的影响，服务质量有了大幅度提高。而变化最大的就是专业运输部门。过去，专业运输公司（不论是大型运输公司还是中小型运输公司）均以不特定的多数货主企业为对象来提供运输服务。但是，后来出现了为指定货主企业提供专属服务的倾向，特别是大型运输公司更为明显。它具有如下特征。

①卡车或拖车的租赁。

②随需求波动提供专属服务。

③货主企业专属承包车辆运行。运输公司根据承包内容，将车辆提供给货主企业使用，双方协商并签订合同。

目前，很多运输公司提供全物流服务。虽然，有些零售商使用自有车辆进行配送，但随着信息技术的发展，零售商也意识到及时补用自有车辆也可以对配送进行管理，这主要是由于专业运输公司承担了货主企业产品的全物流服务。

货主企业利用专属物流服务的主要原因不仅是专业运输公司可以提供高质量的物流服务，而且还与政府补贴政策有关。过去，政府在企业购买车辆时在税收上有优惠政策，因此，企业利用自有车辆运输较为有利。由于司机工资相对较高，取而代之，利用专业运输公司的司机可以降低成本。通常采取的方式是专业运输公司以与货主企业相对接近的工资重新雇用司机，同时，货主企业将车辆租给专业运输公司。利用该方式，即使专业运输公司有利可图，从物流总成本角度看，仍可削减物流费用。

（2）无仓储设施的物流系统。

从传统企业对物流的认识上可以看出，大多数企业拥有众多的仓库。其理由可以列举出三个。

①为满足即时需要，因此，企业在当地拥有仓库。

②干线运输和配送需要仓储设施进行衔接。

③物流系统中需要有产品装卸场所。

一般来说，大型车辆进行干线运输，而小型车辆进行配送，因此需要中转设施进行作业。为了降低物流成本，英国的一些企业利用单元装载（Unit Load）方式进行作业。单元装载方式是指利用可以移动的车体取代仓库的作业方式。在英国，一些企业通过采用该方式而减少了仓库的建设，从而降低物流费用。

这种方式一般被称为"直接配送"，但不是所有企业都适用。一般对中小型企业较为有利，而大型企业往往通过仓库集约化达到合理化目的，因此，英国大型企业仍沿用中转仓库进行作业。

（二）美国

1921年，美国经济学家阿奇·萧在《市场流通中的若干问题》一书中提出：物流是与创造需求不同的一个问题；物资经过时间和空间的转移，会产生附加价值。这里"时间和空间的转移"指的是销售过程的物流。

直到1985年，美国物流管理协会（2005年初正式更名为美国供应链管理专业协会）才统一了有关企业后勤活动的术语，并将物流定义为：以满足客户需求为目的，以高效和经济的手段来组织原材料、在制品、制成品以及相关信息从供应到消费的运动和储存的计划、执行和控制的过程。

美国物流管理协会后将物流定义中的"原材料、在制品、制成品"修改为"产品、服务"，这实际上把物流从以支持生产制造为核心的管理过程，提升到企业市场营销管理的一般层面上，将物流运作的价值取向从面向企业内部调整到面向外部市场，更加强调了物流运作的客户服务导向。1998年，美国物流管理协会又在对物流定义的基础上加上"物流是供应链过程的一部分"，这实际上不仅把物流纳入了企业间互动协作关系的管理范畴，而且要求企业在更广阔的背景下考虑自身的物流运作。

在美国物流管理协会的组织倡导下，美国全面开展物流在职教育，并建立了物流业的职业资格认证制度，如仓储工程师、配送工程师等，所有物流从业人员必须接受职业教育，经过考试获得资格后，才能从事有关的物流工作。

1. 美国物流的发展历史

20世纪50年代，美国的物流处于休眠状态，其特征是这一领域并没有主导的物流理念。在企业中，物流活动被分散进行管理，比如，运输由生产部门进行管理，库存由营销部门进行管理。其结果是物流活动的责任和目的相互矛盾。究其原因，美国经济的快速发展使得企业的生产满足不了需求，企业的经营思想以生产制造为中心，根本无暇顾及流通领域中的物流问题。

20世纪60年代，支撑美国经济发展的主要动力是以制造业为核心的强有力的国际竞争能力，美国的工业品向全世界出口，是大量生产、大量消费的时代。生产厂商为了追求规模经济进行大量生产，而生产出的产品大量进入流通领域。大型百货商店、超级市场纷纷出现。与此相反的是，20世纪60年代美国企业的物流系统却没有很大改进，原因如下。

第一，在大量生产、大量消费的时代，作为企业来说，并没有太大的压力。在大量生产、大量消费的生产模式下，企业一般都拥有大量的仓库，由于经济的快速增长，企业的收益相对稳定，使企业对削减库存不太关心。当时备货日期甚至达到30天，为此，企业一般都拥有大量库存。

第二，对提供运输服务的物流企业，美国政府制定了严格的管理制度，比如对卡车运输和铁路运输的从业者，州际通商委员会制定了严格的准入制度和运费规定，这样就限制了物流业的竞争。运费成为不可浮动的定价，企业也就不可能通过压低价格来削减运输成本。另外，一旦通货膨胀导致运费上涨，则运输业者还可通过交通管理部门提高运费，从而转嫁危机。因此，一般企业对物流系统的改革并不重视，而且，大多数企业利用自家车辆进行货物运输。实际上，政府的管理制度限制了物流的发展，同时没有给予企业更多改革权利，所以当时大多数企业并不考虑物流改革，仅核算物流成本。对物流的理解只停留在工厂的产成品的物理性的移动功能。

20世纪70年代，美国经济发生了重大变革。石油危机对美国经济产生了深刻的影响。由于石油价格的高涨，造成通货膨胀、失业率上升。物价上涨给美国企业的经营带来了很多困难，迫使企业开始改善物流系统。原油价格的上涨，直接导致油价上涨，使运输成本大幅提高，运输业者很容易将燃料价格的涨额转嫁到运价中，使得利用卡车运输的企业的成本增加，所以企业不得不研究如何降低物流费用。物价上涨也导致美国经济停滞不前，影响产品的销售，使得企业产品积压。过去，企业的库存始终处于粗放经营状态，而现在则成为企业的重大问题。另外，当时美国为了抑制通货膨胀，采取了高利息的政策，拥有大量产品库存的企业需要负担高额利息。外部环境的变化，一方面给企业自身带来了改善物流系统的推动力，同时，也促使政府修改政策。作为企业的经营者，也开始意识到传统的物流系统已经限制了自由竞争，不利于经济的发展。

以1978年航空货物运输政策改善为契机，20世纪80年代美国政府出台了一系列鼓励自由竞争的物流改善政策，它得到了企业的欢迎，对美国物流的发展产生了促进作用。在政策改善后，新企业的出现，加剧了行业竞争的激烈程度。由于政策环境的宽松，使得提供运输服务的企业得到了实惠。20世纪80年代，美国经济开始出现国际化倾向，给一般企业带来了很大的竞争压力。这一时期，很多外资企业进入美国。另外，很多美国企业也开始进口其他国家的产品，在国际化的进程中，美国企业意识到提高国际竞争力的重要性。

在这一进程中，物流在企业经营战略中的地位也逐渐被企业接受，一些大型企业通常主动积极地改善企业的物流系统。20世纪80年代是美国企业进入物流领域的时代。

由于20世纪70年代美国企业的重要课题是削减库存，所以美国的很多企业开始引入用于日本汽车工业的JIT生产方式。JIT生产方式的采用，大大降低了企业的库存，但却给运输带来了新的压力。企业对运输服务准确性和及时性的要求比以往任何时候都高。

JIT生产方式是多品种、小批量生产领域的一种有利于存货管理的生产方式，通过准时衔接，不再以库存作为生产过程的保障，而以即时供应作为生产过程的保障，这样减小了企业的库存压力，提高了利润。

在这一时期，铁路运输也出现了很多革新，以铁路运输为主的多式联运开始迅速普及。铁路集装箱运输方式也开始迅速发展，如双层集装箱运输方式就是这一时期的产物，给美国国内集装箱运输提供了重要的支撑。航空快递运输也是这一时期的产物，由于企业大量采用JIT生产方式，翌日送达的要求逐渐增多，对航空快递运输的发展起到了推动作用。一些航空货代企业也开始通过购买运输机进入这一领域。一般货物的快递运输发展也很迅速。

外包（Outsourcing）是美国企业20世纪80年代兴起的管理思想。当时美国企业将企业流程再造作为经营合理化的重要手段，重新对业务内容、资源的分配进行考量，通过撤出非核心竞争业务来提高经营效率。外包则成为当时降低成本、提高企业竞争能力的重要手段而受到重视。

20世纪80年代，美国企业在新的物流理念的指导下，改善物流系统，提供多样的物流服务，迎来了美国物流革新的新时代。进入20世纪90年代，美国企业的物流系统更加系统化、整合化，物流也向供应链管理转化。物流与供应链管理的区别在于，物流强调的是单一企业内部的各物流环节的整合，而供应链管理不仅强调一个企业物流的整合，它所追求的是商品流通过程中所有链条企业的物流整合。其中链条企业包括零售商、批发商、制造商、供应商等。为了能够降低成本、快速提供商品，仅考虑单一企业内部的物流整合达不到目的，必须对链条上的所有企业的物流进行统一管理才能实现上述目标，这就是供应链管理的基本概念。20世纪90年代，美国企业通过供应链管理积极推进企业物流的合理化和效率化，出现了新的物流服务业态——第三方物流服务。由于货主企业多样化的物流需求，美国新兴的物流市场急速扩张。

2.精益物流的引入

（1）精益物流的原理。精益物流（Lean Logistics）起源于精益制造（Lean Manufacturing）。它产生于日本丰田汽车公司在20世纪70年代所独创的"丰田生产系统"，后经美国麻省理工学院教授的研究和总结，正式发表在1990年出版的《改变世界的机器》一书中。精益思想是指运用多种现代管理方法和手段，以社会需求为依据，以充分发挥人的作用为根本，有效配置和合理使用企业资源，最大限度地为企业谋求经济效益的一种新型的经营管理理念。精益物流则是精益思想在物流管理中的应用。

（2）精益物流的内涵。作为一种新型的生产组织方式，精益制造的概念给物流及供应链管理提供了一种新的思维方式。精益物流指的是通过消除生产和供应过程中的非增值浪费，以缩短备货时间，提高客户满意度。

（3）精益物流的目标。根据顾客需求，提供顾客满意的物流服务，同时把物流服务过程中的浪费和延迟降至最低程度，不断提高物流服务过程的增值效益。

（4）精益物流系统。

①以顾客需求为中心。在精益物流系统中，顾客需求是驱动生产的原动力，是价值流的出发点。价值流的流动要靠下游顾客来拉动，当顾客没有发出需求指令时，上游的任何部分不提供服务，而当顾客需求指令发出后，则快速提供服务。

②准时。在精益物流系统中，电子化的信息流保证了信息流动迅速、准确无误，还可有效减少冗余信息传递，减少作业环节，消除操作延迟，这使得物流服务准时、快速，具备高质量的特性。货品在流通领域中能够顺畅、有节奏地流动是精益物流系统的目标，最关键的要求是准时。货品要在流动中的各个环节按计划、按时完成，包括运输、分拣、配送等环节。准时是保证精益物流系统整体优化方案能得以实现的必

要条件。

③准确。要求准确的信息传递、准确的库存、准确的客户需求预测、准确的送货数量等，准确是保证物流精益化的重要条件之一。

④快速。快速包括两个方面的含义：第一是形容精益物流系统对客户需求的反应速度，第二是形容货品在流通过程中的流动速度。精益物流系统对客户个性需求的反应速度取决于系统的功能和流程。当客户提出需求时，系统应能对客户需求进行快速识别、分类，并制定出与客户需求相适应的物流服务方案。客户历史信息的统计、积累也会对制定方案有所帮助。

货品停留节点少、流通所经路径短、仓储时间合理，能提高整体物流的速度。速度体现在产品和服务上是影响成本和价值的重要因素。快速的物流系统是实现货品在流通中增加价值的重要前提。

⑤降低成本、提高效率。精益物流系统通过合理配置基本资源，以需定产，充分、合理地运用优势；通过电子化的信息流，进行快速反应、准时化生产，从而避免诸如设施设备空耗、人员冗余、操作延迟和资源浪费等现象，保证其物流服务的低成本。

⑥系统集成。精益物流系统是由资源、信息和能够使企业实现"精益"效益的决策规则组成的系统。具有能够提供物流服务的基本资源是建立精益物流系统的基本前提。在此基础上，需要对这些资源进行最佳配置，实现设施设备共享、信息共享、利益共享等。只有这样才可以消除浪费，最经济、合理地提供满足客户需求的优质服务。

⑦信息化。高质量的物流服务有赖于信息化。物流服务涉及大量繁杂的信息。电子化的信息便于传递，这使得信息流动迅速、准确无误，保证物流服务的准时和高效；电子化的信息便于存储和统计，可以有效减少冗余信息传递，减少作业环节，减少人力浪费。此外，传统的物流运作方式已不适应物流业市场全球化，必须不断改进传统业务项目，寻找传统物流产业与新经济的结合点，提供增值物流服务，消除浪费和持续改善，用精益思想的方法思考问题、分析问题，制定和执行能够使系统实现"精益"效益的决策。

（三）日本

1.日本物流业的发展

随着流通革命的出现，以大型超级市场为首的零售业，为适应当时大量生产、大量消费的需求，取消中间环节，建立流通渠道。在日本，每个公司除了配备自用物流设施之外，还根据《流通业务城市街道整备法》配置大规模的物流据点。《流通业务城市街道整备法》是日本政府在1966年制定的，它的目的是将集中在大城市中心的流通设施向已经整备好的外围地区集中搬迁，以提高大城市的流通机能，使道路交通流畅。

运作的程序：对有关流通业务的城市进行设施配备，制定通用的具体政策，并且决定对象城市。在每个对象城市，进行城市规划，规范流通业务地区的数量、位置、规模、机能、设施，制定基本方针。地方的公共团体、建设团体等根据城市规划进行流通业务地区的土地建设，并完成公共设施等的配备工作。

为了推动物流业的发展，日本政府连续出台了若干政策鼓励物流业的发展。

1996年，公布产业再造计划。为了防止企业的空洞化，日本政府推出了一系列政策强化经济。其中，提出了四个发展方向：①国际物流基地的建设和其机能的现代化；②区域物流结构的改革；③城市内部物流的效率化；④物流系统的信息化。

日本于1997年、2001年、2005年和2009年，制定了四个《综合物流施策大纲》，是内阁会议通过并颁布的关于日本物流事业的纲领性政策文件。1997年4月，经日本内阁会议通过实施的《综合物流施策大纲》是日本第一部系统的物流政策，制定于日本的物流发展转折期，是国际化、信息化对物流发展要求的必然反映。1997年《综合物流施策大纲》提出三项具体目标：一是提供亚太地区具备便利性和竞争力的物流服务；二是以不影响产业生产竞争力的物流成本提供优质的物流服务；三是建立能够应对与物流相关的能源、环境以及交通安全等问题的物流系统，并制定了总体措施。

2001年7月，日本政府在《综合物流施策大纲》实施4年后，在检验《综合物流施策大纲》效果的基础上，又出台了新修订的《综合物流施策大纲》。2001年《综合物流施策大纲》明确提出了最迟要在2005年以前建成一个面对21世纪、与日本经济社会相适应的新的物流系统，构筑起一个考虑成本在内的具有国际水准竞争力的物流系统。

2005年11月，日本政府再次修订了物流政策，制定了2005年《综合物流施策大纲》。2005年《综合物流施策大纲》确立了发展的四个目标：一是实现快速、衔接顺畅并且价格低廉的国际国内一体化物流；二是实现"绿色物流"等与环境相适应的物流；三是实现重视顾客的高效物流系统；四是实现有利于国民生活安全、让人安心的物流系统。它以2009年为目标年，实现并推进物流施策的综合化、一体化。

2009年7月，日本政府以2005年《综合物流施策大纲》提出的"一体化地开展国内国际物流，实现高效、环境负荷小的绿色物流，推进国民放心、安全生活的物流"为基础，制定了一部新的《综合物流施策大纲》。2009年《综合物流施策大纲》指出，随着企业供应链的全球化，必须降低以亚洲为中心的分散型企业网点间的运输成本，在维持较高安全水平的同时实现物流的高效化也成为重点课题。另外，随着安全物流需求的不断增加，还要进一步防止卡车运输重大事故的发生，确保海上运输通道的安全性，建设抗灾性强的交通网络，完善灾害发生后的快速恢复机制。

2.日本物流的特点

（1）多品种、小批量、高频率。

（2）系列化，相互依存关系。统筹型：制造商向消费者直接销售。自主型：各制造商、批发商、零售商自主进行。

（3）公路运输比重大，仓库多。日本的仓库有五种：营业仓库、农业仓库、自备仓库、协同组合仓库和保管仓库。

日本的物流着眼于企业，着眼于流通，强调第三利润源。

3.物流基地的建设

日本政府从1956年开始，便将主要的物流功能定位在离市中心20km左右的地区，并为物流基地的建设制定了专门的法规（如填海、建路、银行贷款、税制、生活配套等）。物流基地由众多的股东（公司）合资兴建，再租借给各个企业使用，租借中有偿提供机械设备、库房维持及作业方面的劳务服务。现代化物流基地具有建设投资庞大，回收周期长，长期产出比较稳定，效益明显等特点。现代化物流基地使日本的仓储业从单纯的储存仓库形态变为集约化、综合型的流通仓库形态，给日本物流带来了新的飞跃。

4.流通产业结构

日本的流通产业结构：批发业和零售业的比例是1∶3.5（商店数）。非现代经营方式的细小商店在零售业居多。零售业店铺密，但劳动生产率并不低。流通业的发展与经济发展不一定同步。批发层次多的原因是零售业的细小性。

5.日本企业的市场营销战略和流通渠道

生产企业在流通领域大量投资，采用垂直统合或流通系列化战略控制流通。第二次世界大战前，生产企业专心生产，销售由批发商负责。第二次世界大战后，生产企业规模的扩大及大量生产、大量消费体制的产生，使生产企业尽可能地控制流通。

6.新兴零售业的成长

流通部门在国民经济中所占的地位随着经济的增长日益凸显。20世纪60年代的流通革命，推动了流通产业的发展。当时，对流通革命有两种观点，一种是改革流通渠道；另一种是改革零售业，出现了超级市场和连锁店。

7.日本的流通政策

流通政策的作用：一是完善市场法规，二是通过振兴产业推动进步。

二、国外物流的发展特点

1.政府普遍重视物流的发展

政府均把发展物流作为提高本国经济竞争力的重要措施。在建设物流园区过程中，政府对参与物流园区建设的企业提供政策优惠，并积极推进物流园区相关配套设施的建设，统一规划物流园区内的交通、绿化、教育、娱乐等项目，形成齐全的服务功能和良好的生态环境。

2.搭建物流信息平台

随着信息技术的不断发展，互联网和电子商务应用的广泛普及，大大降低了国际贸易和国际物流的运营成本，使国际物流得以长足发展。目前，国际物流的效率在很大程度上取决于新兴信息技术的应用程度，其发展趋势是建立智能化的运输系统，将运输、仓储电子化管理过程与网络财务支持系统、电子商务融为一体。对于现代物流业发展来说，物流信息平台的建设与物流基础设施的建设具有同等重要的地位。

3.完善配送中心，提高整体物流效率

在欧洲物流业发展过程中，配送中心具有相当重要的地位。其作用包括减少仓库建设和人工成本，增加存货透明度，加强物流的流程控制。在配送中心，既有加工配送型，也有单纯储存配送型，还有专业产品配送型。物流与展览展销的结合，促成跨区域的综合集成空运、海运、铁路运输、公路运输的全球物流配送中心。配送中心一般都广泛采用各种高科技手段，如信息管理、电子数据监控、现代化立体仓库、条码扫描、卫星定位等。

4.推进物流系统的标准化

现代物流业对运输和仓储资源进行高度整合，标准化程度要求很高，否则国际物流水平很难提高。目前，一些国家基本实现了物流工具和设施的统一标准，大大降低了系统运转难度。在物流信息交换技术方面，欧洲各国不仅实现了企业内部的标准化，也实现了企业之间及欧洲统一市场的标准化，这就使欧洲各国之间物流系统的交流更简单、更具效率。

5.重视物流人才培养

发展现代物流业的关键是具备一支优秀的物流人才队伍，形成较为合理的物流人才教育培训体系，建立多层次的物流专业教育，在许多著名的高等院校中设立物流专业。

三、国内外物流的发展趋势

（1）物流服务的内涵将继续拓展。由最初只涉及运输业务，逐步将装卸搬运、仓储、保管乃至报关、通关、保险、商检、卫检、中转、保税等业务统一进来。近年由于信息技术的发展和比较成本优势的驱动，产品异地加工、装配、包装、分拨、配送、销售、转让等增值服务，也逐渐被涵盖进来。

（2）物流服务过程继续延伸。物流服务过程经历了"港口—港口""门—门"和

"货架—货架"等阶段后，由于生产企业"即时供货"和"零库存"的需要，物流业将生产以前的计划、供应包括在服务范围之内，使物流服务过程向前延伸，将消费后的废弃物处理和回收利用包括在服务范围之内，从而使物流服务过程向后延伸。

（3）专业化物流服务不断壮大。发达国家非常重视发展"第三方物流业"，第三方物流企业不但能够提供物流服务，更重要的是能够为顾客提供全面解决方案。

（4）供应链管理盛行。欧美许多企业通过直接控制供应链，企业和社会经济效益显著。国际大型跨国企业集团正朝着全球采购、本地制造、全球分销的新型跨国公司方向发展，与此相对应，与国际大型跨国企业集团结成战略同盟关系的国际物流企业也正寻求开展"一票到底"的服务，以满足全球化、优质化的物流需求。

（5）物流规模不断扩大。一是在港口、机场、车站等物流枢纽节点上建设规模巨大、设施齐全、功能完善的物流园区；二是物流企业通过兼并重组来扩大规模。

（6）不断采用先进的科学技术。形成以系统技术为核心，以信息技术、运输技术、配送技术、自动化仓储技术、库存控制技术、包装技术等专业技术为支撑的现代物流技术格局，发展重点包括无线互联网技术、卫星定位技术、智能运输系统及集成化技术等。

（7）绿色物流。企业物流成本中包含高昂的环境污染成本，企业物流活动中存在非绿色因素。现代物流活动中在不同程度上因存在非绿色因素而对环境造成污染。运输工具的排放污染环境；商品保管中使用杀虫剂等污染仓库周边环境；易燃、易爆等特殊危险物品保管不当，造成爆炸、泄漏、破坏、污染环境；流通加工产生的废气、废水和废渣等都对环境和人体构成危害；过度包装对环境影响也很大。

随着全球经济一体化的发展，传统关税和非关税壁垒的作用逐渐弱化，环境壁垒却逐渐兴起，为此，ISO 14000 成为众多企业进入国际市场的通行证。ISO 14000 的两个基本思想就是预防污染和持续改进，它要求企业建立环境管理体系，使其经营活动、产品和服务的每一个环节对环境的不良影响降到最低。

为适应世界社会发展的潮流和可持续发展的要求，能促进经济和消费生活健康发展的环境共生型物流，绿色物流、循环型物流应运而生。绿色物流是最大限度降低经营成本的必经之路，是企业取得竞争优势的有力保障。

所谓绿色物流，指的是为了使顾客满意，连接绿色需求主体和绿色供给主体，克服空间和时间限制的有效、快速的绿色商品和服务的绿色经济管理活动过程。绿色物流管理系统的发展要求政府加强管理，制定政策法规；转变观念，树立环保意识，实施绿色营销战略；物流企业物流流程绿色再造；加强对绿色物流人才的培养，造就一批熟悉绿色物流理论和实践的物流人才。

总之，实施绿色物流发展战略，大力加强对绿色物流政策和理论体系的完善和建立，对物流系统目标、物流设施设备和物流活动组织等进行改进与调整，实现物流系统的整体最优化，对环境的损害降至最低，不仅有利于环境保护和经济的可持续发展，还有利于我国物流管理水平的整体提高，对于我国经济的发展意义重大。

（8）应急物流。尽管当今世界科技高度发达，但突发性自然灾害、公共卫生事件等难以预测和预报；有时即使可以预报，但预报时间与发生时间相隔太短，应对物资、人员、资金难以实现其时间效应和空间效应。

从宏观层面上看，人们在突发事件中所表现出的被动状态均暴露出现有应急机制、法律法规、物资准备等方面的不足，亟须对应急物流的内涵、规律、机制、实现途径等进行研究。从微观层面上看，一方面，企业决策者所需的信息不完备以及决策者的素质受限制等原因，任何决策者都无法确保所有决策均正确；另一方面，因道路施工建设等使货物在途时间延长、交货期延长，因信息传递错误而导致货到后不能及时提取等也会产生应急需求，企业迫切需要制定预案，对不可抗拒的和人为造成的紧急状况进行有效防范，将应对成本降到最低。

应急物流是指针对可能出现的突发事件已做好预案，并在事件发生时能够迅速付诸实施的物流活动。它是为应对严重自然灾害、突发性公共卫生事件和公共安全事件等而对物资、人员、资金的需求进行紧急保障的一种特殊物流活动。应急物流可分为军事应急物流和非军事应急物流。非军事应急物流又可分为灾害应急物流和疫情应急物流。其中，灾害（含险情）应急物流还可分为自然灾害应急物流和人为灾害应急物流。

应急物流是一般物流活动的一个特例，突发性和不可预知性是应急物流区别于一般物流的显著特征，其特点包括需求的随机性、时间约束的紧迫性、峰值性、弱经济性、非常规性、共同参与性等。

应急物流的内容包括应急物流组织机制的构建、应急技术的研发、应急物流专业人员的管理、应急所需资金与物资的筹措、应急物资的储存与管理、应急物流中心的构建、应急物资的运输与配送等。

一些国家对应急管理体系的建设较早，其表现是建立并完善应急管理协调机制；制定并优化应急管理行动流程；制定并完善应急管理法规体系；搭建应急管理信息平台。目前，我国应急物流的特点表现为：政府高度重视，企业积极参与；军民携手合作，军队突击力强；平时预有准备、预案演练到位等。

2006年底，经国务院国有资产监督管理委员会（国资委）、民政部批准，全国第一个从事应急物流的专业组织——中国物流与采购联合会应急物流专业委员会成立。近年来，应急物流理论的研究已经步入团队协作、系统开发的良性轨道。中国物流与采购联合会应急物流专业委员会牵头制定、发布了《应急物流科研指南》。中国物流学会在2007年首次将《中国应急物流现状研究》等5个与应急物流相关的课题纳入年度的研究规划，各级政府和各企业开始认识到应急物流的重要作用。

四、我国物流的发展现状

改革开放以来，我国物流基础设施建设得到快速发展。国务院印发《物流业调整和振兴规划》后，我国物流业保持较快增长，服务能力显著提升，物流基础设施条件和政策环境明显改善，现代产业体系初步形成，物流业已成为国民经济的重要组成部分。我国物流的发展现状如下。

1.物流管理水平显著提高，物流管理人才数量有所提高

我国物流管理已从传统物流管理走向了现代物流管理，物流管理人才数量大大提高。一方面，开设物流管理专业的各类院校已为社会输送了大量的物流专业毕业生，一部分人才经过企业锻炼与培养已走上物流管理岗位；另一方面，企业对具有管理经验的优秀骨干进行物流专业知识培训，使他们成为兼具管理经验与物流理论知识的复合管理人才，物流管理水平显著提高。

2.企业的物流意识逐步提高

在竞争异常激烈的今天，越来越多的企业认识到物流这个"第三利润源"的重要性。在把物流作为企业整体战略的组成部分的同时，一部分企业还成立了自己的物流公司，为本企业和社会服务，比如海尔物流。

3.出现了一批以第三方物流为主的现代化物流企业

我国物流有自营物流、第三方物流、第四方物流、第五方物流等形式，其中第三方物流引导着发展趋势。大多数物流公司被局限在供应链的某一环节，无法满足客户的一体化物流服务需求，因而出现了一批以第三方物流为主的现代化物流企业。

4.物流管理与现代信息技术紧密结合

与物流管理相关的现代信息技术包括条码技术、射频识别（Radio Frequency Identification，RFID）技术、电子数据交换（Electronic Data Interchange，EDI）技术、遥感（Remote Sensing，RS）技术、地理定位技术等。

物流软件开发服务商研发的物流管理系统包括运输管理系统、仓储管理系统、柔性制造系统、存货管理系统（如货物堆场管理系统）、采购管理系统、订单管理系统、自动配送系统、客户管理系统、电子订货系统（Electronic Ordering System，EOS）、网上银行结算系统、口岸综合作业管理系统、智慧物流网络系统等。借助现代信息技术，物流管理很好发挥了省力化、高效率、快节奏、低成本、规模化等作用。

五、启示

（1）提高认识，明确定位。现代物流对促进流通现代化，进而带动生产和推进经济现代化具有重要意义。《关于加快我国现代物流发展的若干意见》中，将我国发展现代物流的总体目标定为："积极采用先进的物流管理技术和装备，加快建立全国、区域、城镇、企业等多种层次的，符合市场经济规律、与国际通行规则接轨的，物畅其流、快捷准时、经济合理、用户满意的社会化、专业化现代物流服务网络体系。"要正确处理好发展现代物流和发展现代物流产业之间的关系，政府的工作重点应放在创造条件、利用市场机制，促进现代物流服务网络体系的形成，在为工商企业降低物流成本、提高服务质量方面做出成绩。

（2）加强协调，总体规划。现代物流的管理，涉及计划、经贸、财税、工商、交通、邮政、海关、质检等部门；现代物流的运作横跨不同的行业和地区，必须协调运作，形成合力。各级政府部门要重视并加强对物流基础规划和建设的宏观协调和管理，特别是对中心城市、交通枢纽城市和物流活动较集中地区的物流基础设施的规划和建设进行协调与管理，做到布局合理、规模协调、功能配套、水平适当，避免重复建设、盲目建设和片面追求高质量。重视既有物流基础设施的技术改造和功能完善，充分利用现有场站、仓库等设施，优化物流资源的配置，有效降低全社会物流运作成本。

（3）实施有利于物流企业发展的相关政策。鼓励物流业务的整合，提升物流企业的供给能力。税收政策的某些方面对物流业发展有制约作用。在实践中，物流总代理商对接客户，然后转包业务（如仓储、运输业务）到各合作单位，这个过程存在重复纳税的问题，影响了物流总代理商整合业务。税收政策的某些方面不利于物流的"集零为整"。物流不整合就不能降低成本、提高效益。物流整合产生的效益主要体现在生产和商贸企业上，建议对物流总代理商实行类似于增值税方式的税收制度，扣除转包的部分，仅对其增值服务的部分征税。这样，有利于大型物流企业在大范围内的业务整合与发展。同时，这也会促进物流业务的发展，扩大税基，增加税收。考虑到物流业具有的社会效益，在物流园区建设时，政府在政策方面应给予支持。

（4）大力发展第三方物流，培育社会化的物流市场。全球化经济的发展，企业为了增加竞争力要大力发展核心业务，企业分工趋于专门化，这将促进第三方物流企业的发展。第三方物流的发展将有利于物流的专业化、规模化、合理化，从而提高物流系统的效率，降低物流成本。发展第三方物流的途径：通过鼓励合资、合作、兼并等整合措施，扩大现有第三方物流企业的经营规模；通过建立现代物流行业规范，促使小于规模经济的物流企业转型；通过修订和完善法律法规，打破现有市场条块分割的制约，促进第三方物流企业跨地区、跨行业发展；以提高服务质量、降低物流成本为核心，推动物流企业管理和技术创新。若使第三方物流企业能够提供优于第一方和第二方物流企业的服务，则要鼓励生产企业和流通企业更多地与第三方物流企业合作。发展第三方物流的同时必须充分注意企业物流的合理化问题，每一个生产企业都是社会物流网络的一个节点，企业物流合理化蕴藏着巨大的经济潜力、是社会物流合理化的基础。有一些第三方物流企业就是从大型制造企业的物流部门中发展起来的。

（5）抓好物流标准化体系建设。针对当前物流标准化问题和国际物流标准化发展方向，应该加快标准化建设步伐。在做好物流用语、计量标准、技术标准、数据传输标准、物流作业和服务标准等方面基础工作的同时，要加强标准化的组织协调工作。在对与物流活动相关的国家标准、行业标准进行深入研究的基础上，全面梳理现行标准。对已经落后于物流发展需要的标准应予以淘汰，并代之以新型标准；对部分不符合实际需要的标准，进行修订完善；对尚未制定的标准，要抓紧制定，以使各种相关的技术标准协调一致，与国际标准接轨，提高货物和相关信息的流转效率。

（6）充分发挥行业社团组织的作用。根据发达国家经验和我国市场经济发展、政府职能转变的实际，再结合物流产业复合性强、关联性大的特点，应该充分发挥行业社团组织的作用。例如物流的标准化体系建设、现代物流基础研究和技术推广、物流人才的教育培训与知识普及、行业企业的自律和协调等，政府部门都可以委托行业社团组织去做。行业社团组织也要积极转变观念，改进工作作风和方法，牢固树立为企业服务、为行业服务、为政府服务的观念，以出色的工作，增强凝聚力和权威性。各行业社团组织应打破门户之见，加强联合与合作，形成推动我国物流产业发展的合力，发挥好政府与企业之间的桥梁和纽带作用。

（7）加强物流人才的培养。鼓励和允许高等院校按照市场需求开办和设置物流专业及课程，为现代物流产业培养高级管理人才和专业人才；鼓励和引导企业、行业组织及民办教育机构参与现代物流人才的培训和教育工作；借鉴国际经验，由行业社团组织来主导、建立我国物流行业从业人员职业教育、培训和从业资格认证制度及相应的认证体系。中国物流与采购联合会高度重视行业人才培养体系建设。2001年，中国物流与采购联合会启动中国物流与采购人才工程，提出物流人才培养工作按学历教育和非学历教育两个层面开展。2003年以来，中国物流与采购联合会先后启动物流师、采购师、供应链管理师培训认证项目，在全国建立了由300多个培训机构和36个考试中心组成的培训认证网络，20多年累计培训认证80多万人。

✂ 课后练习

1.利用互联网，查找欧盟物流协会（European Logistics Association，ELA）、美国国际物流协会、美国运输与物流协会（AST&L）、马来西亚物流师协会（LogM）的相关信息。

2.根据了解的情况，试述我国物流行业的发展现状。

🖊 技能训练

1.训练目的

了解我国及国际第三方物流企业的发展现状，掌握影响第三方物流企业发展的因素。

2.训练内容

选择国内与国外多家不同区域的比较有实力的大型第三方物流企业进行调研，获得这些企业近三年的物流数据，并进行对比、分析。

3.训练要求

（1）尽可能获得跟物流有关的各项具体数据。

（2）对比我国第三方物流企业和国际第三方物流企业，描述我国第三方物流企业的不足之处。

（3）通过时间和地域的差异对比，总结影响第三方物流企业发展的因素。

（4）提出加快第三方物流企业发展的对策。

◇ 项目实训

⦿ 实训目标

技能目标	能够准确匹配物流基本术语与其对应的概念； 能够识别供应链网络图中生产物流、供应物流、销售物流、回收物流和废弃物物流这五种物流活动对应的区域； 深入了解现代物流的构成要素； 能够分析企业物流系统的现状，识别存在的问题和瓶颈； 能够分析企业面临的困境，识别效益背反现象的具体表现； 能够提出基于效益背反理论的改进措施
素养目标	逻辑思维和分析能力，观察力和空间想象力，全局思维和协作精神，批判性思维和创新能力，团队协作和沟通能力，系统思维和战略眼光

🔍 实训任务

任务一：物流基本术语认知

随着经济全球化和电子商务的飞速发展，物流行业变得越来越重要。为了更好理解物流运作中的各个环节和物流基本术语，我们将通过一道连线题来测试大家对物流基本术语的了解。在下面的题目中，左侧是物流基本术语，右侧是一系列与物流相关的概念，请将物流基本术语与概念正确连线。

物流基本术语	概念
仓库管理	当库存量下降到预定的最低的数量（订货点）时，按规定数量（一般以经济订货批量为标准）进行订货补充的一种库存管理方式
库存控制	为寻求物流的可持续发展，就物流发展目标以及达成目标的途径与手段而制定的具有长远性、全局性的规划与谋略
定量订货方式	从整体最优的角度出发，运用科学的方法，对企业的各种制造资源和企业生产经营各环节实行合理有效的计划、组织、控制和协调，达到既能连续均衡生产，又能最大限度地降低各种物品的库存量，进而提高企业经济效益的管理方法
ABC 分类管理	物流企业面对多品种、小批量的买方市场，不是储备了产品，而是准备了各种要素，在用户提出要求时，能以最快速度抽取要素，及时组装，提供所需服务或产品
物流战略	在精确测定生产各工艺环节作业效率的前提下，按准确的订单计划，以消除一切无效作业与浪费为目标的一种管理模式
准时制	对库存物品、仓库设施及其布局等进行规划、控制的活动
物料需求计划	将库存物品按品种和占用资金的多少分为特别重要的库存物品（A类）、一般重要的库存物品（B类）和不重要的库存物品（C类）三个等级，然后针对不同等级分别进行管理与控制
快速反应	在保障供应的前提下，使库存物品的数量最优，进行有效管理而实施的技术经济措施
制造资源计划	一种工业制造企业内的物资计划管理模式。根据产品结构各层次物品的从属和数量关系，以每个物品为计划对象，以完工日期为时间基准倒排计划，按提前期长短区别各个物品下达计划时间的先后顺序

任务二：物流活动分类

请根据以下供应链网络图，在图片中标出生产物流、供应物流、销售物流、回收物流、废弃物物流这五种物流活动对应的区域。

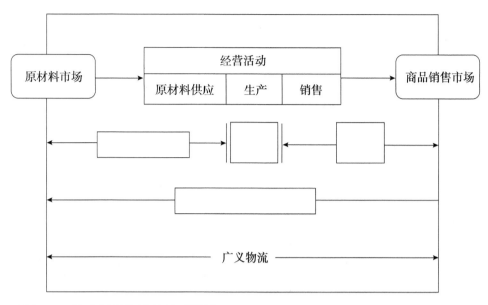

任务三：熟悉现代物流的构成要素

某电商公司专注于运营涵盖线上零售业务的综合性电商平台，拥有广泛的商品线、大量的注册用户和日益增长的订单量。该公司自创立以来，始终坚持以客户为中心，提供高品质的商品和优质的服务。然而，随着业务的迅速扩张和市场竞争的加剧，该公司正面临物流效率提升和成本控制的双重挑战。为了优化其物流系统，该公司决定对构成要素进行全面分析和改进。作为物流专业的学生，请你为该公司提供具体的优化建议。

任务四：效益背反理论分析

近年来，随着市场竞争的加剧和消费者对产品质量的日益关注，专注于生产高科技电子产品的某跨国公司面临着在保持产品质量的同时降低生产成本，以及在满足个性化需求的同时实现生产规模化的挑战。请根据效益背反理论的相关内容对该企业面临的困境进行分析，并提出改进措施。

实训评价

班级		姓名		小组			
任务名称		项目一综合实训					
考核内容	评价标准	参考分值（分）	学生自评（分）	小组互评（分）	教师评价（分）	考核得分（分）	
知识掌握情况	理解物流基本术语	5					
	明确供应链网络中的不同物流模式	5					
	掌握现代物流的构成要素	5					

考核内容	评价标准	参考分值（分）	学生自评（分）	小组互评（分）	教师评价（分）	考核得分（分）
技能提升情况	能够准确匹配物流基本术语与其对应的概念	10				
	能够识别供应链网络图中生产物流、供应物流、销售物流、回收物流和废弃物物流这五种物流活动对应的区域	10				
	深入了解现代物流的构成要素	10				
	能够分析企业物流系统的现状，找出存在的问题和瓶颈	10				
	能够分析企业面临的困境，识别效益背反现象的具体表现	10				
	能够提出基于效益背反理论的改进措施	10				
职业素养情况	具有自主学习能力	5				
	具有合作精神和协调能力，善于交流	5				
	具有一定的分析能力	5				
参与活动情况	积极参与小组讨论	5				
	积极回答老师的提问	5				
小计						
合计（学生自评×20%+小组互评×40%+教师评价×40%）						

项目二　仓储与配送实务

📖 项目概览

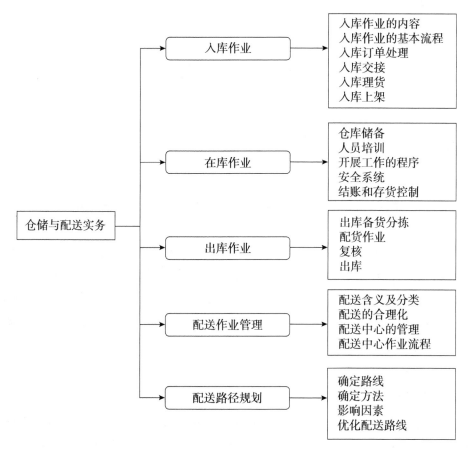

📍 项目目标

知识目标	1.掌握入库作业； 2.掌握在库作业； 3.掌握出库作业； 4.了解配送作业管理； 5.了解配送路径规划

续表

能力目标	1.能够进行入库作业、在库作业和出库作业； 2.掌握配送作业管理，实施配送路径规划
素质目标	培养学生具备物流管理、规划、设计等较强实务运作能力，成为高级现代物流技能人才
教学重难点	1.配送作业管理； 2.配送路径规划

 项目解析

任务一　入库作业

案例导入

天津大沽口港区首批保税仓库货物——6350t巴西纸浆接卸和入库作业

2019年，随着最后一车巴西金鱼公司（SUZANO）保税纸浆从停靠在天津港保税区临港区域大沽口港区12号码头的"哈拉"轮平稳下落至货车中并安全进入大沽口港区保税仓库中堆存，天津临港港务集团顺利完成大沽口港区首批保税仓库货物——6350t巴西纸浆接卸和入库作业，标志着天津临港港务集团正式开始承接保税货物，大沽口港区保税仓库正式运营。纸浆货物接卸和入库作业顺利完成。

任务执行

入库作业是指仓储部门按照存货方的要求合理组织人力、物力等资源，按照入库作业程序，认真履行入库作业各环节的职责，及时完成入库任务的工作过程。根据不同的管理策略、货物属性、数量以及现有库存情况，自动设定货物堆码位置、采纳货物堆码顺序建议，从而有效利用现有仓库容量，提高作业效率。

一、入库作业的内容

商品入库作业的整个过程主要包括商品接运、商品入库验收、办理入库手续等一系列业务活动。

（1）商品接运。商品接运是指仓库对于通过铁路运输、水运、公路运输、航运等方式运达的商品，进行接收和提取的工作。商品接运的主要任务是准确、齐备、安全地接收和提取商品，为入库验收和检查做准备。例如，车站码头提货、铁路专用线接车、自动提货和库内提货。

（2）商品入库验收。商品入库验收是指进行数量点收和质量检验的工作。数量点收，主要根据商品入库凭证清点商品数量，检查商品包装是否完整，数量是否与凭证相符。质量检验，主要按照质量规定标准，检查商品的质量、规格和等级是否与标准符合，对于技术性强、需要用仪器测定分析的商品，须由专职技术人员进行。

（3）办理入库手续。入库手续主要是指交货单位与库管单位之间所办理的交接工作。其中包括商品的检查核对，事故的分析、判定，双方认定，交库单签字。库管单位给交货单位签发接收入库凭证，并将凭证交给会计、统计人员入账、登记；同时安排仓位，提出保管要求。

二、入库作业的基本流程

入库作业的基本流程如下。

（1）制订入库计划。入库计划的内容应该包括：货物入库的时间、数量、包装形式、规格；货物所需占用的仓容；运输车辆到达的时间和送货车型；运输车辆的停放位置；货物的临时存放地点；负责入库作业的相关部门。

（2）入库准备。信息准备；场地准备；设备准备；人员准备；货位准备；作业工艺设定；单证准备等。

（3）货物接运。主要任务是及时而准确地向交通运输部门提取入库货物，要求手续清楚、责任分明。

（4）审核单据。核对入库凭证，然后核查交货单位提供的发票、产地证明书、质量合格证书、装箱单、磅码单等，最后核查承运部门的运单。若有货损还需索取货运记录或普通记录。需要注意的是单据的合法性、真实性、有效性以及相符性。

（5）初步验收。数量验收，数量验收是指大数验收，只是清点货物大包装的数量是否与单证相符；包装检验，检查外包装是否存在异常，若有异常必须做好记录。

（6）货物交接。交接双方：收货人员与送货人员。收货人员以送货单为依据，接收货物以及随货同行的相应证明文件，最后交接双方在送货单、交接清单（交接单）

上签字、批注并留存凭证。

（7）货物验收。在办理货物交接后，在正式入库前还需要对货物进行验收，此时需要注意的是验收时间和效率，若验收发现问题要填写验收报告。

（8）办理入库手续。信息录入；建立货物明细卡；货物登账；建立仓库工作档案；签单。

（9）分配货位。根据货物的性质和仓库内货位分配原则，为货物安排合适的存放位置。

三、入库订单处理

1.接单作业概述

接单作业是客户向配送中心提出配送需求，配送中心接收配送需求并承诺提供配送服务的过程。该过程信息的传递非常重要，涉及分拣、流通加工和配送服务的安排以及配送费用的核算。具体作业过程：各门店根据实际情况向公司总部提出补货请求，公司总部接到补货请求后汇总，生成补货订单，并将订单信息和库存分配信息传到配送中心，配送中心信息部门审核并接收订单，生成拣货计划。

接单作业在仓储作业中具有重要的地位。没有接单作业就没有拣货作业及其他流程。而且，接单作业后生成的拣货资料是拣货人员拣货的依据，拣货人员根据拣货资料拣选货品。接单作业的质量会直接影响拣货作业。接单作业是对现有库存水平的确认过程，是对现有商品质量的检查过程，从一定程度上起到盘点的作用。

2.接单作业流程

接单作业的具体流程如图2-1-1所示。

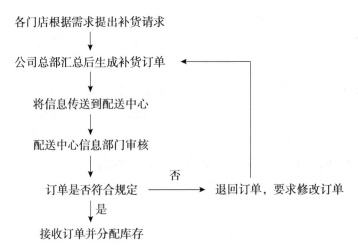

图2-1-1 接单作业流程

3.入库订单处理流程

入库订单处理流程如图2-1-2所示。

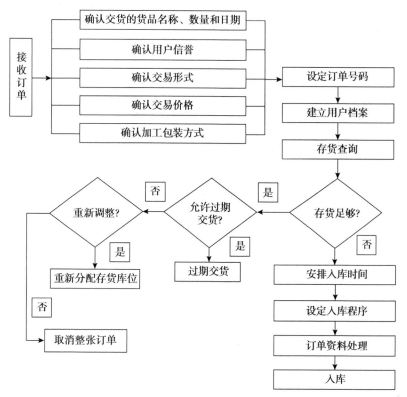

图2-1-2　入库订单处理流程

四、入库交接

入库交接是指仓库接收人就收到的货物向送货人进行确认，表示已接收货物。

1.交接手续

交接手续的办理意味着划清运输、送货部门的责任。交接手续包括：①接收物品；②接收文件；③签署单证。

（1）接收物品。验货后，将不良货物提出、退回，编制残损单证等，明确责任，确定收到货物的确切数量，保持货物外观良好。

（2）接收文件。接收送货人送交的货物资料、货物运输记录，以及随货附带、在运输单证上注明的相应文件，如图纸、准运证。

（3）签署单证。仓库接收人与送货人或承运人共同在送货单、交接清单上签署，并留存相应单证。

2. 登账

物品入库后，仓库建立详细反映物品仓储情况的明细账，登记物品的相关情况。登账的主要内容：物品名称、规格、数量（如累计数和结存数）、存货人或提货人、批次、金额、货位号、运输工具等。

3. 立卡

物品入库或上架后，将物品名称、规格、数量或出入状态等内容填在料卡上，称之为立卡。

4. 建档

为仓库内的仓储物品建立存货档案，做到"一货一档、统一编号、妥善保管"。档案主要包括以下内容。

（1）物品的技术资料、合格证、装箱单、质量标准等。

（2）物品的运输单据、普通记录、货运记录、残损记录、装载图等。

（3）入库通知单、验收记录、磅码单、技术检验报告。

（4）保管期间检查、保养、通风、翻仓等的操作记录以及温度、湿度、特殊天气的记录等。

（5）出库凭证、交接签单、送货单、检查报告等。

（6）其他有关该物品仓储保管的特别文件、报告和记录。

5. 入库交接单格式

入库交接单格式如图2-1-3所示。

采购日期	入库日期	发站	品名	标记	数量	单价	重量	号车	运单号	货位	合同号
备注											
送货人签字：				接收人签字：				经办人签字：			

图2-1-3　入库交接单格式

五、入库理货

入库理货主要包括以下内容。

（1）清点货物件数。对于件装货物，包括有包装的货物、裸装货物、捆扎货物，根据合同约定的计数方法，点算完整货物的件数。合同约定计件方法：约定细数及需要在仓库拆除包装的货物，则需要点算最小独立包装的件数，涉及捆内细数、箱内小件数等；对于件数和单重同时需要确定的货物，一般只点算运输包装件数；对于入库拆箱的集装箱，则要在理货时开箱点数。

（2）查验货物单重、尺寸。货物单重是指每一运输包装的货物的重量，分为净重和毛重。对于需要拆除包装的货物需要核定净重。货物单重一般通过称重的方式核定。对于以长度或者面积、体积进行交易的商品，入库时必然要对货物的尺寸进行丈量，以确定入库货物数量。丈量的项目（长、宽、高等）根据约定或者根据货物的特性确定，通过使用合法的标准量器，如卡尺、直尺、卷尺等进行丈量。

（3）查验货物重量。查验货物重量是指对入库货物的整体重量进行查验。对于计重的货物（如散装货物）、件重并计的货物（如包装的散货），需要衡定货物重量。货物的重量分为净重和毛重，毛重减净重为皮重。根据约定或具体情况确定毛重或净重。

（4）检查货物表面状态。理货时应对每一件货物的外表进行感官检验，查验货物外表状态，接收外表状态良好的货物。外表检验是仓库质量检验的基本要求。确定货物有无包装破损，内容物外泄、变质、散落、结块，标志不当，变形等不良质量状况。

（5）剔除残余。在理货时发现货物外表状态不良，或者怀疑内容物损坏等，应将不良货物剔出，单独存放，避免又与其他正常货物混淆。待理货工作结束后进行质量确定，确定内容物有无受损以及受损程度。对不良货物可以采取退货、修理、重新包装等措施，编制残损报告，以便明确责任划分。

（6）货物分拣。仓库原则上采取分货种、分规格、分批次的方式储存货物，以保证仓储质量。对于同时入库的多品种、多规格货物，仓库有义务进行分拣，分类分储。理货工作就是要进行货物的确认和分拣作业。对于涉及仓储委托的特殊的分拣作业，如分颜色、分尺码等，也应在理货时进行，以便分存。当然，拣货人员需要开包进行内容分拣，进行独立作业。

（7）安排货位、指挥作业。由理货人员指挥卸车、搬运、垛码作业。根据货物质量检验的需要，指定检验货位，无须进一步检验的货物，直接确定存放位置。要求作业人员按照预定的堆垛方案堆码或者上架。对于货垛需要的衬垫、苫盖的铺设，指挥作业人员按要求进行。

（8）处理现场事故。对于在理货中发现的残损货物，不能退回的，仓库只能接收，但要制作残损记录，并由送货人、承运人签署确认。对于作业中发生的工损事故，也应制作事故报告，由事故责任人签署。

（9）办理交接。由理货人员与送货人、承运人办理货物交接手续。理货人员接收随货单证、文件，填制收费单据，代表仓库签署单证，并提供单证由对方签署。

六、入库上架

入库上架流程如下。

（1）上架员将商品拉入仓储中心，并根据ERP系统推荐的商品属性（服装、家电、玩具、文具等）确认其上架位置；核对数量实施上架操作。

（2）在上架过程中，如果发现上架商品未粘贴条码或者出现商品与实际描述不符等情况，第一时间通知组长或者主管解决。入库上架作业如图2-1-4所示。

图2-1-4　入库上架作业

（3）上架过程中如果出现没有固定货位的商品时，上架员一定要重新录入新的货位号并确认；如果出现型号、体积、颜色等相近的商品要分开放置，以免发生混货现象。

（4）大宗商品的上架一定要清点数量，然后放到指定的大宗区域；每种商品的托盘上要贴好版头纸，并标明数量、货位等商品基本信息，并在出入库的登记本上做好登记。

✂ 课后练习

简述入库作业的基本流程。

✍ 技能训练

入库作业基本流程如图2-1-5所示，分成小组，模拟入库作业流程。

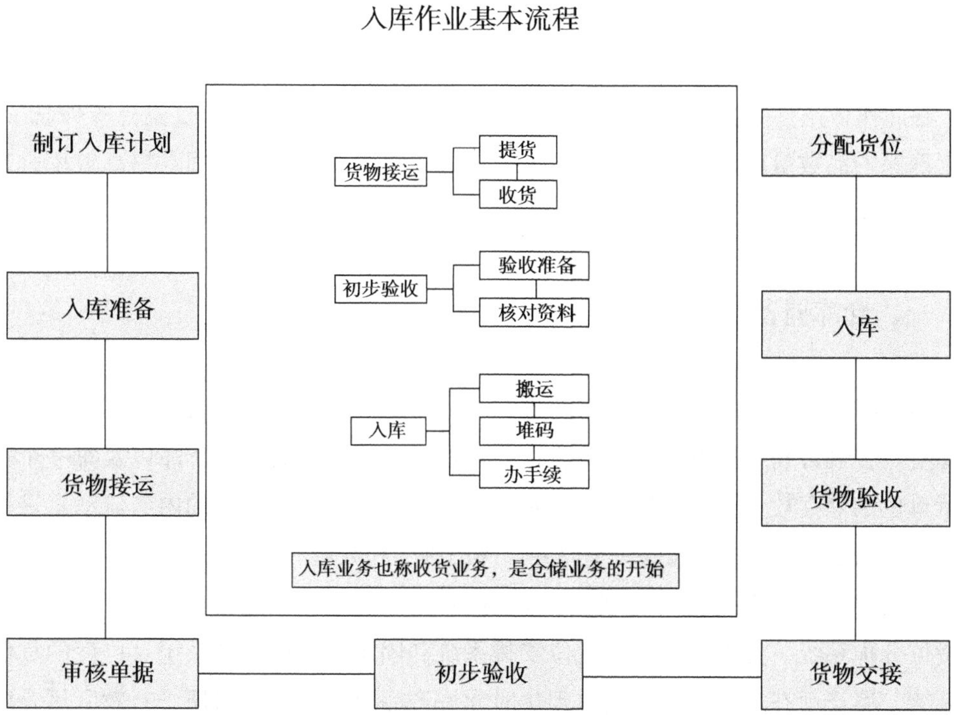

入库作业基本流程

图2-1-5 入库作业基本流程

任务二 在库作业

案例导入

智能在库管理系统的应用

某家汽车制造商面临零部件库存积压与生产线缺料并存的困境，严重影响生产效率。引入智能在库管理系统后，系统通过实时数据监控与智能分析，精准预测各零部件需求，自动触发或调整补货、生产计划。一次，系统提前预警某关键零部件库存紧张，立即触发紧急采购流程，并完成补货，确保生产线不停工。同时，系统还识别出长期未使用的冗余库存，建议转售或调整采购策略。这一系列操作不仅解决了生产线的燃眉之急，还显著降低了库存成本，提升了整体运营效率。这一案例生动展示了智能在库管理系统在应对复杂供应链挑战中发挥的关键作用。

🧑‍🤝‍🧑 任务执行

在库作业是指对在库物品进行理货、堆码、维护、保养、检查、盘点等保管工作。为了确保物品数量准确和质量完好无损，应缩短出入库的操作时间，提高效率，方便拣选和搬运，必须重视在库作业的保管过程。

一、仓库储备

当仓库进行产品储备时，遵循的理想程序是在启动储存作业之前，首先获得完整的储备。在制订仓库储备计划时，应该确定通过仓库配送的个别产品以及每一个基本存货单位的储存数量；计划储存产品到达的时间表，以实现有序的内向流动。最初对仓库进行储备所需要的时间取决于储存产品的种类和数量。

在储存区内。全托盘装载的产品被分配到预定的托盘位置上。对此，有两种常用的货位分配系统，分别为可变的货位安排系统和固定的货位安排系统。可变的货位安排系统，属于动态定位，每次装运到达时允许产品改变位置，以便于有效利用仓库空间。而固定的货位安排系统，则在选择区内为每种产品分配永久性的位置。只要产品的移动流量保持相同水平，所储存的产品就始终保持位置。产品的移动流量一旦发生增减，就有可能重新分配产品位置。一般来说，固定的货位安排系统优于可变的货位安排系统，因为它可以为某种产品提供及时定位。不过，自从有了计算机控制的仓库定位系统后，这已经不是问题了。然而，无论使用哪一种货位分配系统，每一种内向的储存产品都应该给它分配一个起始位置。

二、人员培训

培训仓库作业人员历来是一个值得认真考虑的问题。不管在理论上建立的仓储系统如何有效，在实践中它的实现程度取决于操作人员的水平。因此，对仓库作业人员进行适当培训，是确保仓储系统实现期望效果的重要条件。

人员培训并不是一项困难的任务。通常在储存商品还没有到达仓库以前，全体员工就已经到位。被安排承担具体任务的人员应该充分了解工作要求，及自己在整个系统中所发挥的作用。通过考察仓库的比例模型和参观仓库的实际结构，可以使雇员们熟悉仓储系统。

每个雇员都应该接受具体的培训。被雇用来操作仓储系统的人员可以划分为：行政人员、管理人员、拣选人员、设备操作人员、材料搬运工人以及杂务工人（如负责维修、抢救）等。

在实际操作前，模拟各种活动，让各组人员都参加演习。这类培训可以实现在接近实际的工作条件下，手把手地传授经验。当最初的储备开始时，工作人员就可以在通常的条件下，在商品的搬运过程中吸取经验。供应搬运设备的制造商，通常都会赠送数台教练机。于是，在模拟的条件下，教练机就可以协助培训相应的设备操作人员。

三、开展工作的程序

工作程序的开展可以与仓库人员的培训同步进行。材料搬运系统的设计通常涉及工作程序，则管理部门有责任检查全体员工是否了解并执行工作程序。

在机械化的仓库里，部分地勤人员会在某个阶段被征调进行订货拣选，为此要修正在配送仓库中常使用的订货拣选系统——个人拣选系统和地区拣选系统。在个人拣选系统下，通常由一个拣选人员完成全部的订货处理，但这种系统并未被广泛使用，往往是在有大量小型订货需要拣选后重新包装或需要在一辆卡车上进行整合时，才采用这种系统。使用比较广泛的是地区拣选系统，在该系统下，每一位拣选人员都被分配负责一定比例的仓储作业，因此有可能会有许多拣选人员处理相同部分的订货。由于每一位拣选人员都充分了解各自的选择区，所以不会在定位产品项目时浪费时间。

收取订货和装运订货同样必须建立具体的工作程序。对收取的商品必须进行检查，以确保其进入存货会计系统。如果使用的是托盘的话，商品必须按照一定的模式进行堆放，以确保最大限度利用装载能力。担任装运工作的人员必须了解装载程序，并在具体的作业类型中，特别是当商品转移了物权时，在装载过程中进行严格检查。

这类工作程序并不仅适用于地勤人员。存货控制也必须建立明确的程序，以便对存货记录做适当处理。目前，大多数厂商使用某些类型的自动化数据处理设备来协助工作。可以想象，如果缺乏适当的工作程序，仓库在采购或补充商品的过程中就会产生严重的问题。

四、安全系统

从广义上来讲，仓库内采取安全措施的目的是防止商品被窃和变坏。每一种形式的安全都值得管理部门注意。

1.防止偷窃

防止商品被偷窃已成为仓库经营管理中的一大关键问题。对整个企业来说，每一个仓库都必须严格实施所有正常的预防措施，防患于未然。防止偷窃的标准程序：任何人经许可方能进入仓库及其周围场地，并且应严格限制进出库场的大门数量。

需要指出的是，并非所有的偷窃都是个别人所为，从大量的案例中可以发现，其中还包括仓库人员与卡车司机之间的内外勾结，他们有组织地采取各种行动，或随意地多提取订货，或以低价值产品换取高价值产品，企图搬走或置换仓库中的商品。因此，通过轮换雇员、清点库存以及对全部产品项目进行突击检查，减少相应偷窃事件的发生。

2.防止变坏

在仓库内，有一系列因素会导致某种产品或材料不可使用或无法销售。两种导致产品或材料变坏或损坏的主要原因：一是运输或储存过程中的疏忽，二是储存在同一设施内的产品或材料不相容。

不恰当的工作程序所引起的产品变坏：例如，当一个装满产品的托盘码垛到很高的堆放层时，一旦空气中的湿度或温度有显著变化，就有可能导致支撑堆放层的包装塌方。仓库的环境数据必须仔细地控制和测量，以提供适当的产品保护。

扫描二维码，查看动画，了解仓库防霉措施。

仓库管理中始终存在的一个问题就是仓库工作人员疏忽大意。铲车作业是管理部门最头疼的环节。尽管无数次地提醒操作人员不要超载，但在没有适当监督时，仍然会有人把超载当作作业捷径。例如，铲车司机企图在食品仓库的收货站台上一次性堆放四个托盘，结果导致托盘倒下，而标准的作业程序是每次装载只移动两个托盘。此外，在仓库内搬运疏忽所造成的产品变坏，是得不到保险补偿的损失，也构成了没有收入补偿的内部损失成本。

五、结账和存货控制

大多数厂商认为，根据各种产品的周转特征来搬运大量储存产品，最经济的方法是使用计算机进行结账和存货控制。利用计算机可以为仓库里每一箱商品都准备一份收货单，当仓库接到一份订单时，计算机就可以按照仓库布局列出商品清单。例如，如果使用选货区域，订单就可以按区域进行分组，清单上将为拣选人员列明该订货的号码或货位，并且在任何给定的时间内都能打印出现有商品的存货清单。但是，计算机存货管理必须经常根据实际存货进行检查，以便确保收取记录和装运记录的精确性。所有的存货都应该定期进行循环计数、以使实际存货与计算机保持的存货记录相符。

✂ 课后练习

1.什么是在库作业？

2.作业上所产生的一些瓶颈问题有可能源于不充足的工作程序，试举例说明。

✎ 技能训练

练习填写物料存放卡（见表2-2-1）。

表2-2-1　　　　　　　　　　物料存放卡

物料名称：　　　　料号：　　　　启用时间：

日期	入库数量	出库数量	签名	日期	入库数量	出库数量	签名

停用时间：

编号：

版本：

任务三 出库作业

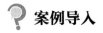 案例导入

某医药企业药品出库复核制度

（1）仓储中心验发员负责药品的出库复核工作。

（2）药品出库应遵循"先产先出""近期先出"和按批号发货的原则。

（3）药品出库必须进行数量复核和质量检查，保管员、验发员应按出库单对实物检查，将数量、项目逐一核对，核对完后在出库单核对联上签章，方可发货。

（4）保管员在出库复核中，如发现以下问题停止发货和配送，并报质量管理部处理。药品出库时发现下列问题拒绝出库：

①药品包装内有异常响动或液体渗透；

②外包装出现破损、封口不牢、衬垫不实、封条严重损坏等现象；

③包装标识模糊不清或脱落；

④药品已超出有效期。

（5）药品出库后，如发现错误，应立即追回或补换，并填写换、补货记录表，认真处理。

（6）直接配送单与出库复核单无收款章不允许出库。临时借货的出库，需有董事长或总经理的签字或授权方可出库，事后补签。

（7）为便于质量跟踪，药品出库要做好出库复核记录。

（8）药品出库复核记录由专职复核员填写，电脑存档，记录保存时间范围：超过药品有效期1年，但不得少于3年。

（9）中药饮片出库要严格掌握发霉、变质情况，质量有异拒绝出库。

任务执行

一、出库备货分拣

1.出库前的准备

（1）计划、组织工具、装卸搬运设备；安排作业人员、货位；设计包装、涂写标志。

（2）与承运单位联系，使包装适合运输，长途运输要加垫板，防止运输途中堆垛倾覆，冬季注意防寒，必要时用保温车或专用运输车。

（3）包装破损的要加固或更换。

（4）对于拆零发货的物品，要经常准备好零货，及时补充，避免临时拆包、延缓付货，如每箱1000个的螺丝，一般每次提货200个，可以平均分装在5个周转箱内，循环补货，实际工作中，如果是供应生产工位，就不必200个螺丝一个不差地数出来，单个螺丝价值低，没有必要浪费人力去检斤和数数。

（5）对于备货分拣的情况，要事先分装拼箱，发货时整箱出库，易碎、易串味、易变形的物品，要加衬垫物，用木箱、周转箱等保护，并将装箱单贴在外面或附在里面，便于收货人清点验货，同时准备记号笔、封签、胶带、剪刀、胶带座、木箱、钉箱工具等。

2.审核出库单据的合法性

（1）调拨。对象是公司内部的不同仓库、专卖店或销售网点。

（2）发货。对象是产生销售的客户，原则上要优先安排出库。对自提的客户要特别注意，他们在公司等待的时间不宜太长，要第一时间安排出库。发料应保质、负责，严禁发不合格物资。

（3）合法单据应是财务部门电脑打印的或印刷连号的多联正规单据，盖有现金收讫章、现金未付章、调拨章，并有财务操作人员的名章。内容全面（收货人单位名称、规格、批号、数量、单价、总价、单据编号、备注），盖章清晰且不模糊，无涂改，手续合法。

3.备货

（1）准备附件：技术标准证件，使用说明书，质量检验书等。

（2）备货地点。原则上在备货发货区域内备货、清点、复核；发货批量大、品种少时，准备单品种的零头；整托盘、整箱的物料则应在原货位上等待出库，减少搬运次数，供应生产线时，可以在开工前在线上备货交接。

（3）备货时间。快速消费品，如饮料、食品，需要提前一天晚上备好货，转天早上5点至7点间送到超市、经销点；白天准备长途运输的，备货出库24h循环不停。其他行业一般是当天备货当天发货，或提前一天备货、转天发货。

（4）备货人员。根据行业不同，业务能力不同，有库管员、分拣人员、叉车司机等人员辅助工人备货。

（5）备完货后可以二次清点总数，检查是否漏配、是否多配，减少出现差错的机会。

4.备货数与账务统计结存数不符的原因

（1）验收入库数不实。

（2）逢多必少，错发、串货；业务能力不足。

（3）在库损耗。

（4）账务统计未及时将票据入账或操作失误。

（5）通过盘点和发货可发现问题，及时纠错。

二、配货作业

1.拣选式配货作业

拣选式配货作业过程包括四个环节：行走、拣取、搬运和分类。从这个基本过程可以看出，将作业所消耗的时间列举如下。

（1）形成拣货指令的订单信息处理过程所需时间。

（2）行走或货物运动的时间。

（3）准确找到储位并确认所拣货物及其数量所需时间。

（4）拣取完毕，将货物分类集中的时间。

2.拣选式配货作业管理

作业系统的能力和成本取决于配送中心或仓库的组织管理。拣选式配货作业管理包括以下内容。

（1）基于分拣作业的储位管理。

（2）出货管理。

（3）拣选路径管理。

（4）补货管理。

（5）空箱和无货托盘的管理。

3.分货式配货作业

（1）"人到货"分拣方法。这种方法是分拣货架不动，即货物不运动，通过人力拣取货物。在这种情况下，分拣货架是静止的，而分拣人员带着流动的集货货架或容器到分拣货架，即拣货区拣货，然后将货物送到静止的集货点。

（2）分布式的"人到货"分拣方法。这种作业系统的分拣货架也是静止不动的，但分货作业区被输送机分开。这种分拣方法也简称为"货到皮带"法。

4.分拣式配货作业

（1）"货到人"分拣方法。这种作业方法是人不动，托盘（或分拣货架）带着货物来到分拣人员面前，再由不同的分拣人员拣选，拣出的货物集中在集货点的托盘上，然后由搬运车辆送走。

（2）闭环"货到人"分拣方法。闭环"货到人"分拣方法中载货托盘（即集货点）总是有序地放在地上或搁架上，处在固定位置。输送机将分拣货架（或托盘）送到集货区，拣货人员根据拣货单拣选货架中的货物，放到载货托盘上，然后移动分拣货架，再由其他的分拣人员拣选，最后通过另一条输送机，将拣空后的分拣货架（拣选货架）送回。

5.自动分拣式配货作业

自动分拣系统与传统分拣系统有很大差别。当供应商或货主通知配送中心按订单发货时，自动分拣系统在最短的时间内可从庞大的存储系统中准确找到要出库的商品所在的位置，并按所需数量、品种、规格出库。自动分拣系统一般由识别装置、控制装置、分类装置、输送装置组成，需要自动存取系统支持。

三、复核

对出库物资在出库过程中的反复核对，以保证出库物资的数量准确、质量完好，避免差错。其方式有以下几项。

（1）个人复核：由发货保管员自己发货，自己复核，并对所发物资的数量、质量负全部责任。

（2）相互复核：又称交叉复核，两名发货保管员对对方所发物资进行照单复核，复核后应在对方出库单上签名以与对方共同承担责任。

（3）专职复核：由仓库设置的专职复核员进行复核。

（4）环环复核：在发货过程的各环节，如查账、付货、检斤、开出门证、出库验放、销账等环节，对所发货物进行反复核对。

整个出库过程包括三次检查：①备货时的清点；②备完货后的二次清点；③复核员在出库前用不同的人、不同的方法清点。三次检查，基本保证了出库的准确性，前两次内部检查和第三次复核，可能影响了出库的效率，但降低了差错率，提高了仓储信誉。

复核时，应按出库凭证上的内容逐项核对。

（1）品名、规格。

（2）数量。

（3）文件资料、证件。

（4）是否符合运输安全要求：

①包装能否承受箱内物品的重量，能否保证物料在运输装卸中不被损坏；

②包装是否便于装卸搬运；

③易碎、易受潮的物料，衬垫是否稳妥，密封是否严密；

④收货人信息是否填写齐全；

⑤每件包装是否有装箱单，装箱单上的内容是否和实物一致。

四、出库

1.出库原则

（1）只有符合财务制度要求的、有法律依据的出库单据，才能出库。坚决抵制不合法的单据（如白条）和不合法的做法（如电话、短信、传真通知），杜绝凭信誉出库，抵制特权人物的任意行为。

（2）出库凭证有涂改、复制、模拟痕迹，收货单位与提货人不一致，各种印签不合规定，单据超过提货有效期或单据重复打印出库等情况发生时，库管员应保持高度警惕，不能得过且过，要及时联系货主并查询单据的合法性，保护货主和公司的财产不受侵犯。

（3）出库不能当天办完，需要分批处理的，应该办理分批处理的手续。

（4）先备货、后复核、再发货。通过备货，业务人员可以预先了解是否缺货，是否有质量问题，是否可以调货，并提前解决问题或打印退货单，及时与客户沟通。库管员提前收到出库单、订单时，可以提前准备，提高出库工作效率，并且备完货后可以二次清点总数，检查是否漏配，是否多配，减少出现差错的情况。

（5）复核员要多人合作，用不同的方法，多人签字才能出库，单人没有权力将货物提出去。

（6）先进先出。有批号要求的严格按批号发货，并在发货记录上登记批号的区间，当产品跨区域串货时，能够根据发货批号查到经销商，没有批号要求的，按先进先出发货，同时要做到保管条件差的先出，包装简易的先出，容易变质的先出，有保管期限的先出，循环回收的先出。

（7）对于近效期产品、失效产品、变质产品、没有使用价值的产品，在没有特殊批准的情况下，坚决不能出库，当然应销毁或者作为废品处理的例外，不能以次充好。

（8）当未入库验收，未办理入库手续时，原则上暂缓发货。

（9）如果将出库凭证遗失，客户应及时向财务挂失，将原凭证作废，延缓发货；如果挂失前货物已经被冒领，保管员不承担责任。

2.出库要求

（1）三不：未接单据不翻账，未经审单不备货，未经复核不出库。

（2）三核：在发货时，要核实凭证、核对账卡、核对实物。

（3）五检查：对单据和实物要进行品名检查、规格检查、包装检查、件数检查、重量检查。

（4）严格执行各项规章制度，提高服务质量，杜绝差错事故，使顾客满意。

3.商品出库的形式

（1）自提：提货单位持出库凭证（提货单）自行到仓库提货，保管员根据提货单上所列的名称、规格、数量当面点交给提货人员。

（2）送货：仓库受提货单位委托，将其所需物资，按提货单所列内容运送到使用单位，并在使用单位当场点交。

（3）代运：仓库受外埠用户委托，按单将货配齐后通过铁路运输、水运、航运等方式，将货发至用户所在地的车站、码头、邮局。此种出库形式的交接，是与铁路运输、水运等运输部门进行的，仓库按规定程序办理完托运手续并取得运输部门的承运凭证，将应发货物全部点交承运部门后，责任才开始转移。

4.物资出库程序：物资出库作业过程

具体程序：审核出库凭证→查账、找货位→付货→复核→点交→出库。

（1）审核出库凭证。保管员对用户所持出库凭证（提货单）的审核，主要内容有：

①付货仓库的名称是否相符；

②提货单式样是否相符；

③印鉴（货主的调拨章、财务章）是否齐全；

④物资编号、品名、规格、质量、等级或型号、应发数量、单位有无差错、涂改；

⑤是否逾期。以上内容有一项不符，仓库有权拒绝发货，待原开证单位（货主）更正并盖章后，才可继续发货。

（2）物资出库的点交。保管员将应发物资向用料单位逐项点清交接的过程，应注意：

①凡重量标准的、包装完整的、点件的物资，当场按件数点清交给提货人或承运部门，并随即开具出门凭证，应请提货人在出门凭证上签名；

②凡应当场过磅计量或检尺换算计量的，按程序和规定检斤、检尺，并将磅码单抄件、检尺单抄件及出门凭证一并交提货人，亦应请提货人在原始磅码单及出门凭证

上签名。

5.出库交接

出库交接时应当面点清，与提货人的交接清点是仓库负责人和提货人划分责任的必要手段。品种多时，分单品核对。不能仅与提货人核对种数，应将所有货物卸下来重新清点。最后签收，完成出库作业。签收方式一般分以下几种。

（1）流通加工的交接签收。

（2）自有运输车辆的交接签收。

（3）客户自提的交接签收。

（4）第三方物流车辆的交接签收。

（5）公铁联运集装箱运输的交接签收。

课后练习

1.出库的基本原则是什么？

2.出库的基本要求？

3.出库过程的三次检查事项如何安排的？

4.出库的交接方式一般有哪些？

技能训练

完成出库备货分拣、复核和出库作业。

任务四　配送作业管理

案例导入

美国鞋业巨头Skechers公司建立庞大配送中心

美国鞋业巨头Skechers公司斥资2.5亿美元在莫雷诺谷打造长半英里（1英里＝1609.34m）、宽0.25英里，配备输送机、分拣机及其他设备的新配送中心。据统计，这里每小时设计出2万多双鞋子。

在比利时南部管理配送业务运营的全球配送高级副总裁保罗解释道，总部在曼哈顿、拥有数十年历史的Skechers公司选择在莫雷诺谷设立配送中心的原因之一是莫雷诺谷有足够的可用面积容纳这样大规模的工程。

首席执行官罗伯特·格林伯格称，配送中心位于雷德兹大道和西奥多街之间的公路的南侧，这一有利的地理位置能使Skechers公司持续成长，既简化了运营操作，也减少对环境的影响。

👥 任务执行

一、配送的含义

将配送定义为：在经济合理区域范围内，按用户订货要求，对物品进行拣选、加工、包装、分割、组配等作业，并按时送达指定地点的物流活动。一般来说，配送在整个物流过程中既包括集货、储存、拣货、配货、装货等一系列狭义的物流活动，也包括输送、送达、验货等以送货上门为目的的商业活动。它是商流与物流紧密结合的一种特殊的综合性供应链环节，也是物流过程的关键环节。由于配送直接面对消费者，最直观地反映了供应链的服务水平，所以配送"在恰当的时间、地点，将恰当的商品提供给恰当的消费者"的同时，也应将优质的服务传递给客户。配送作为供应链的末端环节和市场营销的辅助手段，日益受到重视。

根据配送的定义可以从以下几个方面理解配送。

（1）配送的实质是从物流终点至用户的一种特殊送货形式，它区别于一般送货形式，是一种"中转"形式。一般送货形式通常具有偶然性，而配送则具有经常性和固定性，有确定组织和确定渠道、一套装备和管理队伍及相应的体制形式。

（2）配送的产生与发展既是社会分工进一步细化的结果，又是社会化大生产发展的要求。社会分工的细化使企业内部在追求组织机构的优化与重组的同时，开始寻求专业的物流服务，形成配送需求。

（3）配送是最终的资源配置，最接近顾客。它一头连接着物流系统的业务环节，一头连接着消费者，直接面对服务对象各种不同的服务需求、配送质量及其服务水准，直观而又具体地反映了物流系统对市场需求的满足程度。

（4）配送是以用户要求为出发点的。配送定义中强调了"按用户订货要求"，明确了用户的主导地位。配送是从用户利益出发，按用户要求进行的一种活动，因此在观念上必须明确配送企业的地位是服务地位而不是主导地位，配送企业应从用户利益出发，在满足用户利益基础上取得自身利益，即做到"用户至上""质量为本"。更重要的是，配送企业不能利用配送控制用户，更不能利用配送谋求部门分割、行业分割和市场割据。

二、配送的分类

为满足不同产品、不同企业、不同流通环境的要求，可以采用各种形式的配送。配送的种类可划分如下。

1. 按配送主体的不同分类

（1）配送中心配送。配送中心配送是配送的主体形式，不但在数量上占主要部分，而且是某些小配送单位的总据点，因而发展较快。配送中心配送覆盖面较广，配送规模大。因此，必须有配套的规模化的配送设施，如配送中心建筑、车辆等，这些设施一旦建成便很难改变，灵活机动性较差，投资较大，在实施配送时难以一下大量建设配送中心。因此，这种配送形式有一定的局限性。

（2）仓库配送。仓库配送是以一般仓库为据点进行配送的形式。它可以把仓库完全改造成配送中心，也可以以仓库原功能为主，在保持原功能的前提下，增加一部分配送职能。由于不是专门按配送中心要求设计和建立的，所以仓库配送规模较小，配送的专业化程度低。但它可以利用原仓库的储存设施、收发货场地、交通运输线路等，开展中等规模的配送，并且可以充分利用现有条件而不需要大量投资。

（3）商店配送。商店配送的主体是商业实体店或物资的门市网点，这些网点主要承担商品的零售功能，规模一般不大，但经营品种较齐全。除日常零售业务外，还可根据客户的要求将商店经营的品种配齐，或代客户订购一部分本商店平时不经营的商品，然后和商店经营的品种一起配齐送至客户手中。商店配送组织者实力有限，往往只是少量、零星商品的配送。这种配送是配送中心配送的辅助及补充。商店配送有以下两种形式。

①兼营配送形式。商店在进行一般销售的同时兼行配送的职能。商店的备货可用于日常销售及配送，因此，有较强的机动性，可以将日常销售与配送相结合，互为补充。这种形式在一定铺面条件下，可取得更多的销售额。

②专营配送形式。商店不进行零售销售而专门进行配送。一般情况是商店位置条件不好，不适合门市销售而又具有某些方面经营优势及渠道优势，可采取这种形式。

（4）生产企业配送。生产企业配送是生产企业（尤其是生产品种多的生产企业）直接进行配送而无须再将产品发运到配送中心进行配送的一种形式。生产企业配送由于避免了一次物流中转，所以具有一定优势。但是生产企业（尤其是现代生产企业）往往是进行大批量、低成本生产，品种较单一，因而不能像配送中心那样依靠产品凑整运输取得优势，实际上生产企业配送不是配送的主体。

在生产地方性较强的产品的地域中生产企业配送应用较多，如就地生产、就地消费的食品。在生产资料方面，某些不适于中转的化工产品及地方建材也可采取这种形式。

2.按配送主体所处的行业分类

（1）制造业配送。制造业配送是围绕制造业企业所进行的原材料、零部件的供应配送，包括各生产工序上的生产配送以及企业为销售产品而进行的对客户的销售配送。制造业配送由供应配送、生产配送和销售配送三个部分组成，各个部分在客户需求信息的驱动下连成一体，通过各自的职能分工与合作，贯穿于整个制造业配送中。

（2）农业配送。农业配送是一种特殊的、综合的农业物流活动，是在农业生产资料、农产品的送货基础上发展起来的。农业配送是指在与农业相关的经济合理区域范围内，根据客户要求，对农业生产资料、农产品进行分拣、加工、包装、分割、组配等作业，并按时送达指定地点的农业物流活动。

（3）商业配送。商业企业的主体包括批发企业和零售企业，两者对于配送的理解、要求、管理等都不相同。批发企业配送的客户不是流通环节的终点消费者，而是零售商等企业。因此，批发企业必然要求配送系统不断满足其零售客户多批次、少批量的订货及流通加工等方面的需求。而对于零售企业来说，其配送的客户是流通环节终点的各类消费者。因此，一方面，由于经营场所的面积有限，它们希望上游供应商（包括批发企业）能向其提供小批量的商品配送；另一方面，为了满足各种不同客户的需要，它们又都希望尽可能多地配备商品种类。

（4）物流企业配送。物流企业是专门从事物流活动的企业，它们根据所服务客户的需求，为客户提供配送支持服务。现在，比较常见的物流企业配送形式是快递提供的门到门物流服务。

3.按配送商品特征的不同分类

（1）单品种、大批量配送。工业企业需求量较大的商品，单独一个品种或几个品种就可达到较大输送量，可实行整车运输，这类商品往往不需要再与其他商品搭配，可由专业性很强的配送中心实行这种配送。由于配送量大，可使车辆满载并使用大吨位车辆。配送中心内部设置、组织、计划等工作也较简单，因此配送成本较低。如果从生产企业将这种商品直接运抵客户，同时又不致使客户库存效益下降，采用直送方式往往具有更好的效果。

（2）多品种、少批量配送。多品种、少批量配送按客户要求，将所需的各种物品（每种需求量不大）配备齐全，凑整装车后由配送据点送达客户。这种配送作业水平要求高，配送中心设备复杂，配货送货计划难度大，必须有高水平的组织者来保证。因此，这是一种高水平、高技术的配送方式。多品种、少批量配送也正符合了现代"消费多样化""需求多样化"的新观念，是许多发达国家推崇的方式。

（3）配套成套配送。配套成套配送是按企业生产需要，尤其是装配型企业的生产需要，将生产每一台设备所需的全部零部件配齐，然后按生产节奏定时送达生产企业，生产企业随即可将此成套零部件送入生产线装配产品。在这种配送方式中，配送企业承担了生产企业大部分的供应工作，这样可以使生产企业专注于生产，与多品种、少批量配送效果相同。

4. 按配送时间和数量的不同分类

（1）定时配送。定时配送是指按规定时间间隔进行配送，如数天或数小时一次等，每次配送的品种及数量可按计划执行，也可在配送之前以商定的联络方式（如电话、计算机通信软件等）通知配送品种及数量。这种配送方式时间固定，易于安排工作计划、易于计划使用车辆，对客户来讲，也易于安排接货力量（如人员、设备等）。但是，由于配送物品种类经常变化，配货、装货难度较大，在要求配送数量的变化较大时，也会使配送运力安排出现困难。定时配送包括日配送、隔日配送、周配送、旬配送、月配送等。

（2）定量配送。定量配送是按规定的批量在一个指定的时间范围内进行配送。这种方式数量固定，备货工作较为简单，可以按托盘、集装箱及车辆的装载能力规定配送的定量，能有效利用托盘、集装箱等集装方式，也可做到整车配送，配送效率较高。由于时间不严格限定，可以将不同客户所需物品凑整装车后配送。对客户来讲，每次接货都处理同等数量的货物，有利于人力、物力的准备。

（3）定时定量配送。定时定量配送是按照规定配送时间和配送数量进行配送。这种方式兼有定时、定量两种方式的优点，但特殊性强，计划难度大，适合采用的对象不多，并不是一种普遍的方式。

（4）定时定路线配送。定时定路线配送是在规定的运行路线上制定到达时间表，按运行时间表进行配送，客户可按规定路线及规定时间接货及提出配送要求。采用这种方式有利于安排车辆及驾驶人员。在配送客户较多的地区，也可避免过分复杂的配送要求所面临的配送组织及车辆安排工作的困难。对客户来讲，既可对一定路线、一定时间进行选择，又可有计划地安排接货力量。但这种方式的应用领域也是有限的。

（5）即时配送。即时配送是完全按客户突然提出的配送要求的时间和数量随即进行配送的方式，是具有较高灵活性的一种应急方式。采用这种方式的品种可以实现保险储备的零库存，即用即时配送代替保险储备。

5.按经营形式不同分类

（1）销售配送。销售配送是销售性企业作为销售战略一环所进行的促销型配送。这种方式的配送对象往往是不固定的，客户也往往是不固定的，配送对象和客户依据对市场的占有情况而定，配送的经营状况也取决于市场状况，配送随机性较强而计划性较差。通常，商店配送一般多属于销售配送。用配送方式进行销售是增加销售数量、提高市场占有率、获得更多销售收益的重要方式。由于是在送货服务前提下进行的活动，也受到客户的欢迎。

（2）供应配送。供应配送是客户为了自己的供应需要所采取的配送形式，往往由客户或客户团体组建配送据点，集中组织大批量进货（取得批量优惠），然后向本企业配送或向本企业集团的若干企业配送。这种以配送形式组织对本企业的供应在大型企业或企业集团或联合公司中采用较多，例如，商业领域中常见的连锁商店就常常采用这种方式。用配送方式进行供应，是保证供应水平、提高供应能力、降低供应成本的重要方式。

（3）销售—供应一体化配送。销售企业对于基本固定的客户和基本确定的配送产品可以在自己销售的同时承担客户有计划的供应者的职能，既是销售者同时又是客户的供应代理人。对某些客户来讲，就可以减除自己的供应机构，而委托销售企业。

这种配送对销售者来讲，能获得稳定的客户和销售渠道，有利于本身稳定持续发展，有利于增加销售数量。对于客户来讲，能获得稳定的供应，可大大节约本身为组织供应所耗用的人力、物力、财力，销售者能有效控制进货渠道，这是任何企业供应机构难以做到的，因而供应保证程度可大大提高。销售—供应一体化配送是配送经营中的重要形式，这种形式有利于形成稳定的供需关系，有利于采取先进的计划手段和技术手段，有利于保持流通渠道的畅通稳定，因而受到人们的欢迎。

（4）代存代供配送。代存代供配送是客户将属于自己的货物委托配送给企业代存、代供，有时还委托代订，然后组织配送的一种形式。这种配送在实施时不发生商品所有权的转移，配送企业只是客户的委托代理人。商品所有权在配送前后都属于客户所有，所发生的仅是商品物理位置的转移。配送企业仅从代存、代供中获取收益，而不能获得商品销售的经营收益。

6.按加工程度不同分类

（1）加工配送。加工配送是和流通加工相结合的配送，在配送据点中设置流通加工环节，或是流通加工中心与配送中心建立在一起。当社会上现成的产品不能满足客户需要，即客户根据本身工艺要求需要使用经过某种初加工的产品时，配送企业可以在加工后通过分拣、配货再送货到户。流通加工与配送相结合，使流通加工更具针对性，减少了盲目性。配送企业不但可以依靠送货服务、销售经营取得收益，还可通过加工增值取得收益。

（2）集疏配送。集疏配送是只改变产品数量组成形态而不改变产品本身物理、化学形态的与干线运输相配合的配送方式。例如大批量进货后，小批量、多批次发货，零星集货后以一定批量送货等。

7.按配送企业专业化程度分类

（1）综合配送。综合配送配送产品种类较多，不同专业领域的产品在一个配送网点中组织对客户的配送。这类配送由于综合性较强，故称为综合配送。综合配送可减少客户为组织所需全部物资进货的负担，只需和少数配送企业联系，便可解决多种需求。因此，它是对客户服务意识较强的配送形式。

综合配送的局限性在于，由于产品性能、形状差别很大，在组织时技术难度较大。因此，一般只是在性状相同或相近的不同类产品方面实行综合配送，差别过大的产品难以综合化。

（2）专业配送。专业配送是按产品性状不同适当划分专业领域的配送方式。专业配送并非越细分越好，实际上同一性状而类别不同的产品也是有一定综合性的。专业配送的主要优势是可按专业的共同要求优化配送设施，优选配送机械及配送车辆，制定适用性强的配送流程，从而大大提高配送各环节的工作效率。

三、配送的合理化

配送通过现代物流技术的应用来实现商品的集货、储存、分拣和输送，因此，配送过程集成了多种现代物流技术。建立现代化的高效率的配送系统，必须以信息技术和自动化技术等先进技术为手段，以良好的交通设施为基础，不断优化配送方式，实现配送的合理化。下面是一些实现配送合理化的常用做法。

1.实现共同配送

共同配送，其实质就是在同一个地区，许多企业在物流运作中相互配合，联合运作，共同进行理货、送货等活动的一种组织形式。共同配送有利于克服不同企业之间的重复配送或交错配送，提高车辆使用效益，减少城市交通拥挤和环境污染。因此，实现共同配送，将带来良好的社会效益和经济效益。

2.实现区域配送

配送的区域扩大化趋势突破了一个城市的范围，发展为省间，甚至是跨国的更大范围的配送，即配送范围向周边地区、全国乃至全世界辐射。配送的区域扩大化趋势将进一步带动国际物流，使配送业务向国际化方向发展。

3.推行准时配送

准时配送是配送合理化的重要内容。配送做到了准时，用户才有资源把握，可以放心地实施低库存或零库存制度，可以有效地安排接货的人力、物力，以追求最高效率的工作。另外，保证供应能力，也取决于准时供应。

4.推行加工配送

通过加工和配送相结合，充分利用本来应有的中转，而不增加新的中转求得配送合理化。同时，加工借助于配送，加工目的更明确，和用户联系更紧密，更避免了盲目性。这两者有机结合，投入不增加太多却可追求两个优势、两个效益，是配送合理化的重要经验。

5.推行即时配送

即时配送最终解决用户所担心的供应间断问题，是配送企业快速反应能力的具体化，是配送企业能力的体现，可以发挥物流系统的综合效益。

6.实行产地直送配送

配送产地直送化将有效地缩短流通渠道，优化物流过程，大幅度降低物流成本。特别是对于批量大、需求量稳定的货物，产地直送配送的优势将更加明显。

7.实现配送信息化

配送信息化就是直接利用计算机网络技术重新构筑配送系统。例如，利用计算机网络技术，建立计算机辅助送货系统、辅助配货系统、辅助分拣系统、辅助调度系统和辅助选址系统等。配送信息化是其他先进物流技术在配送领域应用的基础。

8.实现配送自动化

配送作业的自动化突破了体力劳动和手工劳动的传统模式，出现了大量自动化程度相当高的无人立体仓库，采用了诸如自动装卸机、自动分拣机、无人取货系统和搬运系统等自动化物流设施，提高了配送效率。

9.实现配送的条码化、数字化以及组合化

为适应配送信息化和自动化的要求，条码技术在配送作业中得到了广泛应用，将所有的配送货物贴上标准条码，同时尽可能归并为易于自动机械装卸的组合化货物单元，利用这些技术可以使分拣、配货的速度大幅度提高。

10.提倡多种配送方式最优组合

每一配送方式都有其优点，多种配送方式的最优组合，将有效解决配送过程、配送对象、配送手段的复杂问题，求得配送效益最大化。

11.实行送取结合

配送企业与用户建立稳定的协作关系，配送企业不仅成为用户的供应代理人，而且承担用户储存据点的作用，甚至成为产品代销人。在配送时，将用户所需的物资送

到，再将此用户生产的产品用同一车辆运回，这种产品也成了配送中心的配送产品之一，代存代储，这种送取结合，使双方受益。

在实现配送合理化的过程中要时刻观察和克服配送不合理现象，这些不合理现象表现在经营观念、配送决策、库存决策、送货运输、各种资源的配置等方面。

四、配送中心的管理

配送中心是指作为从事配送业务的物流场所或组织，接收生产厂家等供货商多品种的商品，按照多家需求商的订货要求，迅速、准确、低成本、高效率地将商品配送到需求场所的物流节点设施。配送中心就是从事配备商品（集货、加工、分货、拣选、配货）和组织送货，以高水平实现销售和供应服务的现代流通设施。配送中心是基于物流合理化和发展市场两个需要而发展的，是以组织配送、销售和供应，执行实物配送为主要功能的流通型物流节点。它很好地解决了用户多样化需求和厂商大批量专业化生产的矛盾，因此，逐渐成为现代化物流的标志。

配送中心可以看成流通仓库，但绝不能看成保管仓库。物流中心的主要功能是加快商品周转，提高流通效率，满足客户对物流的高度化需求。而保管仓库主要是为了商品的储存和保管。配送中心是物流中心的一种主要形式，但在物流运作中，我们时常将配送中心和物流中心相混淆，而感到彼此难以区分，表2-4-1列出了配送中心、保管仓库、物流中心的区别。

表2-4-1　　　　　　　配送中心与保管仓库、物流中心的比较

项目	配送中心	保管仓库	物流中心
服务对象	特定用户	特定用户	面向社会
主要功能	各项配送功能	物资保管	各项物流功能
经营特点	配送为主，储存为辅	库房管理	强大的储存、吞吐能力
配送品种	多品种		品种少
配送批量	小批量		大批量
辐射范围	辐射范围小	辐射范围小	辐射范围大
保管空间	保管空间与其他功能各占一半	全是保管空间	

五、配送中心作业流程

由于货物特性不同，配送服务形态多种多样，配送中心作业流程也不尽相同。一般来说，随着商品日益丰富，消费需求日趋个性化、多样化，多品种、少批量、多批次、多用户的配送服务方式更能有效地通过配送服务实现流通终端的资源配置，最具当今时代特色。配送中心作业流程如图2-4-1所示。

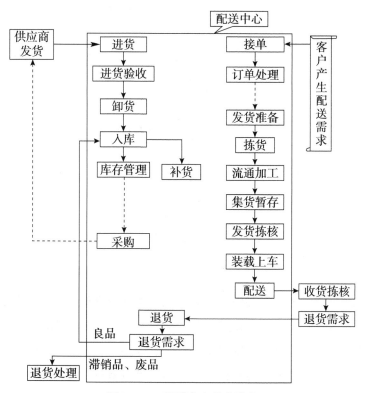

图2-4-1 配送中心作业流程

（一）进货作业

1.进货作业基本流程

进货作业包括接货、验收，将有关信息书面化等一系列工作。进货作业的基本流程如图2-4-2所示。在其流程安排中，应注意以下事项。

（1）应多让配送车司机卸货，以减少公司作业人员和避免卸货作业造成拖延。

（2）尽可能将多种活动集中在同一工作站，以节省必要的空间。

（3）尽量避开进货高峰期，并依据相关性安排活动，以达到距离最小化。

（4）详细记录进货资料，以备后续存取、核查。

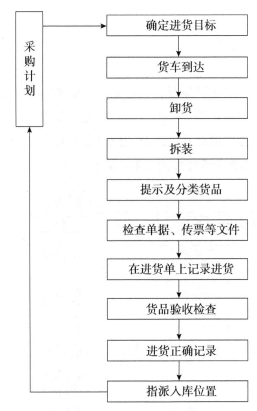

图2-4-2 进货作业的基本流程

2.货物编码

进货作业是配送作业的首要环节。为了让后续作业准确而快速地进行，并使货物品质及作业水准得到妥善维持，在进货阶段对货物进行有效的编码是一项十分重要的内容。编码结构应尽量简单，长度尽量短，一方面便于记忆，另一方面也可以节省机器存储空间，减少编码处理中的差错，提高信息处理效率。常用的编码方法有：顺序编码、数字分段编码、分组编码、实际意义编码、后数位编码、暗示编码。

3.货物分类

货物分类是将多品种货物按其性质或其他条件逐次区别，分别归入不同的货物类别，并进行系统排列，以提高作业效率。

4.货物验收

货物验收是对货物的质量、包装和数量进行检查的工作。其验收标准及内容如下。

（1）货物验收的标准。

①采购合同或订单所规定的具体要求和条件。

②采购合约中的规格或图解。

③议价时的合格样品。

④各类货物的国家品质标准或国际标准。

（2）货物验收的内容。

①质量验收。

②包装验收。

③数量验收。

5.货物入库信息的处理

到达配送中心的商品，经验收确认后，必须填写"验收单"，并将有关入库信息及时、准确地录入库存商品信息管理系统，以便及时更新库存商品的有关数据。货物入库信息的处理的目的在于为后续作业环节提供管理和控制的依据。此外，对于作业辅助信息也要进行搜集与处理。

（二）订单处理

1.订单处理的含义

从接到客户订单开始到着手准备拣货之间的作业阶段，称为订单处理。其通常包括订单资料确认、存货查询、单据处理等内容。无纸化订单如图2-4-3所示。

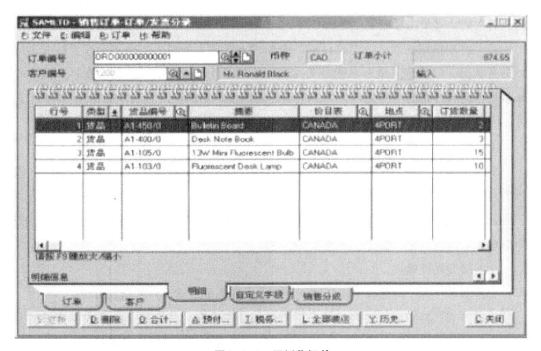

图2-4-3　无纸化订单

2.订单处理的基本内容及步骤

订单处理分人工和计算机处理两种形式。人工处理具有较大弹性，但只适合少量的订单处理。计算机处理则速度快、效率高、成本低，适合大量的订单处理，因此目前主要采取后一种形式。订单处理的基本内容及步骤如图2-4-4所示。

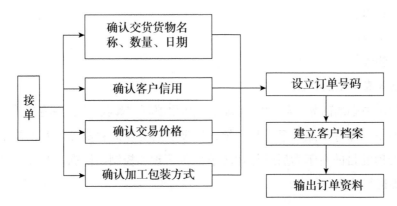

图2-4-4 订单处理的基本内容及步骤

3.订单的确认

接单之后，必须对相关事项进行确认。主要包括以下几个方面。

（1）货物名称、数量及日期的确认。检查品名、数量、送货日期等是否有遗漏、笔误或不符合公司要求的情形。尤其当送货时间有问题或出货时间已延迟时，更需与客户再次确认订单内容或更正运送时间。

（2）客户信用的确认。不论订单是由何种方式传至公司，配送系统都要核查客户的财务状况，以确定其是否有能力支付该订单的账款。通常的做法是检查客户的应收账款是否已超过其信用额度。

（3）订单形态确认。

①一般交易订单。

交易形态：一般的交易订单，即接单后按正常的作业程序拣货、出货、发送、收款的订单。

处理方式：接单后，将资料输入订单处理系统，按正常的订单处理程序处理，资料处理完后进行拣货、出货、发送、收款等作业。

②间接交易订单。

交易形态：客户向配送中心订货，直接由供应商配送给客户的交易订单。

处理方式：接单后，将客户的出货资料传给供应商由其代配。此方式需注意的是客户的送货单是自行制作或委托供应商制作的，应对出货资料加以核对确认。

③现销式交易订单。

交易形态：与客户当场交易、直接给货的交易订单。

处理方式：订单资料输入后，因货物此时已交给客户，故订单资料不再参与拣货、出货、发送等作业，只需记录交易资料即可。

④合约式交易订单。

交易形态：与客户签订配送契约的交易订单，如签订某期间内定时配送某数量的商品。

处理方式：在约定的送货日，将配送资料输入系统处理以便出货配送；或一开始便输入合约内容的订货资料并设定各批次送货时间，以便在约定日期系统自动产生所需的订单资料。

（4）价格确认。对于不同的客户（批发商、零售商）、不同的订购批量，可能对应不同的售价，因而输入价格时系统应加以检核。若输入的价格不符（输入错误或业务员降价接收订单等），系统应加以锁定，以便主管审核。

（5）加工包装方式确认。客户订购的商品是否有特殊的包装、分装或贴标要求，有关赠品的包装等资料系统都需专门记录。

（三）拣货作业及补货作业

1.拣货作业概念

拣货作业是配送中心依据顾客的订单要求或配送计划，迅速、准确地将商品从其储位或其他区位拣取出来，并按一定的方式进行分类、集中的作业过程。

在配送中心的内部作业中，拣货作业是其中极为重要的作业环节，是整个配送中心作业系统的核心，其重要性相当于"人的心脏"部分。在配送中心搬运成本中，拣货作业搬运成本约占90%；在劳动密集型配送中心，与拣货作业直接相关的人力成本约占配送中心人力成本的50%；拣货作业时间占整个配送中心作业时间的30%~40%。因此，合理规划与管理拣货作业，对提高配送中心作业效率和降低整个配送中心作业成本具有事半功倍的效果。

2.拣货作业基本流程

拣货作业在配送中心整个作业环节中不仅工作量大，工艺过程复杂，而且作业要求时间短，准确度高，因此，加强对拣货作业的管理非常重要。制定科学合理的拣货作业流程，对于提高配送中心运作效率及提高商品服务具有重要的意义。图2-4-5为配送中心拣货作业的基本流程。

（1）发货计划。发货计划是根据顾客的订单编制而成。订单是指顾客根据其用货需要向配送中心发出的订货信息。配送中心接到订货信息后需要对订单的资料进行确认、查询存货和处理单据，根据顾客的送货要求制定发货日程，最后编制发货计划。

（2）确定拣货方式。拣货通常有订单拣取、批量拣取及复合拣取三种方式。

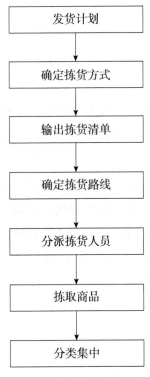

图2-4-5　拣货作业的基本流程

①订单拣取。

订单拣取是针对每一份订单，作业人员按照订单所列商品及数量，将商品从储存区域或分拣区域拣取出来，然后集中在一起的拣货方式。

订单拣取作业方法简单，接到订单可立即拣货，作业前置时间短，作业人员责任明确。但商品品项较多时，拣货行走路径加长，拣取效率较低。订单拣取适合订单大小差异较大、订单数量变化频繁、商品差异较大的情况，如化妆品、家具、电器、高级服饰等。

②批量拣取。

批量拣取是将多张订单集合成一批，按照商品品种类别加总后再进行拣货，然后依据不同客户或不同订单分类集中的拣货方式。批量拣取可以缩短拣取商品时的行走时间，增加单位时间的拣货量。同时，由于订单累积到一定数量时，才做一次性的处理，因此，会有停滞时间产生。批量拣取适合订单变化较小、订单数量稳定的配送中心和外形较规则、固定的商品出货，如箱装、扁袋装的商品。其次，需进行流通加工的商品也适合批量拣取，批量进行加工，然后再分类配送，有利于提高拣货及加工效率。

③复合拣取。

为克服订单拣取和批量拣取方式的缺点，配送中心也可以采取将订单拣取和批量拣取组合起来的复合拣取方式。复合拣取即根据订单的品种、数量及出库频率，确定哪些订单适合订单拣取，哪些订单适合批量拣取，分别采取不同的拣货方式。

（3）输出拣货清单。拣货清单是配送中心将客户订单资料进行计算机处理，生成并打印出来的拣货单。拣货单上标明储位号码，并按储位顺序来排列商品编码，作业人员据此拣货可以缩短拣货路径，提高拣货作业效率。拣货单格式参考表2-4-2。

表2-4-2　　　　　　　　　　　　　　　拣货单

拣货单号码：					拣货时间：			
顾客名称：					拣货人员：			
					审核人员：			
					出货日期：　　年　　月　　日			
序号	储位号码	商品名称	商品编码	包装单位			拣取数量	备注
				整托盘	箱	单件		

（4）确定拣货路线及分派拣货人员。配送中心根据拣货单所指示的商品编码、储位号码等信息，能够明确商品所处的位置，确定合理的拣货路线，安排拣货人员进行拣货作业。

（5）拣取商品。拣取的过程可以由人工或自动化设备完成。通常小体积、小批量、搬运重量在人力范围内且出货频率不是特别高的，可以采取手工方式拣取；对于体积大、重量大的货物可以利用升降叉车等搬运机械辅助作业；对于出货频率很高的可以采用自动拣货系统。

（6）分类集中。经过拣取的商品根据不同的客户或送货路线分类集中，有些需要进行流通加工的商品还需根据加工方法进行分类，加工完毕再按一定的方式分类出货。多品种分货的工艺过程较复杂，难度也大，容易发生错误，必须在统筹安排形成规模效应的基础上，提高作业的精确性。在商品体积小、重量轻的情况下，可以采用人力分拣，也可以采用机械辅助作业，或利用自动分拣机自动将拣取出来的货物进行分类与集中。

3.拣货作业的方式

（1）摘果式拣选。对于每张订单，拣货人员或拣选工具在各个存储点将所需物品取出，完成货物分配。该方法作业前置时间短，针对紧急需求可以快速拣选，操作容易，对机械化、自动化无严格要求，作业责任明确，分工容易、公平。但是，当订单数量、商品品项较多，拣选区域较大时，该拣选方式耗费时间长、效率低、搬运强度大。该方式通常只适合配送中心初期阶段，可采用这一拣选方式作为过渡性办法。

（2）播种式拣选。把每批订单上的相同商品各自累加起来，从存储仓位上取出，集中到理货现场，然后将每一门店所需的数量取出，分放到要货单位商品运货处，直至配货完毕。

（3）分区拣选。将拣选作业场地划分成若干区域，每个作业人员负责拣选固定区域内的商品。无论是摘果式拣选还是播种式拣选，配合分区原则，这样可以提高工作的效率。

4.补货作业

补货作业是将货物从仓库保管区搬运到拣货区的工作，其目的是确保商品能保质保量按时送到指定的拣货区。

（1）补货方式。其包括整箱补货、托盘补货、货架上层—货架下层补货的方式。

（2）补货时机。

①批组补货。每天由计算机计算所需货物的总拣取量并查询动管拣货区存货量后得出补货数量，从而在拣货之前一次性补足，以满足全天拣货量。这种一次补足的补货原则，较适合一日内作业量变化不大、紧急插单不多或每批次拣取量大的情况。

②定时补货。把每天划分为几个时点，补货人员在时段内检查动管拣货区货架上的货品存量，若不足则及时补货。这种方式适合分批拣货时间固定且紧急处理情况较多的配送中心。

③随机补货。指定专门的补货人员，随时巡视动管拣货区的货品存量，发现不足则随时补货。这种方式较适合每批次拣取量不大、紧急插单多以至于一日内作业量不易事先掌握的情况。

（四）出货作业

将拣选的商品按订单或配送路线进行分类，再进行出货检查，做好相应的包装、标识和贴印标签工作，根据门店或行车路线等将商品送到出货暂存区，最后装车配送。出货作业流程如图2-4-6所示。

1.分货作业

采用人工分货方式，在完成货物拣选之后，将所拣选的商品根据不同的门店或行车路线进行分类，对其中需要进行包装的商品，拣选集中后，先按包装分类处理，再按送货要求分类出货。

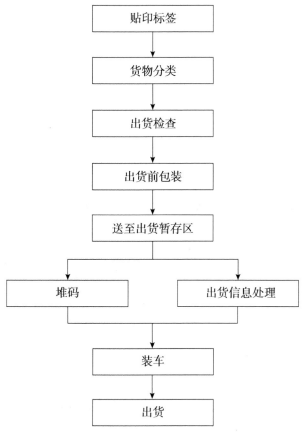

图2-4-6　出货作业流程

2.出货检查作业

根据门店、车次对象等对拣选货品进行号码和数量的核对，以及货品状态和品质的检验。可以采取以下两种方法进行检查。

（1）人工检查。将货品一个个点数并逐一核对出货单，再检查出货品质、水准及状态。

（2）条码检查。当进行出货检查时，只将拣选货品的条码，用扫描机读出，电脑则会自动将资料与出货单对比，检查是否有数量和号码上的差异。

课后练习

简述配送中心的管理。

技能训练

1.训练目的

通过实践，让学生熟悉配送中心的作业流程和管理规范。

2.训练内容

模拟一个配送中心需要为一些客户配送商品，列出各类商品的名称、数量、重量、体积等数据，引导学生完成配送任务。

3.训练步骤

（1）学生分组，根据分组情况分派配送任务。

（2）教师指导学生编制任务计划书。

（3）进行配送实践作业，并填写配送业务中涉及的各种单据（分拣单、发货通知单、运输通知单、派车通知单、交运物品清单等）。

（4）完成配送任务后，各小组对配送时间及路径做对比、分析。

任务五　配送路径规划

案例导入

中国物流供应链"零的突破"　阿里路径规划算法入围运筹学"奥斯卡"

国际运筹学与管理科学学会（INFORMS）公布了2021年Franz Edelman杰出成就奖总决赛名单，阿里巴巴（阿里）凭借领先的路径规划算法及新零售实践，首度闯进总决赛。INFORMS评价称，阿里开创了新零售模式，通过技术优化了仓配流程，可在极短时间内实现80%~90%的最优性能。阿里物流供应链拿出的究竟是怎样的算法？又给我们的日常生活带来了怎样的改变？阿里因何获奖？

物流路径规划问题，属于典型的NP-hard问题。结合零售场景简单解释，其实就是如何快速实时地规划仓内的拣货路线，以及骑手的配送路线的问题。

具体而言，在仓内，路径规划算法需要综合消费者订单、商品在货架的位置、拣货员传输给打包员的悬挂链速度等因素，指引拣货员进行更合理的工作。在仓外，算法又需要考虑配送员与商家的距离、商家备货时间等动态因素，分配距离近、工作量合理的配送员取货。这里的挑战主要在于以下三点。

（1）不确定性。首先，在即时仓储配送模式下，顾客随时可能下单，需求存在随机性；其次，城市交通拥堵问题会带来通行时间的不确定性；最后，到达顾客所在位置后的配送交付同样存在不确定性，比如登记信息、等待电梯等带来的耗时。

在仓内空间有限的情况下，规划符合业务需求的路径：在仓内作业阶段，以盒马为例，每个批次有2~5个客户订单，每个客户订单包含任意4~8种商品，这些商品分散在仓内各个分区内，每个分区拣选完通过悬挂链传送到质检台打包，派送地址相近的订单还要进行集包，而后传输出库。因此仓内路径的优化需要同时考虑拣货路径和配送路径，并尽可能同时到达悬挂链，不在这个过程中造成堵塞。

（2）严格的求解时间。由于订单即时性的需求，这样的路径优化需要在极短时间内完成，以留下足够的实际操作时间。为此，阿里协同旗下菜鸟、盒马等业务方，打造了基于大规模领域搜索和深度强化学习的路径规划算法方案，实现了用小于0.01s的时间，得到98%~99%最优解的最优性。

阿里巴巴供应链与运筹优化技术小组介绍，阿里VRP路径规划，雏形始于2016年的菜鸟，并在丰富的仓储和配送协同中持续打磨，可支持30min到2h内送达的新业态，在预测、库存等方向处于业界前沿，将探索新零售更多可能。

（3）自适应大规模邻域搜索算法框架。自适应大规模邻域搜索（ALNS）算法，是2016年菜鸟开始建设路径规划算法系统之初，就择定的技术路线。当时，国内外行业内的多数商家选择的都是成熟的开源算法，比如Jsprit和OptaPlanner等。但出于对后期技术发展天花板被限制的担忧，菜鸟还是选择了自主开发的路径。而自适应大规模邻域搜索（ALNS）算法框架的优势在于：

①易于拓展，除了求解标准的VRP路径规划问题之外，还能够求解它的各种变形问题；

②相对于局部搜索类型的算法，ALNS算法在每一步搜索过程中能够探索更大的解空间；

③ALNS算法在搜索过程中能够自适应地选择合适的算子，对于不同类型的数据都能有比较鲁棒的求解效果；

④便于算法升级拓展，通过设计实现不同类型的算子，ALNS算法可以实现不同的搜索策略。

在以ALNS算法为核心的第一版VRP优化引擎研发完成后，研发人员很快看到了效果：对比测试结果表明，其求解效果和效率显著优于Jsprit等国际上流行的开源VRP Solver。在此之后，团队又从两个方面出发，进一步对VRP优化引擎的核心算法组件进行了丰富和升级。

一方面是功能上的扩展。比如在原算法核心框架的基础上，增加了对车辆一边揽收一边派送、车辆多趟派送等类型问题的支持；并且通过对实际业务问题的抽象，总结出不同类型的优化目标方程（例如最小化阶梯定价的总成本、最小化配送时间等）以及约束条件（例如车辆行驶距离限制、车辆配送订单数限制、车辆跨区数限制等），从而使求解引擎能够求解的问题更加全面、广泛。同时，还研发了一套邻域特定语言

（DSL），调用者仅需定义相应的业务逻辑，与数据和核心算法相解耦，即可完成问题的求解。

另一方面则是技术上的探索。比如为了进一步提升VRP优化引擎的求解质量，对其进行并行化升级，先后研发实现了几套并行化算法架构：基于Odps-graph实现的Island分布式模型、基于Spark实现的Central Pool模型；最后充分利用GPU并行计算的优势，使用原生的CUDAC编程接口，将计算和数据更新。

并行度较高的模块放在GPU上执行。在大规模数据集上测试发现，相比于使用CUBLAS，这一方案可以获得40倍的加速，相对于原先的单机版本，可以加速近1000倍。

一、深度强化学习算法框架

在启发式算法的路线之外，阿里路径规划算法系统还引入了另一条技术路线，就是深度强化学习（DRL）算法框架。核心原因同样是业务场景的需求，比如外卖、打车这样的场景。

二、秒级的时间内返回结果

深度强化学习算法框架，提供了一系列基于图神经网络的增强学习算法来求解VRP问题。其中，图神经网络算法以点（坐标和需求）和边（点间距离和时间）作为输入，配合两类解码器分别解码这两类特征，并结合有监督学习的方法来训练相应模型。另外，研究人员还将深度强化学习和自适应大规模邻域搜索进行了组合，以ALNS算法结果作为样本来训练DRL模型，更快速地求解VRP问题。

这样的组合拳之下，阿里VRP优化引擎实际早已霸气外露。

在入围Franz Edelman杰出成就奖之前，该引擎已经拿下不少世界第一。比如2018年9月，在VRP算法领域最权威的评测对比平台——欧洲独立研究机构SINTEF发起并管理的Best Known Solution榜单上，路径规划算法就在VRPTW（客户对货物的送达时间有时间窗要求）上打破了世界纪录。而截至2020年10月，路径规划算法在这一榜单上取得了36个VRPTW实例和23个PDVRPTW实例的已知最优解，阿里是国内首家在这两个问题上同时取得如此多世界纪录的物流供应链公司。

但既然能入围Franz Edelman杰出成就奖，自然还得在产业应用中有真章。

在阿里供应链与运筹优化技术小组的牵线之下，该算法已经在阿里集团内部开源，并被各个不同业务的算法团队敞开怀抱接纳：盒马、菜鸟等平台早已应用多时。算法带来的价值正不断在这些深入人们生活的业务场景中积累，而对于技术人员而言，减轻了重复造轮子的负担。

三、深入生活的算法

点一份盒马外卖，足不出户，30min到1h内就能有高品质生鲜菜品下锅。你如今已经习以为常的便捷背后，正是路径规划算法这样的AI技术在发挥作用。

阿里供应链与运筹优化技术小组介绍，以仓库拣货为例，由于商品分布在仓库里各个不同的库位上，如果没有合理的路径规划，拣货员难免在反复寻找的过程中浪费很多时间、精力。在用上了路径规划算法之后，拣货员就可以走最短的路，拣最快的货；原来一天要走2万多步，现在只需要走1万多步。

在城配方面，对一个仓库所覆盖的订单进行调度，最早是地图上人工框选来完成的，甚至是通过Excel按照文本地址来进行分组。由于配送点数众多，再加上实时落单的特性，调度时需兼顾车辆的装载率、里程、对区域的熟悉度等因素，花费的决策时间为30~40min。而对AI技术而言，分钟级即可完成调度，这就给仓库留下了足够的生产时间，也通过更优的组合，提高了车效。

不仅仅是零售、城配等领域。实际上，物流路径规划算法背后的技术积累，可以说打造出了一把能用在各个不同业务中的"屠龙宝刀"。

以阿里自身的业务为例，大规模邻域搜索算法和深度强化学习算法这两套通用框架，同样可以解决犀牛智造的机器加工调度问题，为自动化生产规划最佳的加工路线。同样，这套算法也可以迁移到打车领域的调度、拼车决策上。

在阿里巴巴内部的打车平台上，由于路径规划算法的引入，在同样的运力下，可以使下班高峰期的打车成单率，从60%提高到90%。所以如果更加简单、粗暴地理解，这一套算法就让菜鸟展现出了"头部外卖平台＋头部打车平台"具备的核心技术实力。

任务执行

配送路线（路径）是指各送货车辆向各个用户送货时所要经过的路线。

一、确定路线

配送路线对配送速度、车辆的合理利用程度和配送费用都有直接影响，因此配送路线的优化问题是配送工作的主要问题。采用科学合理的方法来确定配送路线是配送活动中非常重要的一项工作。

1.确定目标

目标是根据配送的具体要求、配送中心的实力及客观条件来确定的。配送路线规划的目标可以有多种选择。

（1）以效益最高为目标，指计算时以利润最大化为目标。

（2）以成本最低为目标，实际上也是选择了以效益为目标。

（3）以路程最短为目标，如果成本与路程相关性较强，可以选它作为目标。

（4）以吨公里数最小为目标，在"节约里程法"的计算中，采用这一目标。

扫描二维码，查看"节约里程法"的工作原理。

（5）以准确性最高为目标，它是配送中心中重要的服务指标。当然还可以选择运力利用最合理、劳动消耗最低作为目标。

2.确定配送路线的约束条件

一般配送路线的约束条件有以下几项。

（1）满足所有收货人对货物品种、规格、数量的要求。

（2）满足收货人对货物送达时间的要求。

（3）在允许通行的时间段内进行配送。

（4）各配送路线的货物量不得超过车辆容积和载重的限制。

（5）在配送中心现有运力允许的范围内。

二、确定方法

确定配送路线的方法，选择配送路线的方法有许多种，以下是几种常见的选择方法。

1.经验判断法

经验判断法是指利用行车人员的经验来选择配送路线的一种主观判断方法。一般是以司机习惯行驶路线和道路行驶规定等为基本标准，拟定出几个不同的方案，通过倾听有经验的司机或送货人员的意见，有时直接由配送管理人员凭经验做出判断。这种方法的质量取决于决策者对运输车辆、用户的地理位置和交通线路情况掌握的程度，以及决策者的分析判断能力与经验。这种方法尽管缺乏科学性，易受掌握信息详尽程度的限制，但运作方式简单、快速、方便。这种方法通常在配送路线的影响因素较多、难以用某种确定的数学关系表达时，或难以以某种单项依据评定时采用。

2.综合评价法

综合评价法能够拟定出多种配送路线方案，并且评价指标明确，只是部分指标难以量化，或对某一项指标有突出的强调与要求，而采用加权评分的方式来确定配送路线。

综合评价法的步骤如下。

（1）拟定配送路线方案。

（2）确定评价指标。

（3）对方案进行综合评分。

三、影响因素

1.客观因素

（1）各个路段允许通行的时间限制。在某些路段的固定时间段内，不允许某些类型的配送车辆通行，因此，设计配送路线时应当考虑到各个路段允许通行的时间限制。

（2）运输工具载重能力的限制。车、船、飞机都具有一定的额定载质量，超重会影响运输安全，所以设计配送路线时必须保证所承载的货物总重不超过运输工具的载重能力。

（3）积载能力因素的限制。积载能力因素是指受产品具体尺寸、形状以及运输工具空间利用程度的影响，如某些产品由于尺寸、密度、形状等方面比较特殊以及超重、超长等特性，使运输工具不能很好地积载，浪费了运输工具的空间，提高了配送成本。积载能力因素与装运规模有关，如大批量装运往往能够相互嵌套，有利于积载；小批量装运相互嵌套的机会较少，可能难以积载。

（4）自然因素的限制。自然因素主要包括气候条件和地形条件，尽管现代运输手段越来越发达，受自然因素的影响相对减少，但是自然因素仍是不可忽视的影响因素。例如，采用航空运输方式进行物流配送时，必须考虑到起运地、到货地以及配送路线沿途各地是否存在恶劣的气候条件，如果存在这样的情况，就要考虑重新调整配送路线。

（5）其他不可抗力因素的限制。不可抗力事件的范围较广，一般分为两种情况：一种是由于自然力量引起的事件，如水灾、旱灾、冰灾、雪灾、雷电、火灾、暴风雨、地震、海啸等；另一种是由于政治或社会原因引起的事件，如政府颁布禁令、调整政策制度、罢工、暴动、骚乱、战争等。这些因素有时会产生严重的后果，为了规避风险，应当对此进行充分估计并对配送路线做出相应的改进。

2. 主观因素

（1）收货人对货物的要求。收货人对于货物的品种、规格、数量都有一定的具体要求，配送中心应综合考虑如何配装，才能使同一条配送路线上所配送的货物均符合收货人的要求。

（2）收货人对货物送达时间的要求。在零库存的运行机制中，收货人对货物送达时间的要求已经显得越来越重要，"即时配送"已经成为越来越多用户的普遍要求。送货是从客户订货至交货过程中的最后阶段，也是最容易发生时间延误的环节。因此，配送中心为了保证服务质量，在设计配送路线时必须充分满足收货人对货物送达时间的要求。

（3）收货人对地点的要求。供应链一体化要求每个组织都成为供应链上的一个环节，任何一个环节的失误都会造成供应链的断裂，对于配送可达性的要求很高，因此，收货人对地点的要求直接影响到配送路线的选择。

四、优化配送路线

由于配送的复杂性，配送路线的优化需结合智能化算法，制定合理的配送方案。根据配送中心的配送能力（车次、负荷）以及配送中心与每个用户、每个用户之间的距离制定配送方案，使车辆运输总吨数和公里数最小化。采用以上制定的配送方案，除尽量减少总吨数和分配公里数外，应符合下列条件。

（1）方案能够满足所有用户的需求。

（2）不要超载任何车辆。

（3）每天每辆车的总行驶时间或者行驶里程不超过规定的上限。

（4）能够满足用户到达时间的要求。

（5）实际上，优化配送路线就是利用优化理论和方法，如单纯形法的线性规划、非线性规划、动态规划等方法建立相应的数学模型，然后用计算机求解，得到最终匹配方案。

✂ 课后练习

利用互联网等，了解IOTMS智能排车系统。

✏ 技能训练

模拟车辆从仓库出发，沿着规划的配送路线行进，最后返回仓库。

◇ 项目实训

ⓖ 实训目标

技能目标	能基于入库单结合WMS系统（仓库管理系统）完成入库信息处理操作； 能基于入库单实施入库货物验收； 能基于WMS及手持系统完成入库货物理货、搬运及上架操作； 能基于客户出库需求结合WMS系统完成出库信息处理操作； 基于出库单在WMS系统中创建波次计划，执行拣货调度操作； 基于手持系统完成出库货物理货、下架及搬运操作
素养目标	认真细致的工作态度，团结协作的精神，作业设备的安全操作

ⓠ 实训任务

任务一：货物入库

华源集团上海物流中心主要进行普通货物的仓储、配送以及运输业务。2024年3月15日，美多惠超市有限公司的货物到达华源集团上海仓库，仓储主管李世明组织相关人员接收这批货物，并进行入库作业。入库单如表2-5-1所示。

表2-5-1　　　　　　　　　　　　　　　入库单

ASN编号	ASN202412001		客户指令号	RK202412001	客户名称	美多惠超市有限公司
库房	华源集团上海物流中心		紧急程度	一般	是否取货	否
入库类型	正常入库		预计入库时间			
货品条码	货品名称	包装规格	批次	生产日期	单位	数量	备注
6902538004045	康师傅饮料水蜜桃味	190mm×370mm×270mm	202402	20240215	箱	60	/

任务二：货物出库

2024年3月18日，华源集团上海物流中心主管李力向仓管员下达出库订单，信息员在系统中完成出库订单的录入与拣选调度，打印出库单。出库单如表2-5-2所示。

表2-5-2　　　　　　　　　　　　　　　出库单

SO编码	SO2024030001	客户指令号	CK202403001
发货库房	华源集团上海物流中心	客户名称	美多惠超市有限公司

续表

出库类型	正常出库	是否送货	否	
收货单位	家乐福超市	出库日期	2024年3月18日	
货品条码	货品名称	生产日期	单位	数量
6925126340587	康师傅冰绿茶	20240220	箱	2
6925126340587	康师傅冰绿茶	20240220	瓶	3
6927201849302	上好佳鲜虾片	20230709	袋	2
6927201849303	波力海苔	20230608	罐	5

任务要求:

1.信息员在WMS系统中完成入库单的录入与审核,打印入库单,基于入库单完成货物的入库验收,利用手持系统模拟完成入库货物的理货、上架及搬运操作。

2.信息员在WMS系统中完成出库信息处理操作,生成出库单,基于出库单在系统中创建波次计划,执行拣货调度操作,利用手持系统模拟完成出库货物的理货、下架及搬运操作。

Ⅲ 实训评价

班级		姓名		小组		
任务名称			项目二综合实训			
考核内容	评价标准	参考分值(分)	学生自评(分)	小组互评(分)	教师评价(分)	考核得分(分)
知识掌握情况	理解仓储货物入库操作流程	5				
	明确仓储货物出库操作流程	5				
	掌握WMS系统操作规范和操作要点	10				
技能提升情况	能基于入库单结合WMS系统完成入库信息处理操作	5				
	能基于入库单实施入库货物验收	10				
	能基于WMS及手持系统完成入库货物理货、搬运及上架操作	10				
	能基于客户出库需求结合WMS系统完成出库信息处理操作	5				

考核内容	评价标准	参考分值（分）	学生自评（分）	小组互评（分）	教师评价（分）	考核得分（分）
技能提升情况	基于出库单在WMS系统中创建波次计划，执行拣货调度操作	15				
	基于手持系统完成出库货物理货、下架及搬运操作	10				
职业素养情况	具有自主学习能力	5				
	具有合作精神和协调能力，善于交流	5				
	具有一定的分析能力	5				
参与活动情况	积极参与小组讨论	5				
	积极回答老师的提问	5				
小计						
合计（学生自评×20%+小组互评×40%+教师评价×40%）						

项目三　运输作业实务

项目概览

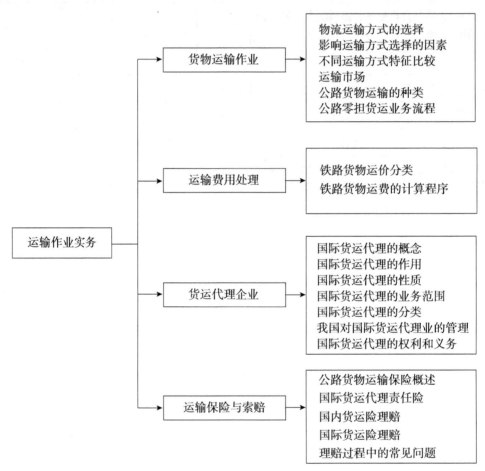

运输作业实务
- 货物运输作业
  - 物流运输方式的选择
  - 影响运输方式选择的因素
  - 不同运输方式特征比较
  - 运输市场
  - 公路货物运输的种类
  - 公路零担货运业务流程
- 运输费用处理
  - 铁路货物运价分类
  - 铁路货物运费的计算程序
- 货运代理企业
  - 国际货运代理的概念
  - 国际货运代理的作用
  - 国际货运代理的性质
  - 国际货运代理的业务范围
  - 国际货运代理的分类
  - 我国对国际货运代理业的管理
  - 国际货运代理的权利和义务
- 运输保险与索赔
  - 公路货物运输保险概述
  - 国际货运代理责任险
  - 国内货运险理赔
  - 国际货运险理赔
  - 理赔过程中的常见问题

项目目标

知识目标	1.掌握货物运输作业； 2.了解运输费用处理； 3.掌握货运代理作业； 4.了解运输保险与索赔

续表

能力目标	能够进行运输费用处理，能够熟知运输保险与索赔
素质目标	在掌握工科基础知识的前提下，培养学生具备物流管理、规划、设计等较强实务运作能力，成为在物流管理领域从事全过程策划、管理和物流信息化工作的高级复合型管理人才
教学重难点	1.运输费用处理； 2.运输保险与索赔

 项目解析

任务一　货物运输作业

案例导入

我国交通运输仓储与邮政业固定资产投资情况分析

发展现代交通业是社会发展的客观需求。我国社会快速发展，对外开放日益扩大，工业化、信息化、城镇化、市场化、国际化深入发展，结构加速调整，消费结构逐步升级，城乡区域协调发展，运输高速发展势在必行。安全可靠、高效、便捷舒适以及个性化的价值取向不断增强，对交通运输提出了更高的新要求，从而加大了对交通运输邮政业的投资。

从2010年下半年以来，交通运输仓储与邮政业的固定资产投资增幅一直保持在20%以上。2011年1—7月全国交通运输仓储与邮政业固定资产实际完成13621.3亿元，同比增长11.6%，占同期全国城镇固定资产投资完成额的8.94%，投资增幅较2011年第一季度有所下降。在各相关产业中，铁路运输业、航空运输业、道路运输业与城市公共交通业是投资重点，城市公共交通业完成固定资产增速在行业内最快，同比增长20.7%。航空运输业投资增幅在2011年前5个月一直保持平稳增长，6月开始出现大幅下滑趋势，截至2011年7月，同比增长3.5%。铁路运输业增幅出现明显下滑趋势，各类运输产业发展差异较大。

各产业具体统计情况如下。

2011年1—7月，铁路运输业固定资产完成投资2762亿元，同比下降2.1%，减少

143.42亿元，增幅较2010年同期收窄23.6个百分点，增幅较一季度出现明显回落趋势；道路运输业固定资产完成投资6906.7亿元，同比增长15.7%，增加605.48亿元；城市公共交通业固定资产完成投资1146.5亿元，同比增长20.7%，增加96.04亿元；水上运输业固定资产完成投资860.9亿元，同比下降2.3%，减少85.09亿元；航空运输业固定资产完成投资454.8亿元，同比增长3.5%，较2010年同期增加1.62亿元，增幅收窄52.2个百分点。

此外，2011年1—7月全国交通运输仓储及邮政业的实际利用外资金额为21.06亿美元，占利用外资总数的3.04%，较2010年同期比重上升0.95个百分点，同比增加8.82亿美元；外商直接投资合同项目为227个，同比增长1.5%，占外商直接投资总合同项目数的1.46%，较2010年同期比重上升0.01个百分点。

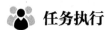 **任务执行**

一、物流运输方式的选择

运输业是国民经济的命脉，是经济发展的基本需要和先决条件。在现代社会中，运输业的发展水平已经成为一个国家发达水平和人类文明标志的考量因素。运输部门与其他物质生产部门一样，经历了不同的发展时期，同时，为了满足社会各种需要，形成了多种运输方式。

现代交通运输包括铁路运输、公路运输、水路运输、航空运输和管道运输五种运输方式。这五种运输方式在满足人或物的空间位移的要求上具有同一性，但它们所采用的技术手段、运输工具和组织形式等都不相同。各种运输方式的组成部分以及优缺点比较如表3-1-1所示。

表3-1-1　　　　　　　　各种运输方式的组成部分以及优缺点比较

运输方式	组成部分	优点	缺点
铁路运输	线路、机车车辆、信号设备和车站	动量大，速度快，成本低，不太受自然条件限制，全天候，准时	基建投资较大，灵活性差，运输范围受铁路限制
公路运输	道路、车辆和车站	机动灵活，可实现"门到门"运输，公路建设周期短，投资较低，不需反复搬运，是其他运输方式完成集疏运的手段	容易受气候和道路条件的制约，准时性差，货物安全性较低，对环境污染较大
水路运输	船舶、港口和航道	载运量大，运距长，运输成本低，对环境污染小	速度慢，受港口、水位、季节、气候等因素影响大

运输方式	组成部分	优点	缺点
航空运输	航空港、航空线网和机群	速度极快，范围广，不受地形限制，货物比较安全	运量小，成本极高，站点密度小，需要公路运输方式配合，受气候因素影响
管道运输	管线和管线上的各个站点	运量大，运费低，能耗少，较安全可靠，一般不受气候环境影响，劳动生产率高，货物零损耗，不污染环境	只适用于输送原油、天然气、煤浆等货物，通用性差

二、影响运输方式选择的因素

1.选择运输方式时的主要考虑因素

一般来讲，运输方式的选择受运输物品的种类、运输量、运输距离、运输时间、运输成本五个方面因素的影响。当然这些条件不是互相独立的，而是紧密相连、互相决定的。运输企业可以根据所需运输服务的要求，参考不同运输方式的不同营运特征进行正确的选择。一般来说主要考虑以下几个方面的因素。

（1）运输费用。企业要开展商品运输工作，必然要支出一定的人力、物力和财力，因此企业进行运输决策时，要受其经济实力以及运输费用的制约。

（2）商品性能。一般来讲，鲜活商品（水果、蔬菜、鲜花）、电子产品、珠宝首饰等宜选择航空运输；粮食、煤炭等大宗货物适宜选择水路运输；石油、天然气、碎煤浆等适宜选择管道运输。

（3）运输速度和路程。运输速度的快慢、运输路程的远近决定了货物运送时间的长短。通常情况下，批量大、价值低、运距长的商品适宜选择水路运输或铁路运输；而批量小、价值高、运距长的商品适宜选择航空运输；批量小、距离近的商品适宜选择公路运输。

（4）运输的服务和质量属性。运输质量来之不易，它是经仔细计划、逐级培训、全面衡量和不断改善的产物。对运输质量来说，关键是要精确地衡量运输的可得性和一致性，这样才有可能确定总的运输服务和质量是否达到所期望的目标。运输企业若要持续不断地满足顾客的期望，最基本的是履行不断改善的承诺。

（5）运输的可得性。不同运输方式的运输的可得性也有很大差异，公路运输最可得，其次是铁路运输，水路运输与航空运输只有在港口城市与航空港所在地才可得。

（6）运输的一致性。运输的一致性是指在若干次装运中履行某一特定的运次所需的时间与原定时间或与前几次运输所需时间的一致性，它是运输可靠性的反映。近年来，托运方已把一致性看作高质量运输最重要的指标。如果运输缺乏一致性，就需要安全储备存货，以防预料不到的服务故障。运输的一致性还会影响买卖双方承担的存货义务和有关风险。

（7）市场需求的缓急程度。在某些情况下，市场需求的缓急程度也决定着企业应当选择何种运输工具。市场急需的商品须选择速度快的运输工具，如飞机或汽车，直达运输，以免错过时机；反之则可选择成本较低而速度较慢的运输工具。

2.自行运输和外包运输

（1）企业选择自行运输的主要原因。

企业内部的自行运输体现了组织的总体采购战略，便于控制，但是实施低成本、高效率的自行运输需要企业内部各部门之间的广泛合作和沟通。企业之所以会自行运输，最主要的原因是考虑承运人不一定能达到自己所需要的服务水平。通常而言，企业用自己车队的原因如下。

①服务的可靠性；

②订货提前期较短；

③意外事件反应能力强；

④与客户的合作关系。

企业通过在运输工具上喷印公司的名称和图片，可以起到广告作用。

（2）企业选择外包运输的主要原因。

一方面，外包运输减轻了企业的压力，可以使企业集中精力于新产品的开发和生产。但是，另一方面，委托运输需要处理企业与外部的承运商之间的关系，增加了交易成本，也增加了对运输控制的难度。

关于外包运输还是自行运输的决策不仅是运输决策，更是财务决策。

三、不同运输方式特征比较

不同运输方式特征比较如表3-1-2所示。

表3-1-2　　　　　　　　　不同运输方式特征比较

项目	铁路运输	公路运输	水路运输	航空运输	管道运输
成本	中	中	低	高	很低
速度	快	快	慢	很快	很慢
频率	高	很高	有限	高	连续

续表

项目	铁路运输	公路运输	水路运输	航空运输	管道运输
可靠性	很好	好	有限	好	很好
可用性	广泛	有限	很有限	有限	专业化
距离	长	中、短	很长	很长	长
规模	大	小	大	小	大
能力	强	强	最强	弱	最弱

四、运输市场

运输市场由供给和需求两方面构成，它是整个市场体系中的重要部分，是运输生产者与需求者之间进行商品交换的场所和领域。运输市场有狭义和广义之分。狭义的运输市场是指运输劳务交换的场所，该场所为运输业者（货主或运输代理者）提供交易空间。广义的运输市场包括运输参与各方在交易中所产生的经济活动和经济关系的总和，即运输市场不仅是运输劳务交换的场所，而且包括运输活动的参与者之间、运输部门与其他部门之间的经济关系。

扫描二维码，查看"物流运输需求概述"微视频，深入理解物流运输需求的相关内容。

运输市场是多层次、多要素的集合体。运输市场的参与者列举如下。

（1）供给方——提供客、货运服务的运输业者。

（2）需求方——客、货运输的需求者。

（3）中介方——提供各种与运输服务相关的货运代理公司和信息咨询公司等。

（4）政府方——政府有关机构和各级交通运输管理部门。

影响运输市场的因素主要包括以下几个方面。

1.自然地理因素

运输的目的是使旅客和货物产生位移,即克服地理空间对人与物的流动所产生的障碍,因此,自然地理因素是影响运输的首要因素,主要包括土地面积、资源种类及其分布、地理位置和地形条件等。

土地面积大小与运输市场规模和容量有密切关系,资源种类及其分布又对运输市场结构产生影响,地理位置和地形条件往往在很大程度上决定了可利用的天然运输资源和各种运输方式的空间配置,因而必然对运输市场的规模及构成产生重要影响。

2.经济因素

经济体制对运输市场的形成和发展也有重要影响。在计划经济体制下,政府主要依靠行政计划管理运输业和调节运输供求,运输市场的职能和作用被大大削弱;在市场经济体制下,自然要重视和充分发挥运输市场的作用,逐步恢复和完善运输市场。同时,运输是社会分工和商品经济发展的产物,运输与工业相伴而生、相辅相成,因此,经济发展水平必然是影响一国运输市场的重要原因。资源分布及开发状况、能源结构、人口及其构成、收入和消费水平、产业结构、生产总值和经济的国际化水平等都直接制约着运输市场的规模、结构以及运行效率。

3.政策和法律因素

由于运输在促进经济增长和保证经济正常运行方面起到关键性作用,必须为其建立一些特殊的法律环境或规则,即要求运输活动必须在法律规定下进行。不同国家根据各自的经济制度和发展需要制定自己的政策和法律,运输市场是在国家的宏观经济环境中运行的,因此也必然受到有关政策和法律的影响。各国运输业管理体制和运输政策均对运输市场起着直接的调控作用。例如,各国交通运输企业的开办都有特定的条件和审批程序,以及运营许可证的登记、颁发和管理制度。

4.技术因素

技术因素在现代运输网的形成中起了决定性的作用,技术的不断更新满足了社会和消费者的各种运输需求,彻底改变了运输业的面貌,并持续性地调整着运输结构。因此,技术因素显然也是运输市场的重要外部影响因素。此外,现代通信技术与运输技术,正有效地解决着地理空间带来的问题,同时为国家(地区)乃至全球运输市场的一体化创造了条件。

五、公路货物运输的种类

1.按托运批量大小划分

(1)整车运输。凡托运方一次托运货物在3t及3t以上的,或虽不足3t但其性质、体积、形状需要一辆载重3t及以上的汽车的公路货物运输为整车运输。整车运输承运的一般是大宗货物，货源的构成、流量、流向、装卸地点都比较稳定。

（2）零担运输。凡托运方一次托运货物不足3t的为零担运输。零担运输非常适合商品流通中品种繁杂、量小批多、价高贵重、时间紧迫、到达站点分散等特殊情况下的运输。

（3）集装箱运输。集装箱运输是指将适箱货物集中装入标准化集装箱，采用现代化手段进行的货物运输。

（4）包车运输。包车运输是指应托运方的要求，经双方协议，把车辆包给托运方安排使用，并按时间或里程计算运费。

2.按运输距离划分

（1）长途运输。运距在25km以上为长途运输，其特点为迅速、简便、直达、运输距离长、周转时间长、行驶线路较固定。

（2）短途运输。运距在25km及25km以下为短途运输，其特点为运输距离短、装卸次数多、车辆利用效率低、点多面广、时间要求紧迫、货物零星、种类复杂、数量不固定。

3.按货物类别划分

（1）普通货物运输。运输货物本身的性质普通，在装卸、运送、保管过程中没有特殊要求。普通货物分为一等货物、二等货物、三等货物三个等级。

（2）特种货物运输。运输货物本身的性质特殊，在装卸、运送、保管过程中需要特定条件、特殊设备来保证其完好无损。特种货物运输可分为长大笨重货物运输、危险货物运输、贵重货物运输和鲜活易腐货物运输。

4.按货物运输速度划分

（1）一般货物运输。一般货物运输即普通速度运输，或称慢运。

（2）快件货物运输。快件货物运输的速度从货物受理当日15点起算，运距在300km内的24h内运达，运距在1000km内的48h内运达，运距在2000km内的72h内运达。

（3）特快专运。特快专运指按托运方要求在约定时间内运达

六、公路零担货运业务流程

公路零担货运业务是根据零担运输工作的特点，按流水作业形式构成的一种作业程序，可用图3-1-1简单表示。

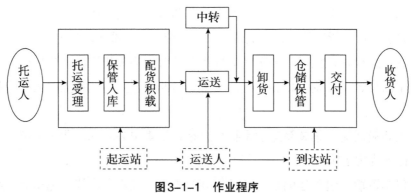

图 3-1-1　作业程序

1.托运受理

托运受理是指零担货物承运人根据经营范围内的线路、站点、运距、中转站及各车站装卸能力、货物的性质及受运限制等业务规则和有关规定接受托运零担货物并办理托运手续。受理托运时，托运人必须认真填写托运单，承运人审单无误并签章后方可承运。托运单如表3-1-3所示。

表3-1-3　　　　　　　　　　　　托运单

托运日期					
起运站和到达站					
托运单位详细地址和电话					
收货单位（人）详细地址和电话					
货物名称	包装	件数	实际质量	计费质量	托运人注意事项
					1.托运单填写一式两份； 2.托运货物必须包装完好、捆扎牢固； 3.不得捏报货物名称，否则在运输过程中发生的一切损失，均由托运人负责赔偿； 4.以上各栏不得夹带易燃危险的物品； 5.以上各栏由托运人详细填写
合计					
收货人记载事项				起运站记载事项	

仓库理货验收员发运日期：

到站交付日期：

承运人（签章）：

（1）托运受理的形式。

①随时受理制。随时受理制对托运日期无具体规定，在营业时间内，发货人均可将货物送到托运站办理托运，为货主提供了极大的方便。但随时受理制不能预先组织货源，缺乏计划性，因而货物在库时间长，设备利用率低。在实际工作中，随时受理制主要被作业量较小的货运站、急送货运站，以及始发量小、中转量大的中转站应用。

②预先审批制。预先审批制要求发货人预先向货运站提出申请，货运站根据各个发货方向及各站别的运量、站内设备和作业能力加以平衡，分别指定日期进行货物集结，组成零担班车。

③日历承运制。日历承运制是指货运站根据零担货物流量与流向规律，编写承运日期表，预先公布，发货人则按规定日期到站办理托运手续。

（2）托运单的填写与审核。

零担货物托运单一式两份，一份由起运站存查，另一份则于开票后随货同行。凡货物到站在零担班车运输路线范围内的，称直线零担，可填写"零担货物托运单"。如需要通过中转换装的，称联运零担，可填写"联运货物托运单"。

填写托运单时应注意以下几点：填写的内容齐全、完整、准确，并注明提货方式；填写的货物名称应用通俗易懂的名称，不可用代号、字母代替；如有特殊事项，除在发货人声明栏内记载外，还必须向受理人员做书面说明。

填写的托运单在审核时应注意以下几点：检查并核对托运单内容有无涂改，对涂改不清的要求重新填写；审核到站地址与收货人地址是否相符，以免误运；对货物的品名、属性应进行鉴别，避免造成货运事故；对同一批货物和具有多种包装的货物应认真核对，以免错提错交；对托运人在声明栏内填写的内容应特别予以注意，如要求的内容无法办理则应予以说明。

（3）过磅起票。

零担货物受理人员在接到托运后，应及时验货过磅，认真点件交接，做好记录。按托运单编号填写货物标签，收取运费。零担货物交接及运费结算清单详见表3-1-4。

2.保管入库

零担货物进出仓库要按照票单入库和出库，做到以票对票、票票不漏、货票相符。零担货物仓库应严格划分货位，一般可分为待运货位、急运货位、到达待交货位。零担货物仓库要求具有良好的通风能力、防潮能力、防火能力、安全保卫能力。由于零担货物种类繁多、性质各异，故在仓库保管环节一定要注意分类存放，避免出现不能同储的货物储存在一起。

表3-1-4 零担货物交接及运费结算清单

编号：　　　　　　　　　　　　　　　　　　　　　　　　　　　　　年　　月　　日

起运站		中转站		到达站			距离		备注
托运人				详细地址					
收货人				详细地址					
货名	包装	件数	体积			实际质量	计费质量	运价	
			宽	高	长				
									托运人签章
合计									

车站：　　　　填票人：　　　　　复核人：　　　　　经办人：

3.配货积载

（1）零担货物的配载原则：①中转先运、急件先运、先托先运、合同先运；②尽量采用直达方式，必须中转的货物则应合理安排流向；③充分利用车辆载货量和容积；④严格执行混装限制规定；⑤加强对中途各站待运量的掌控，尽量使同站装卸的货物在重量和体积上相适应。

（2）装车准备工作：①按车辆容积、载重和货物的形状、性质进行合理配载，填制配装单和货物交接清单（简称交接单），填单时应按货物先远后近、先重后轻、先大后小、先方后圆的顺序进行，以便按单顺次装车，对不同到达站和中转站的货物要分单填制；②将整理后的各种随货单证分别附于货物交接清单之后；③按单核对货物堆放位置，做好装车标记。

（3）装车：①按货物交接清单的顺序和要求点件装车；②将贵重物品放在防压、防撞的位置，保证运输安全；③驾驶员（或随车理货员）清点随车单证并签章确认；④检查车辆关锁及货物遮盖捆扎情况。

4.运送

零担货运班车必须严格按时发车，按规定线路行驶，在中转站要由值班人员在路单上签字。有车辆跟踪系统的要按规定执行，使基站能随时掌控车辆的在途情况。

5.中转

对于需要中转的货物需以中转零担班车或沿途零担班车的形式运到规定的中转站进行中转。中转作业主要是把来自各方向的仍需继续运输的零担货物卸车后重新集结待运，继续运至终点站。零担货物的中转作业一般有以下几种方法。

（1）全部落地中转法（落地法）。将整车零担货物全部卸下交中转站入库，由中转站按货物的不同到站重新集结，另行安排零担货车分别装运，继续运到目的地。这种方法简便易行，车辆载重和容积利用较好，但装卸作业量大，仓库和场地的占用面积大，中转时间长。

（2）部分落地中转法（坐车法）。由始发站开出的零担货车装运部分要在途中某地卸下转至另一路线的货物，其余货物则由原车继续运送到目的地。这种方法部分货物不用卸车，减少了作业量，加快了中转速度，节约了装卸劳力和货位，但对留在车上的货物的装载情况和数量不易检查清点。

（3）直接换装中转法（过车法）。当几辆零担货车同时到站进行中转作业时，将车内部分中转零担货物由一辆车向另一辆车直接换装，而不到仓库货位上卸货。组织过车时，既可以向空车上过，也可向留有货物的重车上过。这种方法在完成卸车作业时即完成了装车作业，提高了作业效率，加快了中转速度，但对到发车辆的时间等条件要求较高，容易受意外因素干扰而影响运输计划。零担货物的中转还涉及中转环节的理货、堆码、保管等作业，零担货物中转站必须配备相应的作业条件，确保货物安全、及时、准确地运达目的地。

6.卸货

班车到站后，由仓库人员检查货物情况，如无异常在交换单上签字加盖业务章；如有异常情况则应采取相应处理方法。

（1）有单无货：双方签注情况后，在交接单上注明，原单返回。

（2）有货无单：确认货物到站，收货由仓管员签发收货清单，双方盖章，清单寄回起运站。

（3）货物到站错误：将货物原车运抵起运站。

（4）货物短缺、破损、受潮、污染、腐烂。如果货物短缺、破损、受潮、污染、腐烂，则应记录下来，告知发货方。以上任一种情况发生时，双方应共同签字确认，填写事故清单。

零担货物的卸车交货应注意以下几点：①班车到站时，车站货运人员应向随车理货员或驾驶员索阅货物交接清单以及随车的有关单证，并与实际装载情况核对，如有不符应在货物交接清单上注明；②卸车时，应向卸车人员说明有关要求和注意事项，然后根据随货同行的托运单、货票等逐批逐件验收，卸车完毕后，收货人与驾驶员或随车理货员办理交接手续，并在货物交接清单上签字；③卸车完毕后，将到达的货物登入"零担货物到达登记表"，并迅速以到货公告或到货通知单的形式催促收货人前来提货。

7.交付

货物入库后，通知收货人凭提货单提货，或者按指定地点送货上门，并做好交付记录，逾期提取的按有关规定办理。交付时应注意以下几点。

（1）不能凭白条、信用交付货物。

（2）凭货票提货时，应由收货人在提货联加盖与收货人名称相同的印章，并提供有效证明文件。

（3）凭到货通知单交付货物，收货人在到货通知单上加盖与收货人名称相同的印章，验看收货人的有效证明，并在货票提货联上由提货经办人签字交付。

（4）凭电话通知交付时，则凭收货人提货证明，并经车站认可后由提货经办人在货票提货联上签字交付；如委托他人代提货，则应有收货人向车站提供的盖有与收货人名称相同的印章的委托书，经车站认可后，由代提货人在货票提货联上签章交付。

扫描二维码，查看"零担货物快运的作业流程"微视频，加深了解。

✂ 课后练习

1.简述不同运输方式的特征。

2.影响运输方式选择的因素有哪些?

✏ 技能训练

1.训练目的
熟悉铁路货物运输托运和承运过程；掌握各个流程中作业项目的内容。

2.训练内容
模拟某企业委托中铁快运托运一批产品原料。

3.训练步骤
（1）填写运单、货票。

（2）签订货运合同。

（3）接受并检查货物。

（4）货物入库堆码。

任务二 运输费用处理

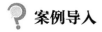 **案例导入**

航运运费上涨引发纠纷 海事法院依法处理

2021年，受新冠疫情下综合因素影响，航运市场出现运费上涨的现象。上海海事法院受理了一系列因航运运费上涨而引发的纠纷案件。在一起海事强制令案件中，上海海事法院北外滩审判工作站充分发挥调解和速裁优势，积极引导双方当事人采取合理方案解决纠纷，并及时审查出具海事强制令，从而达到快速止损、双方合法权益都得以保障的效果。当事人来信感谢，盛赞法院高效调解、海事法官司法为民。

该案中，上海一货运代理（货代）公司委托物流公司出运一批钛白粉，自中国上海港起运，目的港为秘鲁卡亚俄港、哥伦比亚布埃纳文图拉等地。物流公司接受委托后，依约定办理了涉案货物的订舱等事宜，承运人就涉案货物分别签发了多套正本提单。就提单项下的海运费及包干费，物流公司已向货代公司开具发票。不料，受疫情影响，航运市场价格出现剧烈波动，物流公司要求货代公司支付额外运费遭拒后，便扣押了五套正本提单。货代公司担忧若不能及时拿到正本提单提货将产生诸多额外损失，遂向上海海事法院申请海事强制令，请求物流公司交付正本提单。

上海海事法院受理该申请后立即与双方当事人联系。因该案当事人办公地点都位于北外滩，上海海事法院遂利用北外滩审判工作站就地开展工作，及时组织听证，方便双方当事人就近诉讼。听证过程中，承办法官向双方详细了解该案纠纷的前因后果，耐心分析法律风险和可能造成的后果，劝说双方理性商议案件的合理解决方式，避免产生更多损失。

最终，在承办法官的耐心调解下，双方达成了一致方案，即对该案中无争议的运费金额，货代公司立即向物流公司支付相关费用，就有争议部分运费，由货代公司向上海海事法院缴纳保证金，法院审查确认后出具海事强制令，物流公司收到海事强制令后及时将所有涉案提单交付给货代公司提货。通过这种方式，双方当事人的合法权益都将得到保障，也避免了损失进一步扩大。

后货代公司按约向物流公司支付费用并缴纳保证金，上海海事法院经审查后认为，货代公司已按物流公司开具发票金额向其支付海运费及包干费，且已提供相应现金担保，遂依法作出裁定，准许货代公司的海事强制令请求。现货代公司已取得涉案提单，并顺利提取了货物。

案件解决后，申请人货代公司给上海海事法院寄来感谢信，并表示感受到了海事法院解决案件的高效与便利，感谢承办法官在疫情形势紧张的情况下，急当事人之所急，不辞辛苦、为民司法，保障当事人的合法权益。

该案的成功处置为上海海事法院后续探索类似案件的审理方法奠定了基础，充分发挥司法服务效能，推进航运市场有序发展，形成积极的方法指引。

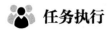 **任务执行**

一、铁路货物运价分类

（1）按适用范围分类。

①普通运价。普通运价是铁路货物运价的基本形式，是铁路计算运费的统一运价，凡在路网上办理正式营业的铁路运输线上都适用统一运价（优待运价、国际联运运价及地方运价等除外）。现行铁路的整车货物、零担货物、集装箱货物、保温车货物运价都属于普通运价。普通运价是计算运费的基本依据。

②优待运价。优待运价是对一定机关或企业运输的一切货物或对于不同的托运人运送给一定机关或企业的货物而规定的低于普通运价的一种运价。

③国际联运运价。国际联运运价是指经铁路运输国际联运货物所规定的运价，凡国际联运货物国内段的运输费用按铁路部门相关的规定办理。

④地方运价。地方运价是铁路局经批准对某些管内支线或地方铁路所规定的运价。

（2）按货物运输种类分类。

①整车货物运价。整车货物运价是整车运送的货物的运价，由按货物类别的每吨的发到基价和每吨公里（t·km）的运行基价组成。

②零担货物运价。零担货物运价是零担运送的货物的运价，由按货物类别的每10千克（kg）的发到基价和每10千克·千米（kg·km）的运行基价组成。

③集装箱货物运价。集装箱货物运价是集装箱运送的货物的运价，由每箱的发到基价和每箱·千米（km）的运行基价组成。

二、铁路货物运费的计算程序

（1）确定运价里程。确定发站至到站的运价里程。计算运价里程应注意以下问题。

①运价里程按照发站至到站间的最短路径计算，但发生以下情况时，运价里程按绕路路径计算，并需要在货物运单内注明：因货物性质（如鲜活货物、超限货物等）必须绕路运输时；因自然灾害或因其他非承运人责任，以及因托运人要求绕路运输时。

②运价里程不包括专用线、货运支线的里程。

（2）确定运价号和运价率。根据货物运单上填写的货物名称确定适用的运价号和运价率。

（3）确定运价。将货物的发到基价加上运行基价，与运价里程相乘，即可算出铁路货物运输的运价。整车货物运价、零担货物运价和集装箱货物运价的计算公式分别为：

$$整车货物每吨运价 =（发到基价 + 运行基价）× 运价里程$$

$$零担货物每10kg运价 =（发到基价 + 运行基价）× 运价里程$$

$$集装箱货物每箱运价 =（发到基价 + 运行基价）× 运价里程$$

整车、零担货物按货物适用的运价号，集装箱货物根据箱型，冷藏车货物根据车种，分别在铁路货物运价率表中查出适用的发到基价和运行基价。按一批办理的整车货物，运价率不同时，按其中高的运价率计算。

（4）确定计费重量。计费重量是根据运输类别、货物名称、货物种类与体积确定的。

①整车货物运输计费重量的确定。整车货物运输时，一般按货车标记载重量计算运费，以吨为单位，1t以下四舍五入；货物重量超过标记载重量时，按货物实际重量计费（除特殊情况另有规定外）。

②零担货物运输计费重量的确定。按一批办理的零担货物，其最低计费重量为100kg，计费单位为10kg，不足10kg的计为10kg。若是每立方米重量不足300kg的轻泡零担货物，则按货物体积折合重量择大计费，即每立方米体积折合重量300kg。

③集装箱货物运输计费重量的确定。集装箱货物的运费按照使用的箱数和铁路货物运价率表中规定的集装箱运价率计算，但危险货物集装箱、罐式集装箱、其他铁路专用集装箱的运价率，按规定分别加成30%、30%、20%计算。运价率不同的货物在一个包装内或按总重量（或箱）托运时，按该批或该项货物中高的运价率计费。货物运单内分项填写重量的货物，应分项计费，但运价率相同时，应合并计算。

（5）核算附加费和杂费。铁路运输的附加费主要包括电气化附加费、新路新价均摊运费和铁路建设基金。铁路运输的杂费是铁路运输的货物自承运到交付的全过程中，铁路承运人向托运人、收货人提供辅助作业、劳务，以及托运人或收货人额外占用铁路设备、工具、备品所发生的费用。铁路货运杂费分为货物营运杂费，延期使用运输设备、违约及委托服务杂费和占用运输设备租金三大类。各项杂费按从杂费率表中查出的费率与规定的计算单位相乘进行计算。

（6）核算铁路运输费用总额。将上述各项费用相加，就是铁路运输费用总额。

课后练习

简述铁路货物运费的计算程序。

技能训练

练习填写零担货物交接及运费结算清单（见表3-1-4）。

任务三　货运代理作业

案例导入

货代服务案例

案例1

某货运公司的A、B两名业务员分别有一票FOB条款的货物，均配载在D轮——从我国青岛经韩国釜山前往美国纽约的航船上。开船后第二天，D轮在釜山港与另一艘船相撞，可能造成部分货物损失。接到船东的通知后，两名业务员分别采取如下解决方法。

A业务员：马上向客户催收运杂费，收到费用后才告诉客户有关船损一事。

B业务员：马上通知客户事故情况并询问该票货物是否已投保，积极向承运人查询货物是否受损并及时向客户反馈。待问题解决后才向客户收费。

结果，A业务员的客户的货物最终没有损失，但在知道事实真相后，客户对A业务员及其公司表示不满并终止合作；B业务员的客户事后给该公司写来了感谢信，并扩大了双方的合作范围。

案例2

某货运公司接到国外代理指示，有一票货物从国内出口到澳洲，发货公司是国内的H公司，货运公司的A业务员与H公司的D业务员联系订舱，并上门去报关单据。D业务员因为自己有运输渠道，不愿与A业务员合作，而操作过程中又因航班延误等原因对A业务员出言不逊、不予配合。此时，A业务员冷静处理，将H公司当作重要客户对待。此后，D业务员丢失了一套结关单据，A业务员尽力帮其补齐。最终，A业务员以自己的服务、能力赢得了D业务员的信任，同时也得到了H公司的信任，使合作领域进一步扩大。

案例3

C公司承揽一票30标箱的海运出口货物由我国运去日本，由于轮船爆舱，在不知情的情况下被船公司甩舱。发货人知道后要求C公司赔偿因延误运输而产生的损失。

C公司首先向客户道歉，然后与船公司交涉，经过努力，船公司同意该票货物改装三天后的班轮，考虑到客户损失将运费按八折收取。C公司经理还邀请船公司业务经理一起到客户处道歉，并将结果告诉客户，最终得到客户的谅解，该纠纷圆满解决。他们在处理纠纷的同时，进行了一次非常成功的营销活动。

结合上述三个案例，议一议货运公司应如何更好地为客户提供服务？在此过程中应注意什么问题。

👥 任务执行

一、国际货运代理的概念

1.国际上对国际货运代理所下的定义

目前，国际上对于国际货运代理没有一个统一的定义。国际货运代理协会联合会（FIATA）将其定义为：根据客户的指示，并为客户的利益而揽取货物运输的人，其本身不是承运人。国际货运代理也可以依据这些条件，从事与运输合同有关的活动，如储货（也含寄存）、报关、验收、收款等。

2.我国国际货运代理的概念

在我国，国际货运代理具有两种含义，其一是指国际货运代理业；其二是指国际货运代理人。

根据1995年6月6日国务院批准的《中华人民共和国国际货物运输代理业管理规定》第二条：本规定所称国际货物运输代理业，是指接受进出口货物收货人、发货人的委托，以委托人的名义或者以自己的名义，为委托人办理国际货物运输及相关业务并收取服务报酬的行业。

国际货运代理人是指接受进出口货物收货人、发货人和承运人的委托，以委托人的名义或者以自己的名义，为委托人办理国际货物运输及相关业务并收取服务报酬的企业。可见，国际货运代理人就是我们通常所说的国际货运代理企业。

二、国际货运代理的作用

1.为发货人服务

（1）组织协调作用。国际货运代理人历来被称为运输的设计师、门到门运输的组织者和协调者。凭借其拥有的运输知识及其他相关知识，组织运输活动，设计运输路线，选择运输方式和承运人（或货主）。协调货主、承运人及其与仓储保管人、保险人、银行业务员，车站、堆场经营人和海关、商检、卫检、动植检、进出口管制等有关当局的关系，省却委托人时间，减少许多不必要的麻烦。

（2）专业服务作用。国际货运代理人的本职工作是利用自身专业知识和经验，为委托人提供货物的承揽、交运、拼装、集运、接卸、交付服务，接受委托人的委托，办理货物的保险、海关、商检、卫检、动植检、进出口管制等手续，甚至有时要代理委托人支付、收取运费，垫付税金和政府规费。国际货运代理人通过向委托人提供各种专业服务，可以使委托人不必在自己不够熟悉的业务领域花费更多的心思和精力，有助于提高委托人的工作效率。

（3）降低成本作用。国际货运代理人掌握货物的运输、仓储、装卸、保险等方面的市场行情，与货物运输关系人、仓储保管人及车站、堆场经营人和保险人有着长期、密切的友好合作关系，拥有丰富的专业知识、业务经验和娴熟的谈判技巧。通过国际货运代理人的努力，可以选择货物的最佳运输路线、运输方式，争取公平、合理的费率；甚至通过集运效应使所有相关各方受益，从而降低货物运输关系人的业务成本，提高其主营业务效益。

（4）资金融通作用。国际货运代理人与货物运输关系人、仓储保管人、装卸作业人及银行、海关当局等相互了解、关系密切、长期合作、彼此信任，国际货运代理人可以代替收、发货人支付有关费用、税金，提前与承运人、仓储保管人、装卸作业人结算有关费用，凭借自己的实力和信誉向承运人、仓储保管人、装卸作业人及银行、海关当局提供费用、税金担保或风险担保，可以帮助委托人融通资金，减少资金占压，提高资金利用效率。

（5）沟通控制作用。国际货运代理人拥有广泛的业务关系、发达的服务网络、先进的信息技术手段，可以随时保持货物运输关系人之间、货物运输关系人与其他有关企业、部门的有效沟通，对货物运输的全过程进行准确跟踪和控制，保证货物安全、及时运抵目的地，顺利办理相关手续，准确送达收货人手中，并应委托人的要求提供全过程的信息服务及其他相关服务。

（6）咨询顾问作用。国际货运代理人通晓国际贸易环节，精通各种运输业务，熟悉有关法律、法规，了解世界各地有关情况，信息来源准确、及时，可以就货物的包装、储存、装卸和照管，货物的运输方式、运输路线和运输费用，货物的保险、进出口单证和价款的结算，领事、海关、商检、卫检、动植检、进出口管制等有关当局的要求等向委托人提出明确、具体的咨询建议，协助委托人设计、选择适当方案，避免、减少不必要风险、周折和浪费。

2.为承运人服务

国际货运代理人向承运人订舱，费率一定对承运人和发货人都公平合理，安排适当的时间交货以及以发货人的名义解决与承运人的运费账目等问题。

国际货运代理人与班轮公司关系密切。近年来，随着国际贸易中集装箱运输的增长，国际货代公司引进"集运"与"拼箱"服务，使得它与班轮公司及其他承运单位之间建立起更为密切的联系。

3.为港口服务

国际货运代理人接运整船货物或装运整船大部分货物，在合理流向的前提下可以争取船舶在货代所在地港口装卸，这就为港口争揽了一条船的货源。

4.为海关服务

目前，世界上80%左右的空运业务，70%以上的集装箱运输业务，75%左右的杂货运输业务，都控制在国际货运代理人手中。我国80%的进出口贸易货物（其中，散杂货占70%，集装箱货物占10%）运输和中转业务，90%的国际航空货物运输业务都是通过国际货运代理企业完成的。

三、国际货运代理的性质

与概念相对应，对于国际货运代理的性质，也可以从两个角度来解释。

1.国际货运代理业的性质

国际货运代理业在社会产业结构中属于第三产业，性质上属于服务行业。从政治经济学角度看，它隶属于交通运输业，属于运输辅助行业。

2.国际货运代理人的性质

国际货运代理人从本质上属于运输关系人的代理人，是联系发货人、收货人和承运人的运输中介人，它既代表货主，保护货主利益，又协调承运人进行承运工作，在货主与承运人之间架起桥梁。

四、国际货运代理的业务范围

根据《中华人民共和国国际货物运输代理业管理规定实施细则》，国际货运代理企业的经营范围如下。

（1）揽货、订舱（含租船、包机、包舱）、托运、仓储、包装。

（2）货物的监装、监卸、集装箱装拆箱、分拨、中转及相关的短途运输服务。

（3）报关、报检、报验、保险。

（4）缮制签发有关单证、交付运费、结算及交付杂费。

（5）国际展品、私人物品及过境货物运输代理。

（6）国际多式联运、集运（含集装箱拼箱）。

（7）国际快递（不含私人信函）。

（8）咨询及其他相关国际货运代理业务。

五、国际货运代理的分类

1.按企业的成立背景和经营特点为标准分类

（1）以中外运为背景的国际货代企业。

中外运，即中国外运，全称中国外运股份有限公司，中国外运前身初创于1946年，是外贸运输和物流行业的开拓者。现如今，中外运的经营特点：一业为主，多种经营。中外运以"打造世界一流智慧物流平台企业"为愿景，已形成遍及国内、链接全球的实体化网络，服务全球的物流业务需求，通过优化海外物流网络布局，在全球拥有68个自营网点，自有海外网络已覆盖约40多个国家和地区。作为一家全球化企业，中外运积极践行与员工、客户、股东、社会"共生共享、共创共赢"的理念，通过整合水运、空运、陆路资源和遍布全球的服务网络，形成了海陆空综合物流服务优势和行业化解决方案能力，为客户提供辐射全球、自主可控、安全可靠的端到端全链路、多品类服务保障。

伴随着长期的业务发展，中外运设立的分支机构、全资子公司、控股公司、合资企业遍布国内外各大港口城市，并同世界多个国家和地区的多家货代、船代公司建立业务往来，其代理网络遍布国内外，形成了强大的货代经营优势。

我国有不少货代企业是以中外运为背景发展起来的，例如：中国外运福建有限公司（即福建外运）是中外运在福建省设立的全资子公司。

（2）以航运公司、航空公司、铁路部门（实际承运人）为背景的国际货代企业。

此类企业中具有代表性的有：中远海运国际货运有限公司，中国远洋海运集团旗下的上海海兴国际货运有限公司，山东省海丰国际货运（集团）公司所属的山东省海丰货运代理有限公司，中国民航客货运输销售代理公司，中国铁路对外服务总公司等。

这类企业的特点：与承运人关系密切，在相关运输方式上竞争力较强。具体表现：

①在运价方面有竞争力；②有显著的运输条件优势，体现在舱位安排、方便货主、捕捉与反馈航运信息等方面。

（3）以外贸专业公司、工贸公司为背景所组建的国际货代企业。

这类企业，如中粮、五矿等所属的国际货代企业，其前身一般是集团公司履行发货、定舱、仓储、报关等职能的储运部门、报运部门。这类企业在货源、审核信用证、缮制货运单证和向银行办理议付结汇等方面具有明显优势。规模较小，服务功能欠完善，缺乏网络化的经营条件。

（4）以仓储企业为背景的国际货代企业。

这类企业原本是以办理仓储业务见长的仓储企业，基于增加利润来源、更好地为货主服务的目的，经审核批准，取得了国际货运代理的资格。例如，上海国际展览运输有限公司、华协国际珍品货运服务有限公司等。其经营特点：凭借仓储优势及丰富经验，揽取货源，深得货主信任；特别是在承办特种货物方面的独有专长，但规模较小、服务单一。

（5）外商投资类型的国际货代企业。

1992年以后，我国政府允许外商以合资、合作的形式在我国经营国际货运代理业务，于是，国外一些船公司、货代行等实业公司纷纷进入我国货代市场，与国内大型外贸、运输公司联手创办合资企业。自2005年12月11日起，我国政府允许设立外商独资的国际货运代理企业，进一步开放货运代理市场。这固然促进了我国国际货运代理业的发展，也加剧了国际货运代理市场的竞争。

2.按业务范围划分

（1）海运货运代理。

（2）空运货运代理。

（3）陆运（铁路、公路）货运代理。

（4）国际多式联运代理。

货运代理的业务范围有大有小，大的兼办多项业务，如办理海陆空货运代理业务；小的则专办一项或两项业务，如空运货运代理业务、陆运货运代理业务、海运货运代理业务。

六、我国对国际货运代理业的管理

1.我国现行国际货运代理业管理体制

根据《中华人民共和国国际货物运输代理业管理规定》，商务部是我国国际货运代理业的主管部门，负责对全国国际货运代理业实施监督管理。省、自治区、直辖市、经济特区的地方商务主管部门依照本规定，在商务部授权的范围内，负责对本行政区域内的国际货运代理业实施监督管理。

中国国际货运代理协会（CIFA）根据《中华人民共和国行政许可法》和有关规章规定协助政府有关部门加强行业管理。中国国际货运代理协会和部分地方行业协会有一定的管理职能，主要体现在政府与国际货运代理企业的关系协调、企业的备案、企业的年审、业务人员的培训和行业自律等方面。此外，公路、水路、铁路、航空、邮政运输部门联合运输主管部门，也在根据与本行业有关的法律、法规和规章对国际货运代理企业的设立及其业务活动进行着不同程度的管理。

因此，商务部、地方商务主管部门、其他相关管理部门和中国国际货运代理协会都在不同程度上行使着对国际货运代理业进行管理的职能。

2.我国国际货运代理业管理的主要法律依据

在我国，国际货运代理业作为一个行业发展的历史不长。但是，为了加强对国际货运代理业的管理，规范企业的经营行为，近年来，我国加快了国际货运代理业的立法工作，相继出台了一些法律、行政法规和部门规章，这些法律、行政法规和部门规章共同构成我国国际货运代理业管理的法律依据。

（1）调整国际货运代理法律关系的法律。

《中华人民共和国民法典》（以下简称《民法典》）对代理及合同问题做了专门规定，这些规定与货代经营相关，对规范国际货运代理业行为起着重要的作用。

《中华人民共和国海商法》（以下简称《海商法》）的规定也涉及对国际货运代理业的调整。当国际货运代理人充当契约承运人时，作为海上货物运输合同的当事人，其行为直接受到《海商法》的约束。

（2）调整国际货运代理法律关系的行政法规和部门规章。

为了规范国际货运代理市场，促进运输业的良性发展，我国还颁布了一系列行政法规和部门规章，这也是调整国际货运代理业的重要依据。

《中华人民共和国国际货物运输代理业管理规定》（以下简称《管理规定》），1995年6月29日，由原对外贸易经济合作部发布。《中华人民共和国国际货物运输代理业管理规定实施细则》（以下简称《实施细则》），由原对外贸易经济合作部于1998年1月26日公布，根据2004年1月1日商务部公告2003年第82号修订。

《管理规定》和《实施细则》对包括国际多式联运在内的国际货运代理业务管理做出了明确规定。其中明确了国际货运代理业的定义，规定了国际货运代理业的业务主管部门，并对业务管理的方法和途径进行了规范，同时还明确了国际货运代理企业的设立条件、业务范围和对违规行为的处罚。

《国际货运代理企业备案（暂行）办法》，由商务部公布、修订。该办法要求：凡经国家工商行政管理部门依法注册登记的国际货运代理企业及其分支机构，均应向商务部或商务部委托的机构办理备案。

我国有关文件规定了外商投资国际货运代理企业的定义，外商投资国际货运代理企业的设立条件、审批程序、经营期限等，就香港、澳门、台湾地区企业在大陆投资设立国际货运代理企业的有关问题进行了明确规定。

我国对国际货运代理业的管理存在着多头管理的现象，除商务部以外，国务院和国务院其他行政管理部门也制定了相应的行政法规和部门规章，从不同的角度对国际货运代理业和企业进行了不同程度的管理。

《中华人民共和国国际海运条例》（以下简称《海运条例》），2001年12月11日国务院令第335号公布。《中华人民共和国国际海运条例实施细则》（以下简称《海运条例实施细则》）由原交通部发布。这两部法规，对无船承运人和国际船舶代理经营者进行了界定，规定了无船承运人的申请资格、申请条件、审批程序、经营范围和无船承运人提单申请办法；明确了国际船舶代理企业设立分支机构的申请手续等规定。

由上可见，开办国际货运代理企业，从事国际货运代理业务，不仅要遵守国际货运代理法规和规章，还要遵守有关公路、水路、铁路、航空、邮政运输部门及运输主管部门的法规、规章。

（3）调整国际货运代理法律关系的国际公约。

国际公约是法律的重要渊源。我国参加的涉及国际货运代理业制度的国际公约主要有：①调整国际铁路货物运输的国际公约，我国参加的是《国际铁路货物联运协定》（以下简称《国际货协》）；②调整国际航空货物运输的国际公约，我国参加了《统一国际航空运输某些规则的公约》（通称《华沙公约》）和《海牙议定书》。

七、国际货运代理的权利和义务

1.国际货运代理的权利

国际货运代理企业的主要业务是接受货主的委托，代理客户完成国际贸易中的货物运输任务，货主是委托方，货代是代理人。根据我国的有关规定，国际货运代理企业主要有以下权利。

（1）为客户提供货物运输代理服务获取报酬（货代有权要求货主支付代理佣金，作为提供代理服务的报酬）。

（2）接受委托人支付的因货物的运送、报关、投保、办理汇票的承兑和其他服务所发生的一切费用（货代有权要求货主支付由于办理代理工作而产生的有关费用，一般的做法是由货主事先支付给货代一笔费用，代理结束后再由货代向货主结算，多退少补）。

（3）接受委托人支付的因货代不能控制，致使合同无法履行而产生的其他费用（如果客户拒付，国际货运代理人对货物享有留置权，有权以某种适当的方式将货物出售，以此来补偿所应收取的费用）。

（4）接受承运人支付的订舱佣金（作为或代替船公司揽货的报酬）。

（5）按照客户的授权，可以委托第三人完成相关代理事宜。

（6）接受委托事务时，由于货主或承运人的原因，致使货代受到损失，可以向货主或承运人要求赔偿损失。例如，货代根据货主要求向船公司订妥舱位，但后来由于货主备货不足，造成空舱损失，货代有权要求货主予以补偿。

2.国际货运代理的义务

国际货运代理的义务是指国际货运代理人在接受委托后，对自己的代理事宜应当从事或不应当从事的行为，以及在从事货运代理业务中与第三人的行为或不应当从事的行为。国际货运代理企业一经与货主（委托人）签署合同或委托书，就必须根据合同或委托书的相关条款为委托人办理委托事宜，并对在办理相关事宜中的行为负责。归纳起来其义务分为两类，对委托人的义务和对委托事务相对人的义务。

（1）对委托人的义务。

国际货运代理企业在从事国际货运代理业务的过程中，对委托人的义务主要表现在：

①按照客户的指示处理委托事务的义务；

②亲自处理委托人委托事务的义务；

③向委托人如实报告委托事务进展情况和结果的义务；

④向委托人移交相关财物的义务；

⑤就委托办理的事宜为委托人保密的义务，如货主近期的舱位需求、货主可接受的运价底线等，货代有义务对外进行保密，以免对货主造成不利的影响；

⑥由于自己的原因，致使委托事务不能按期完成或使委托人的生命财产遭受损失，进行赔偿的义务。

（2）对委托事务相对人的义务。

国际货运代理企业从事国际货运代理业务，在办理委托人委托的事务过程中，必然与外贸管理部门，海关、商检、外汇管理等国家管理部门，承运人，银行、保险公司等企业发生业务往来，国际货运代理企业在办理相关业务过程中还必须对其办理事务的相关人负责。其义务主要体现在：

①如实、按期向有关的国家行政管理部门申报的义务；

②如实向承运人报告货物情况的义务；

③缴纳税费，支付相关费用的义务；

④由于货主或货代本身的原因，致使相关人的生命财产遭受损失的赔偿义务。

课后练习

选择题

（　　）是我国国际货运代理业的主管部门。

A.交通运输部　　　　B.国务院　　　　C.商务部　　　　D.全国人民代表大会

技能训练

A货运代理有限公司（简称A公司）接受B进出口有限公司（简称B公司）的委托，为其办理了一批出口货物自北京至伦敦的国际航空运输手续。运输完成后，B公司未能按照双方约定向A公司支付各项运杂费15000元。A公司多次催索未果，遂扣留了B公司的核销单证。双方几经交涉，但一直未能就付费和退还核销单证问题达成一致。最后，A公司向法院提起诉讼，要求B公司支付拖欠的运杂费及相应利息。B公司随即提出反诉，称A公司扣留核销单证导致自己未能在规定期限内办理出口退税手续，从而造成B公司损失出口退税8000余元，要求A公司予以赔偿。

问：法院将如何裁定？从该案例的判决中货代公司应吸取的教训？

任务四　运输保险与索赔

案例导入

与运输保险与索赔相关的法律案例

2011年4月19日，某公司驾驶员驾驶苏A××××，在某路政部门的引领下，行驶至×市×高速上行K1＋900m处，变压器顶部碰撞立交桥底面，致使运输的变压器受损，合计损失共计1739116.4元。出险后，某公司即向某保险公司报险，但直至2012年6月6日某保险公司才出具拒赔通知。现某公司请求某保险公司支付保险金1739116.4元及相应利息（自2011年5月30日按同期银行贷款利率计算至判决确定给付支付之日止）。

上诉人某保险公司一审辩称，对两者之间的保险合同关系、某公司车辆在×市发生事故的事实没有异议，但本起事故中，某公司运输的货物高度已经超过×省当地规定的限高标准，故该起事故的发生是某公司的过失而引起的，依据保险条款的约定，某保险公司不应承担保险责任。另外，在损失金额方面，某公司的诉请与其公司认可的金额存在差异，应当以出险后保险公估公司的公估价格作为判断依据。

原审法院经审理查明，2010年10月21日，某保险公司与某公司签订保险预约合同，该预约合同约定的保险标的为变压器等大型设备，保险期限从2010年10月23日0时至2011年10月22日24时止。合同第十条第一款约定，保险主条款为国内水路、陆路货物运输保险条款，险别为综合险；第四款约定，每次事故免赔率为损失金额的5%；第十四条约定，在每批货物启运前投保人/被保险人填写承保人提供的"货运险投保单"，并向承保人提供，承保人根据投保单具体内容按协议约定条件核定无误后以盖章回传确认承保，以作为保险标的发生保险事故时向承保人索赔的依据；"投保人声明"部分载明，投保人（被保险人）同意按本保险单内所列内容和本保险单所附保险条款及特别约定同贵公司订立本保险合同，本人对本合同中的责任免除、被保险人义务均已明白无误，某公司在"声明"处盖章。国内水路、陆路货物运输保险条款第三条约定，被保险人的故意行为或过失属于除外责任；第八条约定，被保险人应严格遵守国家及交通运输部门关于安全运输的各项规定，还应当接受并协助保险人对保险货物进行的查验防损工作，货物包装必须符合国家和主管部门规定的标准，对于因被保险人未遵守上述约定而导致保险事故的，保险人不负赔偿责任，对于因被保险人未遵守上述约定而导致损失扩大的，保险人对扩大的损失不负赔偿责任；第十条约定，保险人收到被保险人的赔偿请求后，应当及时就是否属于保险责任作出核定，并将核定结果通知被保险人，情形复杂的，保险人在收到被保险人的赔偿请求并提供理赔所需资料后三十日内未能核定保险责任的，保险人与被保险人根据实际情形商议合理期间，保险人在商定的期间内作出核定结果并通知被保险人。2011年4月6日，某保险公司向某公司出具国内水路、陆路货物运输保险凭证，该保险凭证上载明，运输的货物为变压器一套，运输工具为苏A××××，运输方式为公路运输，起运地为常变公司，目的地是中投青铜峡铝业集团有限公司，起运日期为2011年4月6日，保险金额为600万元。

2011年4月19日，某公司驾驶员任某驾驶苏A××××，运输保险标的行驶至×省边界时，向×省公路管理部门申请办理超高车辆运输通行证，经相关部门实际测量，原告车辆的实际高度为4.9m，同时，该车辆在现场缴纳了超高许可证办理费用50元及路政监护费用9600元。后车辆行驶至×市绕城高速上行K1+900m处时，变压器顶部碰撞立交桥底面，运载的变压器受损。发生事故后，某公司即向某保险公司报案。

2012年6月6日，某保险公司向某公司出具拒赔通知，认为某公司的运输行为违反了《道路车辆外廓尺寸、质量与轴荷限界》关于运输车辆限高、《×省治理公路超限运输办法》超限认定标准第二条专用车辆总高度限高的规定，案涉事故属于"被保险人的故意行为或过失"的范畴，某保险公司不承担赔付责任。因此，某公司向原审法院起诉，提出如前诉请。

诉讼中，某公司主张损失的构成为：①三相有载开关的采购费用为1252316.40元；②委托西变公司的检修处理费用365200元；③常变公司自行发生的检修处理费用121600元。以上合计1739116.40元。对此，某保险公司认为应当根据公估报告评估的损失予以确认：①三相有载开关的采购费用应为1070355.90元；②委托西变公司的检修处理费用365200元；③常变公司自行发生的检修处理费用不予认可。

👥 任务执行

一、公路货物运输保险概述

1.公路货物运输保险的概念及分类

公路货物运输保险是指以公路运输过程中的各类货物为保险对象，保险人对保险货物在运输过程中发生责任范围内的损失给予赔偿的一种保险。在传统保险学上，它属于内陆运输保险。

公路货物运输保险依据地域范围划分，可分为国内公路货物运输保险和国际公路货物运输保险。公路货物运输保险承保通过公路运输的物资，保险责任与水路、铁路货物运输保险的保险责任基本相同。但公路货物运输保险也有自己的一些特点。

（1）在运输工具方面，公路货物运输可以选择汽车运输，也可以选择其他机动或非机动运输工具来承担货物运输的任务。

（2）在保险责任方面，由于公路运输货物在运输途中客观上还可能需要驳运（即利用驳船过河），因此，在驳运过程中因驳运工具遭受搁浅、触礁、沉没、碰撞而导致的损失，保险人亦负责赔偿。

2.公路货物运输保险责任

（1）基本责任。

被保险货物在运输途中遭受暴风、雷电、洪水、地震等自然灾害，或由于运输工具遭受碰撞、倾覆、出轨等意外事故，或由于隧道坍塌、崖崩、失火、爆炸等事故所造成的全部或部分损失，被保险人对遭受承保责任内危险的货物采取抢救、防止或减少货损的措施而支付的合理费用，以不超过该批被救货物的保险金额为限。

（2）陆运一切险。

除包括陆运一切险的各项责任外，还负责被保险货物在运输途中由于外来原因所致的全部或部分损失。

（3）除外责任。

被保险人的故意或过失行为所造成的损失。属于发货人责任所引起的损失。在保险责任开始前，被保险货物已存在的品质不良或数量短差所造成的损失。被保险货物的自然损耗、本质缺陷、特性以及市场跌落、运输延迟所引起的损失或费用。

（4）保险期限。

公路货物运输保险负"仓至仓"责任，自被保险货物运离保险单（保单）所载明的起运地仓库或储存处所时生效，直至货物运达保险单所载目的地——收款人的仓库或储存处所，或以被保险货物运抵最后卸载的车站满60天为止。

二、国际货运代理责任险

1. 定义与概述

国际货运代理责任险是指被保险人及其代理人作为国际货物运输代理人，在接受委托人的委托，提供国际货物运输代理业务服务过程中，导致委托人的损失，依法应由被保险人承担的经济赔偿责任，保险人按照本保险合同的规定在约定的责任限额内负责赔偿的保险。

2. 保险责任

（1）主要风险来源。

①国际货运代理本身的过失，如未能履行代理义务或使用自有运输工具进行运输时发生事故。

②分包人的过失，如在"背对背"签约情况下，分包人的行为或遗漏导致的责任。

③保险责任不合理，如单证规定不同的责任限制，导致分包人或责任小于国际货运代理或免责。

（2）保险内容。

①错误与遗漏，如虽有指示但未能投保或投保类别有误。

②迟延报关或报关单内容缮制有误。

③发运到错误的目的地或选择运输工具有误。

④仓库保管中的疏忽及货损货差责任不清。

⑤迟延或未授权发货，如部分货物未发运或未及时通知收货人提货。

三、国内货运险理赔

国内货物运输保险理赔如下。

（1）事故发生后，应第一时间找出保单并致电保险公司报案（24h内）。

（2）保险公司安排查勘员进行查勘定损。

（3）铁路货运的需铁路公安部门出具货运记录，航空货运的需出具航空事故签证，公路货运被盗时报当地公安机关。

（4）办理国内货物运输保险理赔时，请提供以下货运保险单证。

①出险通知书、索赔报告、财产损失清单、接受书、权益转让书、赔款收据（该六项单证由保险公司提供格式，由被保险人填写并加盖公章）。

②货运保险单原件、保险费发票复印件。

③货物运输合同复印件。

④整批货物的运单及货物发票（包含受损货物的单价明细）。

⑤被保险人的身份证明资料（如果是个人则为身份证复印件）。

⑥承运车辆的行驶证及驾驶员的驾驶证复印件。

⑦被保险人向承运人（货运公司）的索赔函及承运人的答复资料。

⑧其他必要的单证和资料。

（5）查勘定损人员将根据实际损失情况核定损失。

（6）以上货运保险单证齐备后，查勘定损人员将整理收集的单证并做出书面检验报告。然后提交理算部进行理算、核赔工作。

（7）理算部完成理算、核赔工作并报送财务处理中心划款支付。此时您如果要查询赔案，请直接致电承保公司业务综合部或业务人员协助查询。

（8）上述货物运输保险理赔指引适用于一切国内货物运输保险理赔（包括公路、铁路货运和航空货运）。

四、国际货运险理赔

国际货物运输保险是以国际运输过程中的货物作为保险标的的保险，主要包括国际海上货物运输险、国际陆上货物运输险、国际航空货物运输险和国际邮包货物运输险等。国际货物运输保险理赔是指保险事故发生后，被保险人向保险人提出国际货物运输保险理赔请求，保险人予以受理并决定是否赔偿或如何赔偿的过程。

国际货运险理赔申报材料。

（1）保单（批单）正本原件、保险协议、共保协议复印件、提单正本原件、运单正本原件、装箱单、磅码单、贸易合同、承运人出具的正式的货损证明（正本）、国际货物运输保险索赔清单（正本）、向承运人及相关责任方的索赔函及其答复、照片（正本）、检验报告（正本）。

（2）修复费用发票（涉及修复的）、海事报告（发生海事时）、要求运输保险索赔人提供正本发票（发生共同海损时）、必要时应提供设备交接单（涉及集装箱运输）、装船前的品质和重量证明（对于大宗散装货）。

除应注意国际货物运输保险提示中有关要求外，被保险人还应特别注意：货物到达后，被保险人应及时提货；发现货物缺损后，被保险人应及时要求有关部门验货并出具相关证明；对遭受承保责任内危险的货物，被保险人应迅速采取合理的抢救措施，防止或减少货物的损失；在获悉有关运输契约中"船舶互撞责任"条款的实际责任后，应及时通知保险人。

五、理赔过程中的常见问题

当被保险人保险的货物遭受损失后，向保险公司索赔的问题就产生了。被保险人应按照保单的规定向保险公司办理索赔手续，同时还应以收货人的身份向有关方办妥必要的手续，以维护自己的索赔权利。

1.损失通知

当被保险人获悉或发现保险货物遭受损失，应马上通知保运通（货运保险平台）或保险人，保运通协助索赔，提出施救意见，以便保险人确定保险责任，查核发货人或有关方的责任。延迟通知，会耽误保险人进行有关工作，引起异议，影响索赔。

2.采取合理的施救、整理措施

保险货物受损后，作为货方的被保险人应该对受损货物采取措施，防止损失扩大。特别是对受损货物，被保险人仍须协助保险人进行转售、修理和改变用途等工作。因为相对于保险人而言，被保险人对于货物的性能、用途更加熟悉，因此，原则上残货应由货方处理。

3.注意向有关方索取相关证明

被保险人或其代理人在提货时发现货物明显受损或整件短少等，除向保险公司报损外，还应立即向有关方索取相关证明。

4.备全必要的索赔单证

（1）保单或保险凭证（正本）。

（2）运输契约，如提单、运单和邮单等。

（3）发票。

（4）装箱单、磅码单。

（5）检验报告。

（6）海事报告摘录或海事声明书。

（7）货损货差证明。

（8）索赔清单。

课后练习

必要的索赔单证包括哪些?

技能训练

阅读以下保险协议。

国内货物运输保险协议

协议号：

甲方：

地址：

电话：

传真：

乙方：

地址：

电话：

传真：

为促进物流市场的繁荣，保障运输货物在运输途中发生保险责任范围内的自然灾害和意外事故及时获得经济补偿，并方便办理保险手续，经双方协商同意订立国内货物运输保险协议。为明确双方权利与义务，特签订本协议以共同遵守。

一、投保人（以下简称"甲方"）

地址：

二、保险人（以下简称"乙方"）

地址：

三、保险标的及其类别

药品，但下列货物除外。

（1）武器弹药、现金、支票、票据、单证、有价证券、信用证、护照。

（2）艺术品（金银、珠宝、钻石、玉器）、文物等贵重物品。

（3）鱼粉、菜籽饼、地瓜干、花生。

（4）爆竹、烟花等易燃易爆品。

（5）精密进口仪器（特别是芯片制造设备、液晶显示器制造设备）。

四、保险价值的确定方式

按发票金额。

五、保险期限

从_____年_____月_____日至_____年_____月_____日止。

六、运输路线

重庆市、四川省、贵州省。

七、运输方式或运输工具

自有厢式车承运。

八、包装条件

纸质包装。

九、每一航次/车次/班次的运输限额

保险人对保险标的每运输工具的每一车次所负的最高保险责任为100万元人民币，如有超过，需提前2~3天通知乙方，经乙方确认后保险方可生效。

十、保险条件

（1）适用条款：《中国太平洋财产保险股份有限公司国内水路、陆路货物运输保险条款》。

（2）险别：综合险。

（3）保险费率：0.9%。

（4）免赔：每次事故绝对免赔额为500元人民币或损失金额的10%，两者比较以高者为准。

十一、保险责任

按《中国太平洋财产保险股份有限公司国内水路、陆路货物运输保险条款》执行。

十二、预计全年/合同的保额和保险费

全年预计保额：叁仟万元人民币。

全年预计保险费：贰万柒仟元人民币。

十三、保险费结算

保险费采取每月结算方式。由乙方每月5日前开具保险费发票，连同保险单的相关

联交甲方，甲方收到相关单据后应立即将保险费划到乙方账户。

货物一旦出险甲方须将保险费立即划入乙方账户，乙方方可办理理赔事宜。

十四、投保手续

在每批货物起运前甲方填写乙方提供的《国内货物运输保险投保单》并传真给乙方，乙方根据投保单具体内容按协议约定条件进行核定，无误后盖章回传确认承保，以作为保险标的发生保险事故时甲方向乙方索赔的依据。

协议执行中途标的实际运输如有变动情况，甲方获悉变更时应立即通知乙方以做批改。协议期满，应根据实际运输情况调整期初的清单以作为保险费结算的依据。

十五、保证条款

甲方应按保险协议规定无遗漏地将每一票货物向乙方如数投保。

十六、协议的终止和变更

本保险协议自双方签字或盖章之日起生效。本保险协议如有变动和修改，或一方要求终止协议，须在30天以前书面通知对方。

十七、理赔处理

（1）甲方在知悉保险事故发生时，应立即通知乙方或乙方在当地的代理人进行检验、理赔，并协助收集，向乙方提供有关索赔单证。

（2）除《中国太平洋财产保险股份有限公司国内水路、陆路货物运输保险条款》中要求提供的单据外，还需要提供本保险协议、运输合同、购销合同、理货签证、检验报告及相关货损货差证明等。如涉及第三方责任，还须提供向有关责任方追偿的函电及其他必要单证或文件。

（3）乙方应在确定保险责任并在收齐有关单证后的10个工作日内确定赔偿金额。

十八、司法管辖权

本保单适用中华人民共和国法律。

十九、争议解决

如有争议发生，协商不能解决，任何一方可提交中国境内仲裁委员会申请仲裁或向中国境内法院提起诉讼。

二十、本协议一式二份，甲乙双方各执一份，具有同等法律效力

二十一、附件

《中国太平洋财产保险股份有限公司国内水路、陆路货物运输保险条款》

《国内货物运输保险投保单》

二十二、备注

乙方已就本协议所列条款中所有内容、特别约定、投保人和被保险人的义务、责任免除等条款向甲方做了明确的讲解和说明，甲方对其所有内容的概念、定义及其法律后果等均已了解。

甲方：   乙方：

授权签字：   授权签字：

签约日期：   签约日期：

附件：

中国太平洋财产保险股份有限公司国内水路、陆路货物运输保险条款

总则

第一条 为使保险货物在水路、铁路、公路和联运运输中，因遭受保险责任范围内的自然灾害或意外事故所造成的损失能够得到经济补偿，并加强货物的安全防损工作，以利商品生产和商品流通，特举办保险。

保险责任

第二条 本保险分为基本险和综合险两种。保险货物遭受损失时，保险人按承保险别的责任范围负赔偿责任。

（一）基本险

（1）因火灾、爆炸、雷电、冰雹、暴风、暴雨、洪水、地震、海啸、地陷、崖崩、滑坡、泥石流所造成的损失。

（2）由于运输工具发生碰撞、搁浅、触礁、倾覆、沉没、出轨或隧道、码头坍塌所造成的损失。

（3）在装货、卸货或转载时因遭受不属于包装质量不善或装卸人员违反操作规程所造成的损失。

（4）按国家规定或一般惯例应分摊的共同海损的费用。

（5）在发生上述灾害、事故时，因纷乱而造成货物的散失及因施救或保护货物所支付的直接合理的费用。

（二）综合险

本保险除包括基本险责任外，以下损失保险人还负责赔偿。

（1）因受震动、碰撞、挤压而造成货物破碎、弯曲、凹瘪、折断、开裂或包装破裂致使货物散失的损失。

（2）液体货物因受震动、碰撞或挤压致使所用容器（包括封口）损坏而渗漏的损失，或用液体保藏的货物因液体渗漏而造成保藏货物腐烂变质的损失。

（3）遭受盗窃或整件提货不着的损失。

（4）符合安全运输规定而遭受雨淋所致的损失。

除外责任

第三条　由于下列原因造成保险货物的损失，保险人不负赔偿责任。

（1）战争或军事行动。

（2）核事件或核爆炸。

（3）保险货物本身的缺陷、自然损耗，以及货物包装不善。

（4）被保险人的故意行为或过失。

（5）全程是公路货物运输的，盗窃和整件提货不着的损失。

（6）其他不属于保险责任范围内的损失。

责任起讫

第四条　保险责任自签发保险凭证和保险货物运离起运地发货人的最后一个仓库或储运处所时起，至该保险凭证上注明的目的地的收货人在当地的第一个仓库或储存处所时终止。但保险货物运抵目的地后，如果收货人未及时提货，则保险责任的终止期最多延长至收货人接到到货通知单后的第十五天（以邮戳日期为准）。

保险金额

第五条　保险价值为货物的实际价值，按货物的实际价值或货物的实际价值加运杂费确定。保险金额由投保人参照保险价值自行确定，并在保险合同中载明。保险金额不得超过保险价值。超过保险价值的，超过部分无效，保险人应当退还相应的保险费。

投保人、被保险人的义务

第六条　投保人应履行如实告知义务，如实回答保险人就保险标的或被保险人的有关情况提出的询问。

投保人故意或者因重大过失未履行前款规定的如实告知义务，足以影响保险人决定是否同意承保或者提高保险费率的，保险人有权解除合同。保险合同自保险人的解约通知书送达投保人或被保险人时解除。

投保人故意不履行如实告知义务的，保险人对于保险合同解除前发生的保险事故，不承担赔偿责任，并不退还保险费。

投保人因重大过失未履行如实告知义务，对保险事故的发生有严重影响的，保险人对于保险合同解除前发生的保险事故，不承担赔偿责任，但应当退还保险费。

第七条　投保人在保险人签发保险凭证的同时，应按照保险费率，一次交清应付的保险费。若投保人未按照约定交付保险费，保险费交付前发生的保险事故，保险人不承担赔偿责任。

第八条　被保险人应严格遵守国家及交通运输部门关于安全运输的各项规定。还应当接受并协助保险人对保险货物进行的查验防损工作，货物包装必须符合国家和主管部门规定的标准。对于因被保险人未遵守上述约定而导致保险事故的，保险人不负赔偿责任；对于因被保险人未遵守上述约定而导致损失扩大的，保险人对扩大的损失不负赔偿责任。

第九条　货物如果发生保险责任范围内的损失时，被保险人获悉后，应立即通知保险人的当地保险机构并应迅速采取施救和保护措施防止或减少货物损失。

故意或者因重大过失未及时通知，致使保险事故的性质、原因、损失程度等难以确定的，保险人对无法确定的部分，不承担赔偿责任，但保险人通过其他途径已经及时知道或者应当及时知道保险事故发生的除外。

赔偿处理

第十条　被保险人向保险人申请索赔时，必须提供下列有关单证。

（1）保险凭证、运单（货票）、提货单、发货票。

（2）承运部门签发的货运记录、普通记录、交接验收记录、鉴定书。

（3）收货单位的入库记录、检验报告、损失清单及救护货物所支付的直接费用的单据。

收到被保险人的赔偿请求后，应当及时就是否属于保险责任作出核定，并将核定结果通知被保险人。情形复杂的，保险人在收到被保险人的赔偿请求并提供理赔所需资料后三十日内未能核定保险责任的，保险人与被保险人根据实际情形商议合理期间，保险人在商定的期间内作出核定结果并通知被保险人。对属于保险责任的，在与被保险人达成有关赔偿金额的协议后十日内，履行赔偿义务。

第十一条　货物发生保险责任范围内的损失时，按货价确定保险金额的，保险人根据实际损失按起运地货价计算赔偿；按货价加运杂费确定保险金额的，保险人根据实际损失按起运地货价加运杂费计算赔偿。但最高赔偿金额以保险金额为限。

第十二条　如果被保险人投保不足，保险金额低于货价时，保险人对其损失金额及支付的施救保护费用按保险金额与货价的比例计算赔偿。保险人对货物损失的赔偿金额，以及因施救或保护货物所支付的直接、合理的费用，应分别计算，并各以不超过保险金额为限。

第十三条　货物发生保险责任范围内的损失，如果根据法律规定或者有关约定，应当由承运人或其他第三者负责赔偿部分或全部的，被保险人应首先向承运人或其他第三者索赔。如被保险人提出要求，保险人也可以先予赔偿，但被保险人应签发权益转让书给保险人，并协助保险人向责任方追偿。

第十四条　经双方协商同意，保险人可将其享有的保险财产残余部分的权益作价折归被保险人，并可在保险赔偿金中直接扣除。

第十五条　被保险人与保险人发生争议时，应当实事求是，协商解决，双方不能达成协议时，可以提交仲裁机关或法院处理。

本保险合同适用中华人民共和国法律（不包括港澳台地区法律）。

◇ **项目实训**

实训目标

技能目标	能够在分析每种运输方式的特点的基础上，基于实际任务内容选择合适的运输方式，并分析原因； 能够准确计算出运输费用
素养目标	认真细致的工作态度，团结协作的精神，分析问题及解决问题的能力

实训任务

任务一：运输方式分析

QP物流中心是一家提供仓储托管、仓储外包、仓库出租、物流运输、快递配送业务的综合性物流集团公司，致力于为企业打通线上线下销售过程中的仓配运输一体化的运作模式。

经过一段时间的学习和了解，赵健要跟随培训部的主管一起了解各种运输方式，只有熟知各种运输方式的特点才能更好地开展日常工作。

运输部的主管提出了一个考核项目：根据客户的咨询选择合理的运输方式，客户的运输需求具体如下。

货物描述

名称：洗发水。

重量：每箱10kg。

体积：每箱0.1m³。

保质期：较长（普通条件下存储即可）。

起点：E市。

终点：F市（距离E市500km）。

运输要求：保证货物安全，避免破损或泄漏；运输时间要求适中，可接受2~3天内到达；成本控制在合理范围。

任务二：运输费用计算

1.一批货物（属于普货三级），重2800kg，长3.5m，高2m，宽2m，从济南运往齐齐哈尔，零担货物运价为0.002元/kg·km，试计算其最高运费，与用5t的整车运输相比哪个更加划算（备注：假设整车货物运价为0.27元/t·km，从济南到齐齐哈尔有2000km）。

2.A货主托运一批瓷砖，重3356kg，承运人公路一级普货费率为1.2元/t·km，吨次费为16元/吨次，该批货物运距为36km，瓷砖为普货三级，途中通行收费35元，试计算总运费。

U 实训评价

班级		姓名		小组			
任务名称			项目三综合实训				
考核内容	评价标准	参考分值（分）	学生自评（分）	小组互评（分）	教师评价（分）	考核得分（分）	
知识掌握情况	掌握常见的运输方式及各运输方式的特点	5					
	明确运输合理化的方式	5					
	掌握运输费用计算的方法	5					
技能提升情况	能够准确分析运输任务需求	10					
	能够基于任务分析结果，分析具体的运输方式的特点，并最终确认运输方式	15					
	能够准确计算普货三级的运输费用	10					
	能够准确确认瓷砖的运价	10					
	能够准确计算运输瓷砖的运输费用	15					
职业素养情况	具有自主学习能力	5					
	具有合作精神和协调能力，善于交流	5					
	具有一定的分析能力	5					

考核内容	评价标准	参考分值（分）	学生自评（分）	小组互评（分）	教师评价（分）	考核得分（分）
参与活动情况	积极参与小组讨论	5				
	积极回答老师的提问	5				
小计						
合计（学生自评×20%+小组互评×40%+教师评价×40%）						

项目四　物流信息技术

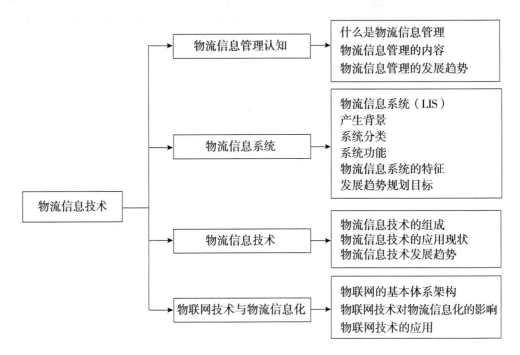

项目概览

项目目标

知识目标	1.掌握物流信息管理相关概念； 2.熟悉物流信息系统； 3.了解物流信息技术； 4.熟悉物联网技术与物流信息化
能力目标	能够运用物联网技术与物流信息技术
素质目标	在掌握工科基础知识的前提下，使学生熟悉法规，掌握现代物流管理理论、信息系统的手段和方法，具备物流管理、规划、设计等较强实务运作能力，成为在物流管理领域从事全过程策划、管理和物流信息化工作的高级复合型管理人才
教学重难点	1.了解物流信息技术； 2.熟悉物联网技术与物流信息化

✎ 项目解析

任务一　物流信息管理认知

❓ 案例导入

打造物流仓储体系　创造更好的管理体验

企业是一个有机的整体，各个部门的工作是彼此联系、相互影响的，都是不可忽视的环节，不论哪个环节失误都会引起一连串的麻烦和问题。因此如何对所有资源进行科学的调配和计划，并得到充分利用，是每个管理者必须实现的目标。

然而，传统的人工管理或局部的电脑化管理普遍存在着业务数据信息重复、混乱、不准确、不畅通、不能共享、历史数据不易查找、信息反馈不及时等弊端，从而造成了企业库存储备高、流动资金占用大、交货期长而不准、生产柔性差、生产成本高等问题。

因此，对企业来说，要从关键环节入局，通过信息化升级，力求破局立势，完善企业供应链建设。仓库作为供应链管理中的重要一环，其管理的效果与生产、销售、采购、财务等部门运营息息相关，所以企业对仓库的管理越来越重视，仓储管理系统（WMS系统）的应用也越发广泛起来了。在应用WMS系统后，仓库会发生哪些变化？

一、精细化管理

借助WMS系统与ERP系统对接，实现仓库管理透明化，降低人工劳动强度，从根本上来说是为企业提质、增效、降本。

通过仓库智能化作业，实现减少人工干预，系统控制下的入库、出库作业更能稳定、快速、准确地完成。比如采购收货作业，结合PDA手持设备进行扫描条码收货，准确率高，效率高，可以很好地避免出现少收、漏收、错收等情况。然后，数据实时同步上传，无须事后人工统一录入ERP系统中，能够有效避免出现人工统计错误、库存更新不及时等情况。最后，在WMS系统的支持下，整个仓库的运营情况非常清晰地在系统中呈现，无论是收货上架人员，还是备料发货人员，都可以及时获取作业进度情况并进行工作反馈。

二、规范仓库各个环节作业

通过WMS系统的应用，可规范仓库各个环节的作业，规避了员工作业随意性，避免出现乱放货品、随手放置货品、乱扔货品的情况，而且管理细化到储位，PDA手持设备扫描出货，找货不用等、不用找、不用想，有效提升员工在备货、发货方面的效率。

结合看板，仓库主管还能实时了解现场作业情况，并通过系统及时查看到相关物料库存、员工作业情况等，从而带来更为精准的判断与决策，也加强了成本控制意识。

三、库存流转快

以往，由于库存数据不够实时准确，导致采购、生产、销售部门无法合理安排任务并执行，库存周转率变得低下，还影响到客户交付时间。

现在有了WMS系统的帮助，所有的库存数据都能实时同步更新，无须人工手动录入，保证了库存的实时性和准确性；库存明细报表，让你知道每个物料/成品的入库时间、效期时间、数量存放库位、条码等信息；出入库报表，让你知道每个物料的入库、出库情况，出现问题可以快速追溯到那个环节和作业人；PDA手持设备扫描盘点，提升了盘点效率和准确率，更好地做到实账一致。

因为库存的准确性和实时性得到了保障，采购、生产、销售部门的任务安排就更有科学性，库存的周转率也得到了明显提升，货物的交付也能按时完成。

四、完善企业供应链

WMS系统具有很好的集成性，可以与ERP系统、制造执行系统（MES系统）、供应商关系管理系统（SRM系统）等集成，打破信息孤岛，多系统数据可以实时同步，不仅提高了仓库与各个部门的协同效率，而且还能完善企业柔性供应链。

任务执行

一、什么是物流信息管理

物流信息管理是指运用计划、组织、指挥、协调、控制等基本职能对物流信息收集、检索、研究、报道、交流和提供服务的过程，并有效地运用人力、物力和财力等基本要素以期达到物流管理的总体目标的活动。

物流信息管理作为一个动态发展的概念，其内涵和外延不断随着物流实践的深化和物流管理的发展而不断发展。在物流信息管理的早期主要是采用人工方式进行管理，当计算机出现之后，伴随着信息技术的发展出现了基于信息技术的物流信息系统。物流信息系统是利用计算机技术和通信技术，对物流信息进行收集、整理、加工、存储、服务等工作的人—机系统。企业的信息处理最初主要限于销售管理和采购（生产）管理，自20世纪60年代末期，为适应市场竞争的激烈化、销售渠道的扩大和降低流通成本的需要，在物流系统化的同时，物流信息处理体系的完善也取得了很大的进步。特别是电子计算机和数据通信系统的进步，显著提高了物流信息的处理能力。电子计算机和数据通信系统的使用，使物流信息系统能够迅速地进行远距离信息交换并处理大量的信息，并且对商流、会计处理、经营管理也起着非常重要的作用。

二、物流信息管理的内容

物流信息管理对物流信息资源进行统一规划和组织，并对物流信息的收集、加工、存储、检索、传递和应用的全过程进行合理控制，从而使物流供应链各环节协调一致，实现信息共享和互动，减少信息冗余和错误，辅助决策支持，改善客户关系，最终实现信息流、资金流、商流、物流的高度统一，达到提高物流供应链竞争力的目的，其主要内容如下。

1.信息政策制定

为了实现不同区域、不同国度、不同企业、不同部门间物流信息的相互识别和利用，实现物流供应链信息的通畅传递与共享，必须确定一系列共同遵守和认同的物流信息规则或规范，这就是物流信息政策的制定，如信息的格式与精度、信息传递的协议、信息共享的规则、信息安全的标准、信息存储的要求等，这是实现物流信息管理的基础。

2.信息规划

从企业或行业的战略高度出发，对信息资源的管理、开发、利用制订长远发展的计划，确定信息管理工作的目标与方向，制定出不同阶段的任务，指导数据库系统的建立和信息系统的开发，保证信息管理工作有条不紊地进行。

3.信息收集

应用各种手段、通过各种渠道进行物流信息的采集，以反映物流系统及其所处环境情况，为物流信息管理提供素材和原料。信息收集是整个物流信息管理中工作量最大、最费时间、最占人力的环节，操作时注意把握以下要点。

第一，收集工作前要进行信息的需求分析。明确了解企业各级管理人员在进行管理决策和开展日常管理活动过程中何时、何处以及如何需要哪些信息，确定信息需求的层次、目的、范围、精度、深度等要求，实现按需收集，避免收集的信息量过大，造成人、财、物的浪费，或收集的信息过于狭窄影响使用效果等。

第二，收集工作具有系统性和连续性。要求收集到的信息能客观地、系统地反映物流活动的情况，并能随一定时间的变化，记录经济活动的状况，为预测未来物流发展提供依据。

第三，要合理选择信息源。信息源的选择与信息内容及收集目的有关，为实现既定目标，必须选择能提供所需信息的最有效的信息源。信息源一般较多，应进行比较，选择提供信息数量大、种类多、质量可靠的信息源，建立固定信息源和渠道。

第四，信息收集过程的管理工作要有计划，使信息收集过程成为有组织、有目的的活动。

4.信息处理

信息处理工作，就是根据使用者的信息需求，对收集到的信息进行筛选、分类、加工及储存等活动，加工出对使用者有用的信息。信息处理的内容如下。

（1）信息分类及汇总。按照一定的分类标准或规定，将信息分成不同的类别进行汇总，以便信息的存储和提取。

（2）信息编目（或编码）。所谓编目（或编码），指的是用一定的代号来代表不同信息项目。用普通方式（如资料室、档案室、图书室）保存信息则需进行编目，用电子计算机保存信息则需确定编码。在信息项目、信息数量很大的情况下，编目及编码是将信息系统化、条理化的重要手段。

（3）信息储存。应用电子计算机及外部设备的储存介质，建立有关数据库进行信息的存储，或通过传统的纸质介质（如卡片、报表、档案等）对信息进行抄录存储。

（4）信息更新。信息具有有效的使用期限，失效的信息需要及时淘汰、变更、补充等，才能满足使用者的需求。

（5）数据挖掘。信息可区分为显性信息和隐性信息，显性信息是可用语言明确表达出来的、可编码化的信息，隐性信息则存在于人的头脑中，包括个人的行为、世界观、价值观等，往往很难以某种方式直接表达出来或直接发现，也难以传递与交流，但隐性信息具有可直接转化为有效行动的重要作用，其价值高于和广于显性信息。因此，为了充分发挥信息的作用，需要对显性信息进行分析、加工和提取等，挖掘出隐藏在后面的隐性信息，这就是数据挖掘的任务。全过程包括数据准备、数据挖掘、模式模型的评估与解释、隐性信息的巩固与运用等几个处理过程。首先通过数据准备对数据库系统中的积累数据进行处理，包括选择、净化、推测、转换、缩减等操作，然后进入数据挖掘阶段，依据有关目标，选取相应算法参数，分析数据，得到形成隐性信息的模式模型，并通过模式模型的评估与解释，依据评估标准完成对模式模型的评估，剔除无效、无用的模式模型，最后在隐性信息的巩固与运用中，对形成模式模型的隐性信息做一致性检查，消除其中的矛盾与冲突，然后运用数据分析手段对挖掘出的信息做二次处理，形成专业化、可视化、形象化的数据表现形式，这个过程是一个不断循环、反馈、完善的过程。

5.信息传递

信息传递是指信息从信息源发出，经过适当的媒介和信息通道传输给接收者的过程。信息传递方式有许多种，一般可从不同的传递角度来划分信息传递方式。

（1）从信息传递方向看，有单向信息传递方式和双向信息传递方式。单向信息传递方式是指信息源只向信息接收源传递信息，而不双向沟通交流信息；双向信息传递方式是指信息发出者与信息接收者共同参与信息传递，双方相互交流传递信息，信息流呈双向交流传递。

（2）从信息传递层次看，有直接传递方式和间接传递方式。两种传递方式的区别是信息源与信息接收者之间，信息是直接传递，还是经其他人员或组织进行传递。

（3）从信息传递时空来看，有时间传递方式和空间传递方式。信息的时间传递方式指信息的纵向传递，即通过对信息的存贮方式，实现信息流在时间上连续的传递。空间传递方式指信息在空间范围的广泛传递。由于现代通信技术的发展，激光通信、卫星通信等手段，为信息的空间传递创造了条件。

（4）从信息传递媒介看，有人工传递方式和非人工的其他媒体传递方式。

6.信息服务与应用

信息服务与应用是物流信息资料重要的特性，信息工作目的就是将信息提供给有关方面使用。物流信息服务工作的主要内容有以下几个方面。

（1）信息发布和传播服务。按一定要求将信息内容通过广播、电视、报纸、杂志、会议、文件、报告、年鉴等形式予以发表或公布，便于使用者搜集、使用。

（2）信息交换服务。通过资料借阅、文献交流、成果转让、产权转移、数据共享等多种形式进行信息的交换，以起到交流、宣传、使用信息的作用。

（3）信息技术服务，包括数据处理、计算机和复印机等设备的操作、维修及技术培训、软件供应、信息系统开发等活动。

（4）信息咨询服务，包括公共信息和行业信息供应、政策咨询、管理咨询、工程咨询、信息中介、计算机检索等，实现按用户要求收集、查找和提供信息，或就用户的物流经营管理问题，进行针对性信息研究、信息系统设计与开发等，帮助用户提高管理决策水平，实现信息的增值和放大，以信息化水平的提高带动用户物流管理水平的提高。

三、物流信息管理的发展趋势

随着知识经济的形成、发展和电子商务的兴起，人工智能、知识发现技术的出现，人类的信息分析、信息处理水平获得了明显的提高，物流经营模式、运行机制、组织结构等发生了显著的变化，物流信息管理产生了一些新的特点，其主要发展趋势如下。

1.信息管理向知识管理的发展

信息技术的进步，使得信息与信息、信息与活动、信息与人、信息与组织得以联结，信息能够通过数据挖掘转换为知识，实现知识共享和知识管理。其结果是"以人为本"的信息管理主线得到充分体现，集体智慧和创新能力的作用得到加强，人力资源、信息技术、市场分析乃至企业的经营战略得以统一，促进了物流供应链管理的提高。

2.企业流程重组（Business Process Reengineering，BPR）向企业转型（Business Transformation，BT）的发展

如果说BPR是以信息或其他目标为中心，进行流程的再设计、排列以及重组，那么BT则涉及组织结构的调整、业务流程、企业文化建设等很多方面，从内部的工作流程再设计，到跨部门的工作流程再设计，再到打破组织界限的外部业务网络建立的发展过程，它是一种脱胎换骨的改造，实现了企业从有形方面到无形方面的信息化，专注于降低成本，不断开辟新领域（信息产业），创造新价值（信息价值），它显示了未来企业革命的方向，因此不可避免地成为未来信息管理的发展重点。

3.物料需求计划（MRP）向价值链管理的发展

经济一体化导致企业物流运营方式的变化，从以产品结构的物料需求为中心的MRP到以企业生产经营活动有关的所有资源为中心的制造资源计划（MRP Ⅱ），再到以企业内部资源与外部资源（如供应商制造资源）整合为中心的企业资源计划（ERP），再到供应链管理（SCM）、客户关系管理（CRM），企业关注的重心逐渐从物流转到信息流再到价值流，信息管理也从对企业内部的关注转移到企业间合作的关注，价值链管理成为信息管理的核心内容。以内外部业务框架为基础，对信息使用和需求在企业战略中的应用进行管理，同时也对信息的来源和用户进行管理，最终目的是促进价值链的增值。

4.决策支持系统（DSS）向面向虚拟组织的人机智能化决策系统发展

作为信息应用的一种高级形式，决策支持的环境发生了一系列变化，如多媒体数据库、可视听和可视化技术、面向对象方法、人工智能等的出现，虚拟组织正成为未来物流企业的组织、管理方式，导致传统的DSS到GDSS（群决策支持系统）、到DDSS（分布决策支持系统）、到IDSS（智能决策支持系统）、再到面向虚拟组织的人机智能化决策系统的发展，以适应新的复杂决策环境，实现人机关系的准确把握，为新环境下的物流信息管理提供强有力的支持。

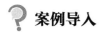 **课后练习**

简述物流信息管理的发展趋势。

技能训练

1.到当地物流公司参观其信息系统。

2.试在网站下载物流管理系统。

任务二　物流信息系统

案例导入

物流信息系统的应用

一家电商企业在双十一购物狂欢节期间，面对前所未有的订单量激增，成功运用了先进的物流信息系统来应对这一挑战。该系统集成了订单处理、库存管理、智能分拣、路径规划及实时追踪等多个功能模块。具体来说，当顾客下单后，订单信息立即被系统捕捉并自动分配至最近的仓库进行备货。库存管理模块迅速响应，确保商品库存的准确无误，并实时更新库存状态，避免超卖现象。

在仓库内，智能分拣模块利用先进的算法和自动化技术，将海量订单中的商品快速准确地分拣至对应的配送箱中，大大提升了分拣效率和准确性。同时，路径规划模块根据实时交通信息和历史配送数据，为每辆配送车辆规划出最优的配送路线，减少了行驶时间和燃油消耗。

在整个配送过程中，物流信息系统实现了订单的全程可视化追踪，顾客可以通过手机App随时查看订单状态、配送员位置及预计送达时间。这不仅增强了顾客的购物体验，还提高了企业的服务质量和客户满意度。

最终，这家电商企业在双十一期间实现了订单的平稳高效处理，顾客收货速度显著提升，投诉率大幅下降。这一成功案例充分展示了物流信息系统在应对大规模订单处理、优化仓储配送流程、提升客户体验及增强企业竞争力方面的重要作用。

👥 任务执行

物流信息系统是指由人员、设备和程序组成的，为物流管理者执行计划、实施、控制等职能提供信息的交互系统，它与物流作业系统一样都是物流系统的子系统。所谓物流信息系统，实际上是物流管理软件和信息网络结合的产物，小到一个具体的物流管理软件，大到利用覆盖全球的互联网将所有相关的合作伙伴、供应链成员连接在一起提供物流信息服务的系统，都叫作物流信息系统。

物流信息系统作为企业信息系统中的一类，可以理解为通过物流相关信息的加工处理来达到对物流、资金流的有限控制和管理，并为企业提供信息分析和决策支持的人机交互系统。

一、物流信息系统（LIS）

物流信息系统（LIS）是指由人员、计算机硬件和软件、网络通信设备及其他办公设备组成的人机交互系统，其主要功能是进行物流信息的收集、存储、传输、加工整理、维护和输出，为物流管理者及其他组织管理人员提供战略、战术及运作决策的支持，以达到组织的战略竞优，提高物流运作的效率与效益。

国内的物流信息系统使车辆管理、车辆调度、车辆定位等操作变得更简便快捷，做到了物流全程的透明化管理，达到降低物流信息成本，提高物流管理效率的目标。

物流系统包括运输系统、储存保管系统、装卸搬运系统、流通加工系统、物流信息系统等，其中物流信息系统是高层次的，是物流系统中最重要的，涉及运作体制、标准化、电子化及自动化等方面的问题。由于现代计算机及计算机网络的广泛应用，物流信息系统的发展有了一个坚实的基础，网络技术及相关的关系型数据库技术、条码技术、EDI技术等的应用使得物流活动中的人工、重复劳动及错误发生率降低，效率提高，信息流转加速，使物流管理发生了巨大变化。

物流信息系统的开发过程：系统规划阶段、系统需求阶段、系统软件设计、系统实施阶段、系统测试阶段、系统运行和维护阶段。

二、产生背景

随着物流供应链管理的不断发展，各种物流信息的复杂化，各企业迫切要求物流信息化，而计算机网络技术的盛行又给物流信息化提供了技术上的支持。因此，物流信息系统就在企业中扎下了根，并且为企业带来了更高的效率。企业是基于以下背景才大力开发物流信息系统的。

1.竞争压力

在当今世界，基本上都是买方市场，由消费者来选择购买哪个企业生产的产品，他们基本上有完全的决策自由。而市场上生产同一产品的企业多如牛毛，企业要想在竞争中胜出，就必须不断地推陈出新，以较低的成本迅速满足消费者时刻变化着的消费需求，而这都需要快速反应的物流系统。要快速反应，信息反馈必须及时，这必然要求企业建立自己的物流信息系统。

2.发展需要

现代企业间的竞争在很大程度上表现为供应链之间的竞争，而在整个供应链中，环节较多，信息相对来说就比较复杂，企业之间沟通起来就困难得多。各环节要想自由沟通，达到信息共享，建立物流信息系统就势在必行。

3.技术潮流

电子计算机技术的迅速发展，网络的广泛延伸，使整个社会进入了信息时代。在这个信息时代，只有融入信息社会，企业才可能有较大的发展。更何况，信息技术的发展已经为信息系统的开发打下了坚实的基础。企业作为社会的一员，物流作为社会服务行业，必然要建立属于物流业自己的信息系统。

三、系统分类

（1）按物流信息系统的功能分类，可以分为事物处理信息系统、办公自动化系统、决策支持系统、高层支持系统、企业间信息系统等。

（2）按管理决策的层次分类，可分为物流作业管理系统、物流协调控制系统、物流决策支持系统。

（3）按系统的应用对象分类。其包括面向制造企业的物流信息系统，面向零售商、中间商、供应商的物流信息系统，面向物流企业的物流信息系统，面向第三方物流企业的物流信息系统。

（4）按系统采用的技术分类，可分为单机系统、内部网络系统以及与合作伙伴、客户互联的系统。

四、系统功能

物流信息系统是物流系统的神经中枢，它作为整个物流系统的指挥和控制中心，可以分为多种子系统，包括多种基本功能。通常，可以将其基本功能归纳为以下几个方面。

1.数据收集

物流数据的收集，首先是将数据通过收集子系统从系统内部或者外部收集到预处理系统中，并整理成为系统要求的格式和形式，然后再通过输入子系统输入到物流信息系统中。这一过程是其他功能发挥作用的前提和基础，如果一开始收集和输入的信息不完全或不正确，在接下来的过程中得到的结果就可能与实际情况完全相左，这将会导致严重的后果。因此，在衡量一个信息系统性能时，应注意它收集数据的完善性、准确性，以及校验能力、预防和抵抗破坏的能力等。

2.信息存储

物流数据经过收集和输入阶段后，在其得到处理之前，必须在系统中存储下来。即使在处理之后，若信息还有利用价值，也要将其保存下来，以供以后使用。物流信息系统的存储功能就是要保证已得到的物流信息能够不丢失、不走样、不外泄、整理得当、随时可用。无论哪一种物流信息系统，在涉及信息的存储问题时，都要考虑到存储量、信息格式、存储方式、使用方式、存储时间、安全保密等问题。如果这些问题没有得到妥善的解决，物流信息系统是不可能投入使用的。

3.信息传输

物流信息在物流系统中，一定要准确、及时地传输到各个职能环节，否则信息就会失去其使用价值了。这就需要物流信息系统具有克服空间障碍的功能。物流信息系统在实际运行前，必须充分考虑所要传递的信息种类、数量、频率、可靠性要求等因素。只有这些因素符合物流系统的实际需要时，物流信息系统才是有实际使用价值的。

4.信息处理

物流信息系统的最根本目的就是要将输入的数据加工处理成物流系统所需要的物流信息。数据和信息是有所不同的，数据是得到信息的基础，但数据往往不能直接利用，而信息是从数据加工得到的，它可以直接利用。只有得到了具有实际使用价值的物流信息，物流信息系统的功能才算发挥。

5.信息输出

信息的输出是物流信息系统的最后一项功能，也只有在实现了这项功能后，物流信息系统的任务才算完成。信息的输出必须采用便于人或计算机理解的形式，在输出形式上力求易读易懂、直观醒目。

这五项功能是物流信息系统的基本功能，缺一不可。而且，只有五个过程都没有出错，最后得到的物流信息才具有实际使用价值，否则会造成严重的后果。

五、物流信息系统的特征

尽管物流系统是企业经营管理系统的一部分，物流信息系统与企业其他的管理信息系统在基本面上没有太大的区别，如集成化加模块化、网络化加智能化的特征，但物流活动本身具有的时空上的特点决定了物流信息系统具有自身独有的特征。

1.跨地域连接

在物流活动中，由于订货方和接受订货方一般不在同一场所，如处理订货信息的营业部门和承担货物出库的仓库一般在地理上是分离的，发货人和收货人不在同一个区域，这种在场所上相分离的企业或人之间的信息传递需要借助数据通信手段来完成。在传统的物流系统中，信息需要使用信函、电话、传真等传统手段实现传递，随着信息技术进步，利用现代电子数据交换技术可以实现异地间数据的实时、无缝传递和处理。

2.跨企业连接

物流信息系统不仅涉及企业内部的生产、销售、运输、仓储等部门，而且与供应商、业务委托企业、送货对象、销售客户等交易对象以及在物流活动上发生业务关系的仓储企业、运输企业和货代企业等众多的独立企业之间有着密切关系，物流信息系统可以将这些企业内外的相关信息实现资源共享。

3.信息的实时传递和处理

物流信息系统一方面需要快速地将搜集到的大量形式各异的信息进行查询、分类、计算、储存，使之有序化、系统化、规范化，成为能综合反映某一特征的真实、可靠、适用而有使用价值的信息；另一方面，物流现场作业需要从物流信息系统获取信息，用于指导作业活动。实时的信息传递，使物流信息系统和作业系统紧密结合，升级传统借助打印的纸质载体信息的低效作业模式。

六、发展趋势

1.智能化

智能化是自动化、信息化的一种高层次应用。物流作业过程涉及大量的运筹和决策，物流网络的设计与优化、运输（搬运）路径的选择、每次运输的装载量选择、多种货物的拼装优化、运输工具的排程和调度、库存水平的确定、补货策略的选择、有限资源的调配、配送策略的选择等问题都需要进行优化处理，这些都需要管理者借助优化、智能的工具和大量的现代物流知识来解决。同时，专家系统、人工智能、仿真、智能商务、数据挖掘和机器人等相关技术在国际上已经有比较成熟的研究成果，并在实际物流作业中得到了较好的应用。因此，物流的智能化已经成为物流发展的一个新趋势。

2.标准化

标准化技术是现代物流技术的一个显著特征和发展趋势，也是现代物流技术实现的根本保证。货物的运输配送、存储保管、装卸搬运、分类包装、流通加工等各个环节中信息技术的应用，都要求必须有一套科学的作业标准。例如，物流设施、设备及商品包装的标准化等，只有实现了物流系统各个环节的标准化，才能真正实现物流技术的信息化、自动化、网络化、智能化。特别是在经济全球化和贸易全球化的现代，如果在国际间没有形成物流作业的标准化，就无法实现高效的全球化物流运作，这将阻碍经济全球化和贸易全球化的发展进程。

3.全球化

物流企业的运营随着企业规模和业务跨地域发展，必然要走向全球化发展的道路。在全球化趋势下，物流目标是为国际贸易和跨国经营提供服务，选择最佳的方式与路径，以最低的费用和最小的风险，保质、保量、准时地将货物从某国的供方运到另一国的需方，使各国物流系统相互"接轨"，它代表物流发展的更高阶段。面对着信息全球化的浪潮，信息化已成为加快实现工业化和现代化的必然选择。我国提出要走新型工业化道路，其实质就是以信息化带动工业化、以工业化促进信息化，达到互动并进，实现跨越式发展。

七、规划目标

在物流信息系统建设中，由于缺乏科学、有效的系统规划，不少已经建成或正在建设的系统仍然面临一系列问题，其主要包括以下方面：系统建设与组织发展的目标和战略不匹配；系统建设后对管理并无显著改善；系统不能适应环境变化和组织改革的需要；系统使用人员的素质较低；系统开发环境落后，技术方案不合理；系统开发以及运行维护的标准、规范混乱；系统开发资源短缺，投入少，面对系统的期望过高等。

为了防止物流信息系统建设过程中出现上述问题，制定管理信息系统战略规划就显得十分重要。通过制定战略规划，可合理分配和利用信息资源（信息、信息技术和信息生产者），节省对物流信息系统的投资；找出存在的问题，正确地识别出管理信息系统为实现企业目标而必须完成的任务，促进物流信息系统应用，从而带来更多的经济效益。

　　系统规划中，首先要确定管理信息系统的目标，因为对于各种系统规划方法，都是围绕管理信息系统的目标而实行的。系统规划的目标是制定管理信息系统的长期发展方案，决定管理信息系统在整个生命周期内的发展方向、发展规模和发展过程。

课后练习

　　1.简述物流信息系统的分类。
　　2.简述物流信息系统的发展趋势。

技能训练

　　试在ERP系统中完成以下操作。

1.用户管理

　　用户管理主要是对系统用户进行新增、修改及删除处理。按用户级别来分，可分为超级用户和普通用户两种。

　　（1）超级用户。超级用户对系统进行全面管理，其权限不受限制。

　　（2）普通用户。普通用户对系统进行部分管理，所以可分为各种不同的类别，其类别设置在［工作组管理］中完成。其权限受超级用户的控制。

2.工作组管理

　　工作组管理主要是对普通用户的用户组进行新增、修改及删除处理。按用户级别来分，可分为超级用户工作组和普通用户工作组两种。

　　（1）超级用户工作组。超级用户工作组对系统进行全面管理，其权限不受限制。

　　（2）普通用户工作组。普通用户工作组对系统进行部分管理，可分为各种不同的类别。普通用户工作组分为业务科工作组、综合管理科工作组、服务科工作组、财务科工作组，不同用户分入不同工作组。

3.权限管理

　　权限管理主要是对每一普通用户工作组进行授权管理。根据普通用户工作组的职能不同，分别授予不同的权限。

4.密码修改

　　用户可以修改自己的密码，以防止密码失密，每一用户都有权修改密码。

5.屏幕保护

　　屏幕保护是用户因事离开计算机而又不想退出系统时，为了防止别人操作，可进入［屏幕保护］功能。

任务三 物流信息技术

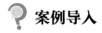 **案例导入**

现代物流信息技术的应用——京东物流"亚洲一号"智能仓库

京东物流的"亚洲一号"智能仓库是现代物流信息技术应用的一个典范。这个仓库不仅规模宏大，而且集成了众多先进的物流信息技术，极大地提升了物流作业的效率和准确性。

在"亚洲一号"智能仓库中，自动化立体仓库是核心组成部分。该系统通过堆垛机、穿梭车等自动化设备，在多层货架之间实现货物的自动存取。这些设备能够按照预设的程序，快速、准确地将货物从货架上取出或放入，大大提高了仓库的存储密度和作业效率。自动化立体仓库不仅减少了人工搬运的需求，还通过优化存储布局，使得仓库空间得到充分利用，从而提升了整体存储能力。

智能分拣系统是"亚洲一号"智能仓库提升订单处理速度的关键。该系统集成了高速扫描、识别、分拣等多种技术，能够自动读取订单信息，并根据货物的大小、重量、目的地等特征，将货物快速、准确地分拣到对应的订单或配送区域。智能分拣系统采用先进的算法和优化的分拣策略，确保每个订单都能在最短的时间内完成分拣，大大提高了订单处理效率。同时，该系统还具备高度的灵活性和可扩展性，能够轻松应对不同规模和类型的订单处理需求。

在"亚洲一号"智能仓库中，射频识别（RFID）技术被广泛应用于库存管理方面。通过在货物上粘贴RFID标签，系统可以实时追踪和监控货物的位置、状态等信息。与传统的条码或人工盘点相比，RFID技术具有更高的准确性和效率。当货物进出仓库时，RFID读写器会自动读取标签信息，并将数据传输到管理系统中。这样，管理人员就可以实时了解库存情况，及时做出调整和优化。此外，RFID技术还可以与智能分拣系统相结合，实现货物的自动识别和分拣，进一步提高作业效率。

通过这些先进技术的应用，"亚洲一号"智能仓库实现了物流作业的自动化、智能化和高效化，为京东物流的快速发展提供了有力支持。

扫描二维码，查看"浅谈物流信息技术"动画，初步了解物流信息技术。

任务执行

物流信息技术（Logistics Information Technology）是现代信息技术在物流各个作业环节中的综合应用，是现代物流区别传统物流的根本标志，也是物流技术中发展最快的领域，尤其是计算机网络技术的广泛应用使物流信息技术达到了较高的应用水平。物流信息技术的发展也改变了企业应用供应链管理获得竞争优势的方式，成功的企业通过应用物流信息技术来支持它的经营战略并选择它的经营业务。

一、物流信息技术的组成

1.条码技术

条码技术是在计算机的应用实践中产生和发展起来的一种自动识别技术。为我们提供了一种对物流中的货物进行标识和描述的方法。

条码技术具有输入速度快、可靠准确、成本低、信息量大等特点。条码技术是实现销售时点系统（POS）及电子商务、供应链管理的基础，是物流管理现代化、提高企业管理水平和竞争能力的重要技术手段。

2.电子数据交换（EDI）技术

物流系统规划与设计是指通过电子方式，采用标准化的格式，利用计算机网络进行结构化数据的传输和交换。

构成EDI系统的三个要素是EDI软硬件、通信网络以及数据标准化。工作方式大体如下：用户在计算机上进行原始数据的编辑处理，通过EDI软件将原始数据格式转换为平面文件，平面文件是用户原始数据格式与EDI标准格式之间的对照性文件。通过翻译软件将平面文件变成EDI标准格式文件。然后在文件外层加上通信信封，通过通信网络（EDI系统交换中心邮箱）发送到增值服务网络或直接传送给对方用户，对方用户则进行相反的处理过程，最后成为对方用户应用系统能够接收的文件格式。

3.射频识别技术

射频识别技术是一种非接触式的自动识别技术，它是基于电磁感应、无线电波或微波进行非接触双向通信，从而达到识别和交换数据的目的。识别工作无须人工干预，可工作于各种恶劣环境。短距离射频产品不怕油渍、灰尘甚至恶劣的环境，例如用在工厂的流水线上跟踪物体。长距离射频产品多用于交通上，识别距离可达几十米，如自动收费或识别车辆身份等。

4.GIS

地理信息系统（Geographical Information System，GIS）是多种学科交叉的产物，它以地理空间数据为基础，采用地理模型分析方法，适时地提供多种空间的和动态的地理信息，是一种为地理研究和地理决策服务的计算机技术系统。其基本功能是将表格型数据（它来自数据库、电子表格文件或直接在程序中输入）转换为地理图形显示，然后对显示结果浏览、操作和分析。其显示范围可以从洲际地图到非常详细的街区地图，显示对象包括人口、销售情况、运输线路和其他内容。

5.GPS

全球定位系统（Global Positioning System，GPS）具有在海、陆、空进行全方位实时三维导航与定位能力。GPS在物流领域可以应用于汽车自定位、跟踪调度，也可用于铁路运输管理、军事物流。

6.智能技术

智能技术是利用计算机科学、脑科学、认知科学等方面的知识对物流信息进行分析处理的技术，物流中主要体现在人工智能、商业智能、专家系统和智能交通系统等。

7.物流管理软件

物流管理软件包括运输管理系统、仓储管理系统、货代管理系统、供应链管理系统等。

二、物流信息技术的应用现状

在国内，各种物流信息技术已经广泛应用于物流活动的各个环节，对企业的物流活动产生了深远的影响。

1.物流自动化设备技术应用

物流自动化设备技术的集成和应用的热门环节是配送中心，其特点是每天需要拣选的物品品种多，批次多、数量大。因此在国内零售、医药、邮包等行业的配送中心部分地引进了物流自动化设备。一种是拣选设备的自动化应用，如北京医药集团有限责任公司配送中心，其拣选货架（盘）上配有可视的分拣提示设备，这种拣选货架与物流信息系统相连，动态地提示被拣选的物品和数量，指导着工作人员的拣选操作，提高了货物拣选的准确性和速度。另一种是分拣设备的自动化应用。用条码或电子标签附在被识别的物体上（一般为组包后的运输单元），由传送带送入分拣口，然后由装有识读设备的分拣机分拣物品，使物品进入各自的组货通道，完成物品的自动分拣。分拣设备在国内大型配送中心有所使用。但这类设备及相应的配套软件有可能由国外进口，也有可能进口国外机械设备，国内配置软件。立体仓库和与之配合的巷道堆垛机在国内发展迅速，在机械制造、汽车、纺织、铁路、卷烟等行业都有应用。例如昆船公司生产的巷道堆垛机在红河卷烟厂等多家企业应用了多年。国产堆垛机在其行走速度、噪声、定位精度等技术指标上有了很大的改进，运行也比较稳定。但是与国外著名厂家相比，在堆垛机的一些精细指标（如最低货位极限高度、高速运行时的噪声、电机减速性能等）方面还存在不小差距。

2.物流设备跟踪和监控管理技术应用

物流设备跟踪主要是指对物流的运输载体及物流活动中涉及的物品所在地进行跟踪。物流设备跟踪的手段有多种，可以用传统的通信手段（如电话等）进行被动跟踪，可以用RFID手段进行阶段性的跟踪，但目前国内用得最多的还是GPS。利用物流监控管理系统跟踪货运车辆与货物的运输情况，货主及车主可随时了解车辆与货物的位置与状态，保障整个物流过程的有效监控与快速运转。物流监控管理系统的构成主要包括运输工具上的GPS设备、跟踪服务平台（含地理信息系统和相应的软件）、信息通信机制和其他设备（如货物上的电子标签或条码、报警装置等）。在国内，部分物流企业为了提高企业的管理水平和提升对客户的服务能力也应用这项技术，例如，沈阳地方政府要求下属交通部门对营运客车安装GPS设备，进行了部署工作，从而加强了对营运客车的监管。

3.物流动态信息采集技术应用

企业竞争的全球化发展、产品生命周期的缩短和用户交货期的缩短等都对物流服务的可得性与可控性提出了更高的要求，实时物流理念也由此诞生。如何保证对物流过程的完全掌控，物流动态信息采集技术是必需的要素。动态的货物或移动载体本身具有很多有用的信息，例如货物的名称、数量、重量、出产地，或者移动载体（如车辆、轮船等）的名称、牌号、位置、状态等一系列信息。这些信息可能在物流中反复使用，因此，正确、快速读取动态的货物或移动载体的信息并加以利用可以明显地提高物流的效率。流行的物流动态信息采集技术应用中，一、二维条码技术应用范围最广，其次还有磁条（卡）技术、声音识别技术、便携式数据终端、射频识别技术等。

（1）一维条码技术。一维条码是由一组规则排列的条和空、相应的数字组成，这种用条、空组成的数据编码可以供机器识读，而且很容易译成二进制数和十进制数。因此此技术广泛地应用于物品信息标注中。因为符合条码规范且无污损的条码的识读率很高，所以一维条码结合相应的扫描器可以明显提高物品信息的采集速度。加之条码系统的成本较低，操作简便，又是国内应用最早的识读技术，所以在国内有很大的市场，国内大部分超市都在使用一维条码技术。但一维条码表示的数据有限，扫描器读取条码信息的距离也要求很近，而且条码上损污后可读性极差，所以限制了它的进一步推广应用，同时一些其他的信息存储容量更大、识读可靠性更好的识读技术开始出现。

（2）二维条码技术。由于一维条码的信息容量很小，如商品上的条码仅能容纳几位或者十几位阿拉伯数字或字母，商品的详细描述只能依赖数据库提供，离开了预先建立的数据库，一维条码的使用就受到了局限。基于这个原因，人们发明了一种新的码制，除具备一维条码的优点外，同时还有信息容量大（根据不同的编码技术，容量是一维条码的几倍到几十倍，从而可以存放个人的情况及指纹、照片等信息）、可靠性高（在损污50%的情况下仍可读取完整信息）、保密防伪性强等优点。这就是在水平和垂直方向的二维空间存储信息的二维条码技术。二维条码继承了一维条码的特点，条码系统价格便宜，识读率强且使用方便，所以在国内银行、车辆等管理信息系统上开始应用。

（3）磁条（卡）技术。磁条（卡）技术以涂料形式把一层薄薄的定向排列的铁性氧化粒子用树脂黏合在一起并粘在诸如纸或塑料这样的非磁性基片上。磁条（卡）从本质意义上讲和计算机用的磁带或磁盘是一样的，它可以用来记载字母、字符及数字信息。优点是数据可多次读写，数据存储量能满足大多数需求，由于其黏附力强的特点，使之在很多领域得到广泛应用，如信用卡、银行ATM卡、机票、公共汽车票、自动售货卡、会员卡等。但磁条（卡）技术的防盗、存储量等性能比起一些新技术（如芯片类卡技术）还是有差距的。

（4）声音识别技术，是一种通过识别声音来转换成文字信息的技术，其最大特点就是不用手工录入信息，这对那些采集数据的同时还要手脚并用的工作场合、键盘上打字能力弱的人尤为适用。但声音识别技术的最大问题是识别率，要想连续地高效应用有难度。更适合句子量集中且反复应用的场合。

（5）视觉识别技术。视觉识别技术是一种对一些有特征的图像进行分析和识别的技术，能够对限定的标志、字符、数字等图像内容进行信息的采集。视觉识别技术的应用障碍来源于：①一些不规则或不够清晰的图像；②数据格式有限。通常要用接触式扫描器扫描，随着自动化的发展，视觉识别技术会朝着更细致、更专业的方向发展，并且还会与其他自动识别技术结合起来应用。

（6）接触式智能卡技术。它是一种将具有处理能力、加密存储功能的集成电路芯版嵌装在一张与银行卡一样大小的基片中的信息存储技术，通过识读器接触芯片可以读取芯片中的信息。接触式智能卡的特点是具有独立的运算和存储功能，在无源情况下，数据也不会丢失，数据安全性和保密性都非常好，成本适中。接触式智能卡技术与计算机系统相结合，可以方便地满足各种各样信息的采集传送、加密和管理的需要。

（7）便携式数据终端。便携式数据终端（PDT）一般包括一个扫描器、一个体积小但功能很强并有存储器的计算机、一个显示器和供人工输入的键盘。所以它是一种多功能的数据采集设备，PDT是可编程的，允许编入一些应用软件。PDT存储器中的数据可随时通过射频通信技术传送到主计算机。

（8）射频识别（RFID）技术。射频识别技术是一种利用射频通信实现的非接触式自动识别技术。RFID标签具有体积小、容量大、寿命长、可重复使用等特点，可支持快速读写、非可视识别、移动识别、多目标识别、定位及长期跟踪管理。RFID技术与互联网、通信技术等相结合，可实现全球范围内物品跟踪与信息共享。

从上述物流信息技术的应用情况及全球物流信息化发展趋势来看，物流动态信息采集技术应用正成为全球范围内重点研究的领域。我国作为物流强国，已在物流动态信息采集技术应用方面积累了一定的经验，如条码技术、磁条（卡）技术的应用已经十分普遍。

三、物流信息技术发展趋势

1.RFID技术将成为未来关键技术

专家分析认为，RFID技术应用于物流业，可大幅提高物流管理与运行效率，降低物流成本。另外，从全球发展趋势来看，随着RFID相关技术的不断完善和成熟，RFID产业将成为一个新兴的高技术产业群，成为国民经济新的增长点。因此，RFID技术有望成为推动现代物流加速发展的新型润滑剂。

2.使物流动态信息采集技术成为技术突破点

在全球供应链管理趋势下，及时掌握货物的动态信息和品质信息已成为企业盈利的关键因素。但是由于受到自然、天气、通信、技术、法规等方面的影响，物流动态信息采集技术的发展一直受到很大制约，远远不能满足现代物流发展的需求。借助新的科技手段，完善物流动态信息采集技术，成为物流领域下一个技术突破点。

3.物流信息安全技术的应用

借助网络技术发展起来的物流信息技术，在享受网络技术飞速发展带来的巨大好处的同时，也时刻可能遭受安全危机，例如网络黑客无孔不入的恶意攻击、病毒的肆虐、信息的泄密等。应用物流信息安全技术，保障企业的物流信息系统或平台安全、稳定地运行，是企业将长期面临的一项重大挑战。

✂ 课后练习

1. 简述物流信息技术的组成。
2. 简述物流信息技术发展趋势。

✐ 技能训练

阅读以下材料，谈谈你的感想。

被称为"大连之门"的大连甘井子区，的确名不虚传。周水子国际机场和沈大高速公路出口均在区内，长大铁路线穿境而过，大连海港的一些专业码头在区内星罗棋布，全区上下发挥"大连之门"优势，建设现代物流基地的动作和规划，更是引人注目。记者采访甘井子区区长时，他明确表示，现代物流业是甘井子区经济发展的重要产业和新的经济增长点，在全市的经济发展中具有重要的地位。甘井子区要按照市委、市政府将大连建成东北亚重要航运中心的战略部署，加速推进全区现代物流业的快速健康发展，把本区建成在东北乃至全国占有重要地位的现代物流基地。

区长如数家珍，列举甘井子区发展物流产业的地理条件、区位优势及发展环境。在地理条件和区位优势方面，甘井子区占尽先机。一是有广阔的发展空间。全区辖区总面积502km²，现已全部纳入城市管理体制。其中，物流园区面积可观。二是有特殊的区位优势。甘井子区东临大窑湾港、大连湾港，南临大连港、香炉礁港，西临羊头洼港，北临沈大高速公路、201和202国道、黄海大道出口，处于大连物流业发展布局的中心位置上。三是有便捷的交通。甘井子区是大连空港的腹地，哈大铁路的要冲和咽喉，陆路交通的出口，海上运输的集散地和大连区域交通的动脉。四是有大连口岸的市场资源优势。而从发展环境上看，大连将发展物流业作为振兴东北老工业基地和推进大连建设的重要支撑产业。甘井子区作为大连主城区的中心城区，承担商贸服务业、高新技术产业、现代物流业、教育产业集中发展区功能。甘井子区的物流产业具有不可替代的重要地位。

区长说，根据全市建设东北亚重要航运中心的总体发展目标和甘井子区在全市率先基本实现现代化的要求，甘井子区要坚持"统筹规划、政府引导、企业运作、突出特色"的原则，充分发挥地域优势，加快物流园区建设，大力引进和培育现代物流企业，运用高新技术加快传统物流向现代物流的转变，确立现代物流业为甘井子区经济发展的新兴产业。在发展目标上，充分利用现有的物流基础条件，建设以信息技术为依托，以发展第三方物流为切入点，以配送服务为主业，以现代仓储为配套，以现代运输为载体，以商品交易为手段的六位一体的物流发展模式。

区长特别谈到空港物流园区的建设。他说，大连周水子国际机场坐落在甘井子区内，是大连物流产业发展的重要组成部分。机场扩建工程后，空港货物吞吐量将大幅度增加，给物流园区建设创造了条件。同时，因大连金州湾国际机场选址等因素，空港物流园区的发展客观上存在着周期性。对大连空港的发展定位是建设航空物流中心，使之成为大连及东北腹地进出口空地货联运的中转站和配送中心。

任务四　物联网技术与物流信息化

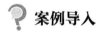 **案例导入**

物联网和数字工作场所的未来

与其他大多数活动一样，一年一度的消费电子展也变成了一个在线活动，但数字工作场所仍有很多需要进一步改进的地方。

智能家居和智能建筑是近年来受欢迎的话题，但是关于智能企业的话题也很多。物联网（IoT）和工业物联网（IIoT）使支持IoT的设备成为企业更普遍的设备。鉴于现在有数以百万计的工人正在虚拟通信，因此物联网在数字工作场所中的作用引起了人们极大的兴趣。以下是物联网技术发展的几种应对方式。

一、实现更高效的远程工作

总部位于美国丹佛的软件开发公司Itransition的人力资源主管表示，自从全球封锁开始以来，物联网已成为行业中高效的远程工作和不受阻碍的团队协作的推动力。当时新冠疫情几乎没有消退的迹象，用于远程工作的物联网用例激增，新的用例在疫情后也持续出现。

他说，物联网将在依赖人工的行业（例如制造业）中被证明是必不可少的。传感器、摄像头和端点的基础设施将使技术人员无须实际参与即可实时监视和维护资产性能。2021年，制造商在AI和预测分析上进行投资，以使其智能工厂基础设施更加自给自足。在供应链的下游也会感受到这种影响。

"物联网将继续对零售和供应链行业有价值，使工人能够远程掌握库存水平、仓库空间利用率和存储条件。"人力资源主管说，"由于5G引领的自动驾驶技术的进步，越来越多的公司可能会转向无人驾驶。"

除此之外，各行各业的更多远程工作者将为其家庭办公室配备物联网工具。尽管语音助理将越来越多地用于组织任务，例如在会议中安排通话和做笔记，但物联网有线摄像头将在视频通话期间产生参与效果，而智能HVAC设备（暖通空调）将保持提高生产力的工作条件。

二、特定行业的物联网应用

总部位于波兰的公司Ideamotive的首席技术官表示，在发展的这一阶段，有必要构建针对特定行业的新技术。

"要想想适合每个工作场所的许多通用事物并不是一件容易的事，我认为我们现在处于一个应该集中精力寻找适合特定行业的解决方案的位置，在这方面物联网的使用可能会更加有益。"他说，"在生产线和仓库中，可以使用IoT设备轻松地跟踪生产和存储的物品，在大地测量学或建筑学中，可以使用IoT设备快速生成测量报告和地图。"

如果概述的某些东西已经被使用，他相信会带来这些技术的标准化和扩展，从而使它们可供更广泛的受众使用。

三、物联网和重新开放办公室

与其他技术领域一样，物联网及其在数字工作场所中的使用也受到远程工作的兴起的巨大影响。总部位于美国加利福尼亚州山景城的公司WSO2的首席技术推广员表示，随着全球各地的企业准备重新开设办事处，这些环境看起来将与新冠疫情之前大不相同。非接触式设备（例如可穿戴设备和传感器）对于确保工作区安全和卫生至关重要，因此可能需要更大的预算。

他补充说，完成这项工作的关键是API（应用程序编程接口）技术。使用API技术对于实现这些基于云的访问控制系统至关重要，该系统可以将企业技术与可穿戴设备等连接起来。API技术还使员工管理系统能够控制建筑物中的人员数量，并帮助自动化新的程序。API技术对于免提功能、快速提高可靠性、远程访问以及消除IT团队在现场的需求也至关重要。

使用这些集成技术将不再是一种选择，而是成为安全舒适的工作场所不可或缺的一部分。身份和访问管理对于以数字原生方式实施策略和治理至关重要。

四、办公空间优化

将脱节的系统结合在一起的能力为我们提供了有益的借鉴，使得人工智能和商业智能工具能够以简单的AV（音视频）集成所无法完全实现的方式，对工作环境产生深远影响。如今，物联网平台已能够支持越来越多与不断变化的工作场所动态相适应的功能。当人们在新冠疫情之后返回办公空间时，物联网平台及其背后的感官网络为员工、雇主和建筑物所有者带来了积极的影响。

随着远程工作的兴起，办公室将不再是员工朝九晚五坐着的地方，而更多是在本地进行协作和使用公司资源的地方。室内定位服务和室内地理位置定位等先进技术可以使员工安排时间，了解人们的位置并在选择进入办公室时即时找到办公桌和会议地点。紧密集成的物联网平台将使他们能够通过智能手机对工作场所进行环境控制，而无须现场控制。

但是从企业的物联网中受益的不仅仅是员工。数字工作场所经理也正在受益。物联网帮助他们从员工的角度更准确地了解空间的使用及其运作方式。使用物联网的智能手机应用程序让员工可以报告建筑问题并解决维护问题，而无须联系服务人员。

雇主还可以更好地了解实时占用率和空间利用率，以推动空间优化和租赁。他们将能够从建筑基础设施和子系统中获取实时信息，以解决问题并进行预防性维护和连续调试。建筑物所有者可以了解并响应租户问题，控制能源成本，也可以洞悉运营情况以计划资本改善项目。

🧑 任务执行

一、物联网的基本体系架构

从物联网的体系架构上来说，物联网的体系架构主要包括感知层、网络层、应用层。具体介绍如下。

1.感知层

感知层将大范围内的现实世界中的各种物理量通过各种手段，实时并自动转化为虚拟世界可处理的数字化信息。感知层是物联网的基础，主要实现智能感知功能，包括信息采集、物体识别等，感知层应用的主要技术包括传感器、RFID、自组织网络、二维码和实时定位等技术。

2.网络层

网络层主要实现信息的传递以及通信的处理，将感知层收集到的数据及信息快速安全地传递到信息需求方，方便人们对信息进行处理，主要的传输手段包括无线通信和有线通信（例如GPRS/SDMA网络、2G/3G/4G网络、互联网等）。

3.应用层

应用层实现了物联网与各行各业的最终融合，将感知层和网络层采集处理后的数据信息应用于需要的行业，为最终的系统集成、协调、决策以及智能化提供服务。

二、物联网技术对物流信息化的影响

由于物联网技术的迅猛发展，推动了人与物、物与物之间的交流向更高层次发展，确保了物品与网络之间的有效融合，明显提高了物流公司的管理效率。

物流领域成为物联网技术应用最为广泛的领域，借助对物联网技术的成功应用，极大地促进了物流业发展的信息化程度，极大地影响着物流服务不同环节的效率，能够充分发挥物流业的各项优势，对物流业的优势资源进行全面整合。

近年来，在物流业中，EPC技术（4G核心网络技术）和RFID技术得到了较为广泛的应用，使运输管理信息系统逐步实现可视化跟踪管理，同时，使物流业的智能化水平快速提升，有效提升了运输效率和自动化程度。

就仓储环节而言，物联网技术也发挥了重要作用，一些物流企业在仓储环节逐步引入了EPC技术及智能管理系统，减少了中间环节和出库作业时间，节约了作业成本，极大地提高了库存管理效率及库存管理能力。

物联网技术应用于物流配送环节，也在一定程度上缩短了物品分拣和挑选的时间，对于提升配送速度也起着明显的促进作用，大大提高了客户满意度。

三、物联网技术的应用

1.物流信息自动化组织实施

在以物联网技术为支撑建立的物流体系中，生产企业、客户与物流公司之间实现了物流信息的共享，实现了物流信息组织实施过程的自动化，可对物流配送、物流作业以及智能操作等方面进行有效的控制。

这一过程具体体现为：客户向生产企业下达订单后，生产企业委托物流公司配送产品，生产企业在产品中嵌入海关港口采用的RFID技术配套的芯片，利用RFID技术，物流公司可以实时掌握产品的位置信息，自动进行产品的包装、拣货、出库等操作，且具有较高的准确度，实现产品通关自动化控制，并根据产品种类及特点自动选择仓库并进行配送。

产品在物流配送过程中自动化程度的提高保证了产品供应高效率、高准确度，推动了物流配送中各方企业的发展。

2.物流决策智能化运行

物流智能化是物流企业发展的重要趋势，是满足客户个性化需求、提高物流服务质量的重要保障。近年来，随着物流技术的发展与提高，以及物流成本的降低，大宗商品也逐渐应用物联网技术，推动了物流决策智能化运行，实现了商品物流配送过程中物流供应与物流信息的同步。

物流决策智能化体现在物流配送的每一个过程中，供应企业根据商品配送特点，通过智能决策选择最佳物流企业，物流企业接受配送订单后，根据自身物流网络的分布，选择商品最佳配送方式和配送路线。

物流决策智能化根据配送商品的不同实现了不同的物流环，例如，生产原料的配送中，在原料进入生产车间后形成了物流闭环，在商品的配送中，商品进入商场后实现了物流闭环等。

此外，对于食品、药品等特殊商品，物流决策智能化为其提供了物流保障，通过对食品或药品的配送过程进行实时监控，以保证食品或药品在配送过程中的质量与安全。

3.物流虚拟化管理

物流虚拟化管理是指通过对物流信息的管理，间接实现对物流产品的管理。物流虚拟化管理的典型就是在GPRS导航定位的基础上，对物流配送过程中物流产品的入库、出库以及运输等过程进行实时监控，对物流车辆等进行实时调度与监控，实现物流配送工作透明化管理，无论物流产品在哪里，都能通过物流虚拟化管理掌握物流产品信息，从而保证物流产品质量。

物流虚拟化管理的过程：采集物流信息并传输至数据处理中心，数据处理中心对动态信息进行处理，获得物流产品的流通数据，对于配送过程中出现的问题及时进行解决，保证物流产品配送高效率、高质量进行。

4.物流信息共享

物流信息共享是通过第四方物流信息平台实现的，第四方物流信息平台依靠第三方物流提供的产品供应商、技术供应商以及服务、管理等优势，建立完善的物流信息供应平台，解决了第三方物流无法满足日益增加的物流服务需求的问题。

第四方物流以物流信息为支撑建立物流信息平台，是产品供应商和客户之间的中介，也是物流过程中各方协调一致，物流安全、可靠进行的重要保障。

物联网技术已经深入物流供应链管理的各个环节中，由于它数据采集处理的优点，不仅提高了整个供应链的效率，而且增加了供应链的透明度，在现今激烈的竞争中，物联网技术必将对物流供应链产生积极的影响。但我们也应该清楚地认识到，物联网技术的标准化建设，技术上、管理上与运作上的问题还需要进一步完善。

✂ 课后练习

简述物联网技术的应用。

技能训练

1.到图书馆或在互联网上查找物联网技术相关信息。

2.认识综合物流管理信息系统的体系结构，如图4-4-1所示。

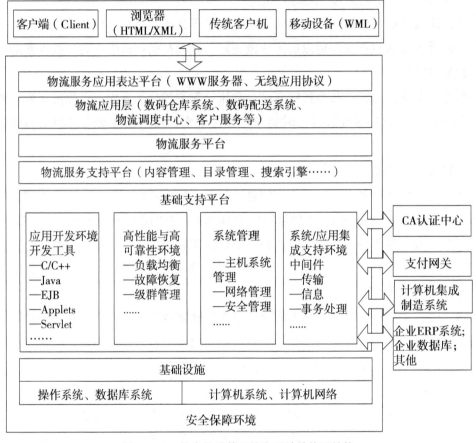

图4-4-1 综合物流管理信息系统的体系结构

◇ 项目实训

◎ 实训目标

技能目标	能够准确分析入库作业的薄弱环节； 能够辨别需要进行优化的其他环节； 能够基于入库作业的薄弱环节提出具体的优化措施
素养目标	认真细致的工作态度，团结协作的精神，分析问题及解决问题的能力

🔍 实训任务

SHLQ科技有限公司是一家集存储、流通加工、运输、配送为一体的综合型物流公司。张亮是一名现代物流管理专业毕业的新生，经过层层选拔后，进入上海威力科技有限公司工作。作为新入职员工，为了能更好地适应岗位工作内容，公司仓储部经理计划让张亮进行轮岗实习，尽快了解公司的各项业务。张亮首先轮岗的岗位是信息处理员。

公司仓储部经理安排张亮，了解射频识别技术，并梳理仓库现有入库作业环节，分析薄弱环节，应用射频识别技术对仓库入库作业环节进行改造。

SHLQ科技有限公司的入库作业环节分为以下几步。

（1）录入入库计划：录入入库货物基本信息，具体包括货物数量、尺码、重量等信息。

（2）登记送货车辆：此环节主要是控制进入收货区的车辆，防止过度拥挤而降低效率。

（3）入库理货：清点货物，记录具体货物信息，还包括扫描、货物组托堆码等。

（4）货物入库：将货物移入库内存放，进行储位分配、货物上架等。

Ⓤ 实训评价

班级		姓名		小组	
任务名称		项目四综合实训			
考核内容	评价标准	参考分值（分）	学生自评（分）	小组互评（分）	教师评价（分）	考核得分（分）
知识掌握情况	能阐述射频识别技术的概念及特点	5				
	能阐述射频识别技术的原理	10				
	能列举常见的射频识别技术应用场景	10				
技能提升情况	能够准确分析任务内容，明确企业的具体作业环节	15				
	能够基于企业的具体作业环节，在掌握物流信息管理的相关知识的基础上分析入库作业的薄弱环节	15				
	能够基于入库作业的薄弱环节，基于物流信息技术中的RFID技术提出入库作业改进措施	20				

考核内容	评价标准	参考分值（分）	学生自评（分）	小组互评（分）	教师评价（分）	考核得分（分）
职业素养情况	具有自主学习能力	5				
	具有合作精神和协调能力，善于交流	5				
	具有一定的分析能力	5				
参与活动情况	积极参与小组讨论	5				
	积极回答老师的提问	5				
小计						
合计（学生自评×20%+小组互评×40%+教师评价×40%）						

项目五　供应链运营

📖 项目概览

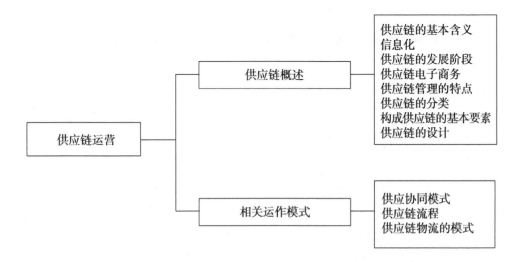

📍 项目目标

知识目标	1.掌握供应链的定义； 2.了解供应链物流的模式
能力目标	能够运用供应链模式进行物流管理
素质目标	在掌握工科基础知识的前提下，使学生熟悉法规，掌握现代物流管理理论、信息系统的手段和方法，具备物流管理、规划、设计等较强实务运作能力，成为在物流管理领域从事全过程策划、管理和物流信息化工作的高级复合型管理人才
教学重难点	掌握供应链管理方式

📝 项目解析

任务一 供应链概述

❓ 案例导入

拟收购嘉里物流股份 顺丰打造全球自主可控供应链能力

A股物流板块市值第一的顺丰控股（简称顺丰）与香港联交所上市的最大国际物流公司嘉里物流联网有限公司（简称嘉里物流）的联手，在2022年来临之时引爆市场。

2021年2月9日晚，顺丰控股发布公告称将以现金175.55亿港元要约收购香港联交所上市公司嘉里物流51.5%的股份，完善货运代理及国际业务的战略布局。顺丰方面表示，若收购完成，顺丰将向国际型综合物流服务商又迈进一步。

当然，这不是故事的全部。顺丰控股打出一套组合拳：在A股市场拟以非公开发行方式募资220亿元，投资于速运设备自动化升级项目、新建湖北鄂州民用机场转运中心工程项目、数智化供应链系统解决方案建设项目、陆路运力提升项目、航材购置维修项目以及补充流动资金。

超400亿元的巨大融资规模意味着，顺丰正在以更进取的姿态实践其在全球的积极扩张计划。而这背后动因则是，国内主战场上，不仅快递物流行业具有高成长性，更是顺丰远超行业增速带来的巨大市场机会。而国际市场则成为顺丰的延伸战场。

一、现金收购，拓展海外布局

顺丰公告称，拟通过全资子公司Flourish Harmony向嘉里物流联网有限公司股东及股权持有人发出部分要约，以现金方式收购嘉里物流约9.31亿股股份（约占标的公司已发行股本的51.8%和全面摊薄股本的51.5%）。与此同时，嘉里物流出售其部分货仓业务至嘉里控股及全资子公司。

交易计划完成后，嘉里物流在香港联交所的上市地位将维持不变。Kerry Group旗下公司将继续持有嘉里物流重大股权，而公司也会继续在市场上以明确的品牌形象"嘉里"品牌运营，一并由现有核心领导团队管理。

资料显示，嘉里物流以亚洲为基地，业务涵盖综合物流、国际货代、工业项目物流、跨境电子商贸，以及"最后一公里"派送等，是香港联交所上市的规模最大的国际物流公司。在 Armstrong&Associates 发布的榜单中，嘉里物流 2019 年全球空运货代排名第 16 位，海运货代排名第 7 位，全球货运代理排名第 11 位。2019 年嘉里物流全年收入超过 400 亿港元。2020 年上半年，嘉里物流实现收入 218.85 亿港元，净利润 13.4 亿港元。

二、强强联合，聚力共赢

顺丰方面称，嘉里物流可以拓展海外基础设施网络布局，打造顺丰国际版图的"桥头堡"：嘉里物流拥有遍布全球 50 多个国家及地区的环球网络，于全球一半新兴市场设立据点，拥有 10000 余辆运营车队，超过 7500 万 m^2 的物流设施，在世界各地组建了超过 43000 人的本土化服务团队。本次收购后，顺丰全球网点布局将由 17 个国家与地区扩展至 59 个国家与地区。随着机场的建立，国际航线，特别是亚洲航线不断丰富，嘉里物流在日、韩、东南亚有深度布局，可以形成良好的协同效应。嘉里物流有助于拓展顺丰的海外履约能力半径，加速向国际型综合物流服务商迈进。

值得一提的是，此次收购的嘉里物流具备以高端品牌为主的丰富客户资源，与顺丰的定位和潜在目标客户群体高度契合。国际高端品牌客户资源将高效无缝嫁接，不仅为顺丰时效件业务带来强劲增长动力，而且能够加速孵化顺丰的供应链管理能力。

嘉里物流是植根亚洲、融通全球的国际顶尖物流综合服务供应商，其客户涵盖电子科技、医药、国际时装、快消品等行业头部品牌公司（包括大量世界 500 强顶级客户，如微软、宜家、优衣库等），可为顺丰无缝对接国际头部品牌 B 端客户资源；同时，相对于顺丰尚处于成长期的 ToB 业务，嘉里物流在 ToB 供应链领域优势明显，为各大世界龙头品牌提供亚洲地区的供应链分销环节整体服务，顺丰与嘉里物流的合作将有助于顺丰快速孵化 ToB 供应链服务能力，迅速切入不同业态龙头企业的供应链服务环节，先发性地抢占广阔的 ToB 供应链市场。

三、持续并购合作，实现跨越式发展

收购兼并优质标的，是顺丰实现全球化布局的重要途径。一直以来，顺丰控股不断寻找优质资产进行收购与合作，帮助公司更快、更稳地成长为综合物流巨头。因为历史告诉我们，快递企业并购延伸，最后实现全链条效率最大化，是物流巨头的必经之路。

近数十年以来，运输物流企业 UPS 借助其主营快递业务的优势，拓展至产业链上下游，包括供应链、货代、电商服务、供应链金融等业务板块，之后相继完成数十项并购，巩固了其在快递、小包、零担货运、零售电商运输及相关技术领域的领先地位，也使其业务遍布全球，潜在用户规模最大化。

除了收购敦豪航空货运公司（DHL）在华供应链业务外，顺丰也在积极与一些物流企业建立合作。在国际业务方面，顺丰选择与运输物流企业 UPS 进行战略合作，在香港成立独立合资公司聚焦跨境贸易，拓展全球市场。在仓储物流方面，顺丰与专注于物流、不动产等领域的投资管理与商业创新公司普洛斯加强合作伙伴关系，加深在物流中转场、供应链仓储、冷链及物流设备金融等方面的合作；另外，顺丰还与综合地产集团嘉民集团建立了长期合作伙伴关系，共同合作，开发建设仓储设施。在冷链方面，顺丰与冷链物流企业夏晖签订在中国成立合资公司的协议，双方携手打造一家冷链物流公司。

通过一系列投资并购，顺丰迅速切入了快运、冷链、供应链管理服务等领域，提升了公司在相关领域的行业地位，实现在新兴业务领域与关键战略环节的布局，确保未来可持续、高质量发展。

从不断增长的中国市场到以亚洲为起点的全球性覆盖，从领先的数智化科技能力到成熟的本土运营，从拥有国内航空货运机队和货运枢纽机场到提供国际领先的货代业务，从拥有亿量级C端客户和百万量级B端客户，到拥有强大的B端物流服务能力，顺丰与嘉里物流的合作，不仅是公司能力互补，更是资源叠加和客户融通的合力共赢，将产生1+1＞2的协同效应。

四、定增220亿元内生成长和外延并购并重

为了打造数智化全链路综合物流服务商，顺丰一方面通过不断寻找优质资产进行收购与合作，帮助公司快速切入新领域，实现全面扩张；顺丰另一方面也在借助资本市场的力量，加速自身业务发展，不断创新业务模式，提高运营效率，完善业务布局。

在发布收购嘉里物流的同时，顺丰控股还发布了募资220亿元的定增预案。此次募集资金将投资速运设备自动化升级项目（60亿元）、新建湖北鄂州民用机场转运中心工程项目（50亿元）、数智化供应链系统解决方案建设项目（30亿元）、陆路运力提升项目（20亿元）、航材购置维修项目（20亿元）以及补充流动资金（40亿元）。

顺丰表示，此次募投将有助于公司进一步贯彻以客户为中心、加强供应链服务能力、提供综合物流解决方案的发展战略，通过自动化、智慧化升级实现科技赋能物流服务，夯实公司在服务时效、服务质量方面的核心优势，全面提升公司一站式综合解决问题的能力。

任务执行

供应链是指围绕核心企业，通过对信息流、物流和资金流的控制，将产品生产和流通中涉及的上下游原材料供应商、生产商、分销商、零售商和最终消费者连成一体的功能网链结构。

供应链管理的经营理念是从消费者的角度，通过企业间的协作，谋求供应链整体最佳化，使所有活动一体化。

扫描二维码，查看"'盒马鲜生'的供应链魔法秀"动画，思考供应链是什么？

一、供应链的基本含义

供应链是指围绕核心企业，从配套零件开始，制成中间产品以及最终产品，最后由销售网络把产品送到消费者手中的，将供应商、制造商、分销商和最终用户连成一个整体的功能网链结构。供应链管理包括计划、采购、制造、配送等基本环节。这些环节相互关联，共同构成了一个完整的供应链体系。成功的供应链管理能够协调并整合供应链中所有的活动，最终形成无缝连接的一体化过程。

供应链的概念是从扩大生产概念发展起来的，它将企业的生产活动进行了前伸和后延。日本丰田公司的精益协作方式中就将供应商的活动视为生产活动的有机组成部分而加以控制和协调。哈理森将供应链定义为：供应链是执行采购原材料，将它们转换为中间产品和成品，并且将成品销售到用户的功能网链结构。美国的史蒂文斯认为：通过增值过程和分销渠道控制，从供应商到用户的流就是供应链，它开始于供应的源点，结束于消费的终点。因此，供应链就是通过计划、存储、分销、服务等这样一些活动而在顾客和供应商之间形成的一种衔接，从而使企业能满足内外部顾客的需求。

随着3G、4G，甚至5G移动网络不断迭代，供应链已经进入了移动时代。移动供应链，是利用无线网络技术实现的。它将原有供应链系统上的客户关系管理功能迁移到手机。移动供应链系统具有传统供应链系统无法比拟的优越性。移动供应链系统使业务摆脱时间和场所局限，业务员能随时随地与公司进行业务沟通，有效提高管理效率，推动企业效益增长。

供应链的核心业务包括快递服务，快递服务亦成为电子商务发展的前提条件，每一单商品都要依赖快递投送来完成"门对门"的服务。

二、信息化

供应链是一个包含供应商、制造商、运输商、零售商以及客户等多个主体的系统。供应链管理就是指对整个供应链系统进行计划、协调、操作、控制和优化的各种活动和过程，其目标是将顾客所需的正确的产品，能够在正确的时间，按照正确的数量、质量和状态送到正确的地点，并使这一过程所耗费的总成本最低。显然，供应链管理是一种体现着整合与协调思想的管理模式。它要求组成供应链系统的成员企业协同运作，共同应对外部市场复杂多变的形势。

然而，面对经济全球化时代复杂多变的市场环境，要实现高效率的供应链管理很不容易。其中一个重要原因就是市场上每时每刻都出现大量的信息，其中蕴含着丰富的机遇，也预示着不小的风险。但是供应链中的企业往往不能及时、准确地掌握有用的信息，因而在决策时十分茫然，难以做出正确抉择。也就是说，各成员企业间应该进行充分的信息共享，消除供应链系统内部的不确定性。能够解决这一难题的办法就是进行信息化。

供应链管理模式下的信息整合方式：企业应该尽可能地选择供应链伙伴作为信息化合作对象，实施供应链信息化。这是因为企业的根本目标在于追求自身利润的最大化，而这一目标，是通过很好地满足下游企业的需求来实现的，在这一过程中，还必须依赖上游企业的供应。因此，供需关系是联结企业与企业的最紧密的关系。每个企业都应该从供需匹配的视角来思考问题。对于供应链中的一个节点企业来说，它很关心上游的供应信息和下游的需求信息。如果能够充分了解这些信息，它就能有的放矢地进行生产、运输和销售等方面的安排。供应链管理要求信息化完成以后，企业的管理人员能够通过信息系统有效地了解到这些信息，而不是像传统的单企业信息化那样，只能具备掌控本企业中局部信息的能力。

三、供应链的发展阶段

1. 物流管理阶段

早期的观点认为供应链是指将采购的原材料和收到的零部件，通过生产、转换和销售等活动传递到用户的一个过程。因此，供应链仅仅被视为企业内部的一个物流过程，它所涉及的主要是物料采购、库存、生产和分销等部门的职能协调问题，最终目的是优化企业内部的业务流程、降低物流成本，从而提高经营效率。

2. 价值增值阶段

进入20世纪90年代，人们对供应链的理解又发生了新的变化：由于需求环境的变化，原来被排斥在供应链之外的最终用户或消费者受到了前所未有的重视，从而被纳入了供应链的范围。这样，供应链就不再只是一条生产链了，而是一个涵盖了整个产品运动过程的增值链。

3.网链阶段

随着信息技术的发展和产业不确定性的增加，今天企业间的关系呈现日益明显的网络化趋势。与此同时，人们对供应链的认识也正在从线性的单链转向非线性的网链，供应链的概念更加注重围绕核心企业的网链关系，即核心企业与供应商、供应商的供应商的一切向前关系，与用户、用户的用户的一切向后关系。供应链的概念已经不同于传统的销售链，它跨越了企业界限，从扩展企业的新思维出发，并从全局和整体的角度考虑产品经营的竞争力，使供应链从一种运作工具上升为一种管理方法，一种运营管理思维和模式。

四、供应链电子商务

供应链电子商务是指借助互联网服务平台，实现供应链交易过程全程电子化。

1.供应链电子商务的作用

（1）实现供应链业务协同：可以完善企业的信息管理，通过平台帮助企业快速实现信息流、资金流和物流的全方位管理和监控。同时，利用供应链电子商务可以对供应链上下游的供应商、企业、经销商、客户等进行全面的业务协同管理，从而实现高效的资金周转。

（2）转变经营方式：供应链电子商务可以帮助企业从传统的经营方式向互联网时代的经营方式转变。随着互联网技术的深入应用、网上交易习惯的逐渐形成，使得企业的经营方式也需要相应转变，借助供应链电子商务平台，可以给企业提供从内部管理到外部商务协同的一站式、全方位服务，从而解放了企业资源，显著提升企业的生产力和运营效率。

2.供应链电子商务的流程

供应链电子商务，在统一了人、财、物、产、供、销各个环节的管理，规范了企业的基础信息及业务流程的基础上，实现外部电子商务与企业内部ERP系统的无缝集成，实现商务过程的全程贯通。

3.供应链电子商务的主要功能

（1）在线订货。企业通过ERP系统将产品目录及价格发布到在线订货平台上，经销商通过在线订货平台直接订货并跟踪订单后续处理状态，通过可视化订货处理过程，实现购销双方订货业务协同，提高订货处理效率及数据准确性。企业接收经销商提交的网上订单，依据价格政策、信用政策、存货情况对订单进行审核确认，然后进行后续的发货及结算。

（2）经销商库存。通过经销商网上确认收货，自动增加经销商库存，减少信息的重复录入；提升了经销商数据的及时性和准确性；通过经销商定期维护出库信息，帮助经销商和企业掌握准确的渠道库存信息，消除牛鞭效应，辅助企业业务决策。

（3）在线退货。企业通过在线订货平台，接受经销商提交的网上退货申请，依据销售政策、退货类型等对申请进行审核确认，经销商通过平台，实时查看退货申请的审批状态，帮助企业提高退货处理效率。

（4）在线对账。通过定期从ERP系统自动取数生成对账单，批量将对账单发布网上，经销商上网即可查看和确认对账单，帮助企业提高对账效率，减少对账过程的分歧，加快资金的良性循环。

五、供应链管理的特点

供应链管理是一种先进的管理理念，它的先进性体现在是以顾客或最终消费者为经营导向的，是以满足顾客或最终消费者的最终期望来生产和供应的。除此之外，供应链管理还有以下四个特点。

（1）供应链管理把所有节点企业看作一个整体，实现全过程的战略管理。

传统的管理模式往往以企业的职能部门为基础，但由于各企业之间以及企业内部职能部门之间的性质、目标不同，造成相互的矛盾和利益冲突，各企业之间以及企业内部职能部门之间无法完全发挥其职能，因而很难实现整体目标化。

供应链是由供应商、制造商、分销商、销售商、客户和服务商组成的网状结构。链中各环节不是彼此分割的，而是环环相扣的一个有机整体。供应链管理把物流、信息流、资金流、业务流和价值流的管理贯穿于供应链的全过程。它覆盖了整个物流，从原材料和零部件的采购与供应、产品制造、运输与仓储到销售。它要求各节点企业之间实现信息共享、风险共担、利益共存。从战略的高度来认识供应链管理的重要性和必要性，从而真正实现整体的有效管理。

（2）供应链管理是一种集成化的管理模式。

供应链管理的关键是采用集成的思想和方法。它是一种从供应商开始，经由制造商、分销商、零售商直到最终客户的全要素、全过程的集成化的管理模式，是一种新的管理策略，它把不同的企业集成起来以提高整个供应链的效率，注重的是企业之间的合作，以达到全局最优。

（3）供应链管理提出了全新的库存观念。

传统的库存思想认为，库存是维系生产与销售的必要措施，是一种必要的成本。

因此，供应链管理使企业与其上下游企业之间在不同的市场环境下实现了库存的转移，降低了企业的库存成本。这也要求供应链上的各个成员企业建立战略合作关系，通过快速反应降低库存总成本。

（4）供应链管理以最终客户为中心，这也是供应链管理的经营导向。

供应链的形成是以客户或最终消费者的需求为导向的。正是由于有了客户或最终消费者的需求，才有了供应链的存在。而且，也只有让客户或最终消费者的需求得到满足，供应链才能有更大的发展。

通过对供应链管理的概念与特点的分析，我们可以知道，相对于旧的依赖自然资源、资金和产品技术的传统管理模式，以客户为中心，将客户服务、客户满意、客户成功作为管理出发点的供应链管理的确具有多个方面的优势。由于供应链是一种网状结构，一旦某一局部出现问题，它会马上扩散到全局的，所以在供应链管理的运作过程中就要求各个成员企业对市场信息的收集与反馈要及时、准确，以做到快速反应，降低企业损失。而要做到这些，供应链管理还要有先进的信息系统和强大的信息技术作为支撑。

六、供应链的分类

根据不同的划分标准，可以将供应链分为以下几种类型。

（1）根据供应链范围不同可以分为内部供应链和外部供应链。内部供应链是指企业内部产品生产和流通过程中所涉及的采购部门、生产部门、仓储部门、销售部门等组成的供需网络。外部供应链则是指企业外部的，与企业相关产品的生产和流通过程中涉及的原材料供应商、生产厂商、储运商、零售商以及最终消费者组成的供需网络。内部供应链和外部供应链的关系：两者共同组成了企业产品从原材料到成品，再到消费者手中的供应链。可以说，内部供应链是外部供应链的缩小化。对于生产厂商，其采购部门就可看作外部供应链中的供应商。它们的区别只在于外部供应链范围大，涉及企业众多，企业间的协调更困难。

（2）根据供应链复杂程度不同可以分为直接型供应链、扩展型供应链和终端型供应链。直接型供应链在产品、服务、资金和信息往上游和下游的流动过程中，由公司、此公司的供应商和此公司的客户组成。扩展型供应链把直接供应商和直接客户的客户包含在内，这些成员均参与产品、服务、资金和信息往上游和下游的流动过程。终端型供应链包括参与产品、服务、资金、信息从终端供应商到终端消费者的往上游和下游的流动过程中的所有组织。

（3）根据供应链存在的稳定性划分，可以将供应链分为稳定的供应链和动态的供应链。基于相对稳定、单一的市场需求而组成的供应链稳定性较强，而基于相对频繁变化、复杂的需求而组成的供应链动态性较强。在实际管理运作中，需要根据不断变化的需求，相应地改变供应链的组成。

（4）根据供应链容量与用户需求的关系可以划分为平衡的供应链和倾斜的供应链。一个供应链具有一定的、相对稳定的容量和生产能力（所有节点企业能力的综合，包括供应商、制造商、运输商、分销商、零售商等），但用户需求处于不断变化的过程中，当供应链的容量能满足用户需求时，供应链处于平衡状态，而当市场变化加剧，造成供应链成本增加、库存增加、浪费增加时，企业不是在最优状态下运作，供应链则处于倾斜状态。平衡的供应链可以实现各主要职能（采购/低采购成本、生产/规模效益、分销/低运输成本、市场/产品多样化和财务/资金运转快）之间的均衡。

（5）根据供应链中企业地位不同，可以将供应链分成盟主型供应链和非盟主型供应链。盟主型供应链是指供应链中某一节点企业在整个供应链中占据主导地位，对其他节点企业具有很强的辐射能力和吸引能力，通常称该企业为核心企业或主导企业。非盟主型供应链是指供应链中各节点企业的地位彼此差距不大，对供应链的重要程度相同。

七、构成供应链的基本要素

一般来说，构成供应链的基本要素包括以下几项。

1.供应商

供应商指给厂家提供原材料或零部件的企业。

2.厂家

厂家即产品制造企业。厂家掌控产品生产的重要环节，负责产品生产、开发和售后服务等。

3.分销企业

分销企业是指为将产品送到经营地理范围每一角落而设的产品流通代理企业。

4.零售企业

零售企业是将产品销售给消费者的企业。

5.消费者

消费者是供应链的最后环节，也是整条供应链的唯一收入来源。

八、供应链的设计

根据供应链的概念，它涵盖了从原材料供应商开始，经过工厂的开发、加工、生产，直至批发、零售等各个环节，最终将产品或服务交付到用户手中的每一项业务活动。因此，供应链的内容广泛涉及生产理论、物流理论和营销理论这三大理论。供应链的设计要着重考虑以下内容。

1.商品开发制造

（1）商品的规划、设计。

（2）需求预测和生产计划。

（3）商品生产和质量管理。

2.商品的配送

（1）确保销售途径。

（2）按时配送。

（3）降低物流成本。

3.商品销售

（1）销售。

（2）商品品种齐全、及时补充。

（3）销售数据和销售额的管理，了解问题，确定活动方针。

课后练习

1.简述供应链管理的特点。

2.简述供应链的分类。

技能训练

学习以下应用案例。

（1）丰田、耐克、尼桑、麦当劳和苹果等公司的供应链管理都是从网链的角度来实施的。

（2）壳牌石油通过 IBM 的 Lotus Notes 开发了 SIMON（库存管理秩序网）的信息系统，从而优化了它的供应链。

（3）利丰的供应链优化方法是在生产上对所有供应厂家的制造资源进行统一整合，作为一个整体来运作，是基于整合供应商的角度。

（4）惠普和丰田是通过麦肯锡咨询在地理上重新规划企业的供销厂家分布，以充分满足客户需要，并降低经营成本，是基于地理位置的选择。

（5）宝洁通过宝供物流，采用分类的方法，与供应链运作的具体情况相适应，详细分类并采取有针对性的策略可以显著优化供应链。

任务二 相关运作模式

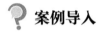 **案例导入**

供应链管理行业市场分析

一、供应链管理行业市场现状

供应链管理就是指在满足一定的客户服务水平的条件下，为了使整个供应链系统成本达到最小而把供应商、制造商、仓库、配送中心和渠道商等有效地组织在一起来进行产品制造、转运、分销及销售的管理方法。供应链管理包括计划、采购、制造、配送、退货五大基本内容。

不同于传统物流专注于仓储和配送，供应链管理涵盖从原材料采购到最终配送到终端消费者整个物流环节，实现物流、信息流和资金流统一。供应链管理业务如图5-2-1所示。

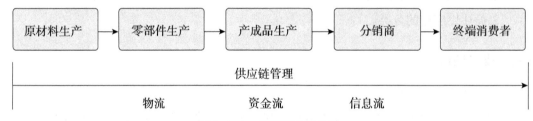

图5-2-1 供应链管理业务

二、供应链管理行业市场规模

供应链管理行业的发展主要取决于两个因素：一是社会贸易总规模；二是企业供应链管理外包的比例。

从这个角度来看，供应链管理行业市场规模具有极大的想象空间。电子信息行业供应链管理的外包已较为成熟，医疗器械、快消品等行业也逐步提升了供应链管理外包的比例，以提升整体运行效率，从而为供应链管理行业提供了更大的发展空间。

国内仍将供应链管理归类为"现代物流"范畴。我国经济持续高速发展，为现代物流及供应链管理行业的快速发展提供了良好的宏观环境。近年来，我国经济增长带动我国社会物流总额实现快速增长。据前瞻产业研究院发布的《中国供应链管理服务行业市场前瞻与商业模式分析报告》数据显示，2016年，全国社会物流总额为229.7万亿元，按可比价格计算，比2015年增长6.1%，增速比2015年提高0.3个百分点。

伴随着社会物流总额的增加，我国社会物流费用（包括运输费用、保管费用和管理费用）也快速增长。2016年，全国社会物流费用为11.1万亿元，比2015年增长2.9%，增速比2015年提高0.1个百分点。

2007—2016年中国社会物流总额、社会物流费用情况分析如图5-2-2所示。

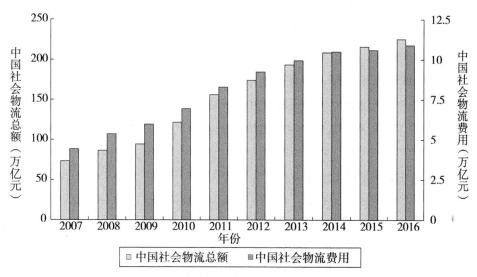

图5-2-2　2007—2016年中国社会物流总额、社会物流费用情况分析

我国现代物流及供应链管理行业仍处于发展阶段，行业供应商功能单一，增值服务薄弱。物流及供应链外包服务商的收益主要来自基础性服务，如运输管理和仓储管理等服务，增值服务（如供应链整合服务、供应链金融服务以及供应链平台建设服务等）收入占比较小。

从行业覆盖来看，电子信息行业是国内供应链管理行业发展最快的领域。电子信息行业技术更新速度快，用户需求和偏好转移的不确定性很大；同时，该行业产品升级和技术进步所带来的工艺复杂性增强，导致生产供给流程的复杂程度日益增加。传统的内部供应链管理的模式已经不能满足该行业对供应链的快速响应、高效、低成本的要求。这使得上述行业成为国内供应链管理行业市场需求较大、发展较快的行业。随着产业升级、竞争加剧和管理理念的更新，医疗器械、快消品等行业供应链管理服务外包的比例也在不断提高。

供应链管理是物流发展趋势，近年在我国持续发展。供应链管理通过信息化手段加强产业链上下游沟通，解决"信息孤岛"问题，同时产生规模化效应、降低成本，是物流发展必然趋势。

三、我国第三方物流规模持续壮大，供应链管理发展空间广阔

第三方物流是供应链管理的重要主体，同时供应链管理也开展着仓储、运输等单一业务。我国第三方物流规模持续扩大，庞大的第三方物流规模为供应链管理提供了广阔发展空间。

四、政策红利持续释放，推动供应链管理实现跨越式发展

2014年，国务院发布《物流业发展中长期规划（2014—2020年）》，其中提出鼓励传统运输、仓储企业向供应链上下游延伸服务，建设第三方供应链管理平台，加快发展具有供应链设计、咨询管理能力的专业物流企业，着力提升面向制造业企业的供应链管理服务水平。

2016年，中国人民银行、发展改革委、财政部等八部委印发了《关于金融支持工业稳增长调结构增效益的若干意见》，力推供应链金融、应收账款融资。根据前瞻产业研究院统计，2014年我国供应链管理市场规模达1.34万亿美元，2020年达3.1万亿美元。

五、从资金流管理到供应链金融服务

传统的供应链金融服务主要涵盖银行向客户（核心企业）提供的融资和其他结算、理财服务，同时向这些客户的供应商提供贷款及时收达的便利，或者向其分销商提供预付款代付及存货融资等服务。

在供应链管理服务外包的背景下，供应链管理服务商凭借其在供应链前、中、后端的商流、物流、资金流和信息流的控制力，能够做到对供应链运行中的货物、资金进行动态监管和风险控制，使得供应链管理服务商成为供应链中天然的核心企业，从而能够为行业上下游企业提供金融服务。供应链管理服务商发展供应链金融业务能开拓新的业务模式，既能提升盈利能力，又能增强客户黏性，促进公司供应链业务量的增长。

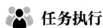 **任务执行**

一、供应协同模式

物流与供应链专家杨达卿根据东西方企业文化差异和商业模式的差异，在他的著作中把全球供应链协同模式分为三类。

一是美国和欧洲等西方国家和地区的狮式供应链。以基金等金融资本主导的企业群所建立的"1+N"供应链模式。其中"1"代表基金和银团等金融资本链主（1是资本化的自然人或法人，下面亦同），"N"是供应链上的各环节。"1"的角色冲在前面，

往往是强势的，个人英雄主义比较明显，也被称为狮式企业，其供应链模式也被称为狮阵供应链模式。这类企业的代表如微软公司、苹果公司、大众汽车等。

二是日本和韩国等东方国家的狼式供应链。以商社等商业资本主导的企业群所建立的"N+1"供应链模式。其中"N"是供应链上的各环节，"1"代表商社等商业资本链主。"1"的角色隐身在后面，往往是低调的，群英主义比较明显。这类企业也被称为狼式企业，其供应链模式也被称为狼阵供应链模式。这类企业的代表如日本三井财团、三菱财团，韩国的三星财团、现代财团。

三是以中国为代表的羊式供应链。这是以国有资本主导的企业群组成的"1+1+N"的供应链模式。其中第一个"1"是国有资本的代表——党委书记，国有资本往往是企业真正链主；第二个"1"是国家聘请的高端职业经理人——董事长；"N"是供应链各环节的企业。代表企业如一汽集团、广汽集团、中储粮集团、中粮集团、中石油集团等。

二、供应链流程

供应链一般包括物资流通、商业流通、信息流通、资金流通四个流程。四个流程有各自不同的功能以及不同的流通方向。

1.物资流通

这个流程主要是物资（商品）的流通过程，这是一个发送货物的程序。该流程的方向是由供货商经厂家、批发商、物流企业、零售商等指向消费者。由于长期以来企业理论都是围绕产品实物展开的，因此物资流通被人们广泛重视。许多物流理论都涉及如何在物资流通过程中短时间内以低成本将货物送出去。

2.商业流通

这个流程主要是买卖的流通过程，这是接受订货、签订合同等的商业流程。该流程的方向是在供货商与消费者之间双向流动的。商业流通形式趋于多元化：既有传统的店铺销售、上门销售、邮购的方式，又有通过互联网等新兴媒体进行购物的电子商务形式。

3.信息流通

这个流程是商品及交易信息的流通过程。该流程的方向也是在供货商与消费者之间双向流动的。过去人们往往把重点放在看得到的实物上，因而信息流通一直被忽视。甚至有人认为，物流落后同把资金过分投入物质流程而延误对信息的把握不无关系。

4.资金流通

这个流程就是货币的流通过程，为了保障企业的正常运作，必须确保资金的及时回收，否则企业就无法建立完善的经营体系。该流程的方向是由消费者经零售商、物流企业、批发商、厂家等指向供货商。

三、供应链物流的模式

根据协调生产活动、供应活动、销售活动和物流活动的机能的差异性，可以把生产企业供应链物流归纳成三种模式：批量物流、订单物流和准时物流。

1.批量物流

批量物流的协调基础是客户需求的预测，生产企业的一切经济活动都是基于对客户需求预测而产生的。在预测前提下，生产企业的经济活动都是批量运营的，批量采购、批量生产和批量销售，这也必然伴随着批量物流。

2.订单物流

订单物流的协调基础是客户的订单，生产企业的经济活动是基于客户订单而产生的。在订单前提下，生产企业的经济活动都是围绕订单展开的，根据订单进行销售、生产和采购，而物流也是根据客户订单产生的经济活动而形成的。订单物流主要表现为两种模式，一是以最终消费者的订单为前提的最终消费者订单驱动模式，如戴尔模式；二是以渠道顾客的订单为前提的渠道顾客订单驱动模式，如海尔模式。海尔式物流最大的特点是"一流三网"的物流体系。"一流"是订单流，海尔通过客户的订单进行采购、制造等活动，海尔的客户主要是海尔专卖店和营销点，所以海尔是渠道顾客订单驱动模式。

3.准时物流

准时物流是订单物流的一种特殊形式，是建立在准时制管理理念基础上的现代物流方式。准时物流能够达到在精确测定生产线各工艺环节效率的前提下，按订单准确计划，消除一切无效作业与浪费，如基于均衡生产和看板管理的丰田模式。

✂ 课后练习

简述供应链物流的模式。

✏ 技能训练

阅读以下材料，了解供应链对物流模式发展的影响。

物流与供应链的共生关系

从概念上来看，供应链包括了涉及外包、生产的计划和管理活动以及全部的物流活动，也包括与渠道伙伴（供应商、分销商、第三方物流服务商和客户）之间的协调与合作。

因此从本质上讲，供应链是企业内部和企业之间的供给与需求的集成。物流、供应、需求与生产计划是供应链的四个主要涉及部分，可见物流管理是供应链管理的子模块，其更多是企业对非制造领域的管理；而供应链不是单纯意义上的物流，其还包括物流决策中的运输决策、库存决策及选址决策，此外另增加生产管理决策、客户关系管理决策、整体业务流程决策等，是对整条链上信息流、物流、资金流与商流的整合。

供应链管理加速了物流一体化的发展，物流管理则贯穿供应链的整个过程，相当于供应链上各企业联系的桥梁与纽带。供应链管理则把从供应商开始到最终消费者的物流活动作为一个整体进行统一管理，从整体和全局上把握物流的各项活动。

当前国内众多的第三方物流企业都在通过为客户提供全方位的供应链管理服务来提升自己的竞争优势，包括从整体物流规划到规划实施，帮助客户解决供应链中存在的物流系统问题，与客户建立战略合作伙伴关系。

新制造、新零售供应链下的物流新模式

（1）新制造供应链下的C2B模式的物流。

新制造或者智能制造以C2B反向定制为主要模式，从设计、生产、配送到售后反馈形成闭环，在物流方面可以看到从产品出库后可直接送给消费者。这与京东物流的无界工厂模式（见图5-2-3）类似。无界工厂模式是京东物流与品牌方联手打造的一个全新物流模式：消费者通过京东超市线上下单购买的产品，线下实体店收到订单后马上手工拣货并完成发货，再由京东物流配送到家，实现线上消费、线下收货无缝对接。

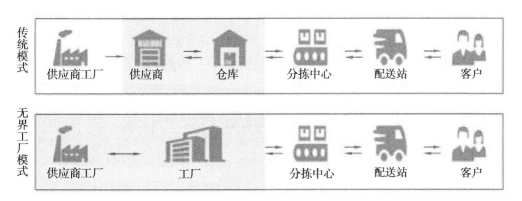

图5-2-3 无界工厂模式

新制造或者智能制造下的物流环节更加智能化、去中间化，产品生产完毕后无须进入物流总仓，而是直接经由快递物流服务进行流转，直接送达消费者手中。

B端制造企业对数字化的助推者（抓取垂直领域信息的智能硬件以及管理平台）和数字化的承运商（通过信息化手段服务，并拥有自身服务节点的行业整合者）更为关注，通过消化企业客户的定制化需求，把客户需求中的必要类信息进行标准化和模块化整合，以"合同物流+物流承运网络+金融服务+增值服务"的一体化管理平台与客户对接。

（2）新零售供应链的"二段式"物流模型。

在传统分销渠道下，一个品牌商对应多个渠道、多个供应链分支、多个库存点，从生产到流通直至消费，这个过程中重复职能较多，基本每一个层级都会承担销售、存货和资金周转的压力，效率相对低下，且不利于上下游协调和统一管理。

这种传统分销体系下的供应链本质上是"长途干线+多级分销+多级配送"的运作流程（见图5-2-4）。这种分销和交付体系中最重要的是库存的规模和结构管理，仓储成本、车辆成本、人员成本、运营成本、设施设备以及库存闲置等成本是传统经销商的痛点。

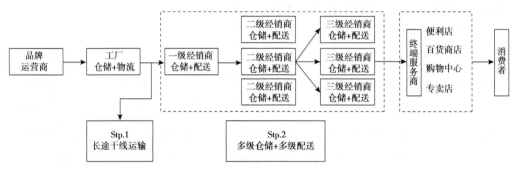

图5-2-4　传统的多级分销模式示意

多级分销渠道越来越无法满足消费者快速变化的需求，在成本方面也存在较多无法控制的因素，新的消费供应链减少了中间环节，并且把业务重心转移到了城市末端配送，这种新的供应链运作模式可以简化为"二段式"物流模型（见图5-2-5）。

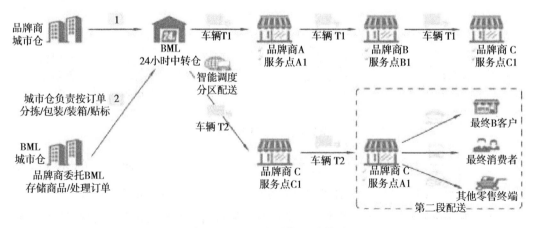

图5-2-5　"二段式"物流模型

　　其中第一段是从中转仓到末端服务点，主要指干线的长途运输和城际运输，可以做到标准化操作；第二段是从末端服务点到达终端或者消费端，可根据实际配送场景实现个性化作业。末端服务点可以是城市仓库、前置仓等，对于消费品而言一般配送到门店或者其他终端；频次上也变得更高，一般是以日配、两日配或者周配为主，配送车辆的日里程一般不超过200km，小城市不超过100km。

◇ **项目实训**

◉ **实训目标**

技能目标	能基于企业产品物料结构及销售网络等信息绘制供应链网络结构； 能基于供应链网络结构进行分析； 能分析供应链网络结构的基本构成要素； 能通过供应链的"四流"进行供应链流程的分析； 能基于产品特性为产品供应链选择合适的供应链物流的模式
素养目标	具备问题分析和解决能力，培养风险管理能力，具备创新精神以及协同合作能力

🔍 **实训任务**

　　在智能家居行业的浪潮中，有一家备受瞩目的企业——"智造科技"。作为一家专业的制造企业，智造科技专注于研发和生产高性能的智能家居产品，为全球消费者带来前所未有的智能生活体验。

　　智造科技凭借其卓越的技术实力和创新能力，成功打造了一系列备受好评的智能家居产品，如智能音箱、智能温控器和智能照明系统等。这些产品不仅设计精美、功能强大，而且质量可靠、操作简便，深受消费者的喜爱。智能音箱的物料结构如图5-2-6所示。

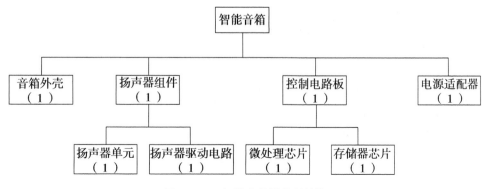

图5-2-6　智能音箱的物料结构

其中，音箱外壳、扬声器组件、控制电路板、电源适配器的供应商分别为A公司、B公司、C公司、D公司，扬声器单元、扬声器驱动电路、微处理芯片、存储器芯片的供应商为E公司、F公司、G公司、H公司。将音箱外壳、扬声器组件、控制电路板、电源适配器组装为智能音箱由智造科技内部团队完成。

智能音箱制造完成后，代理商从制造商处采购智能音箱，并将其分销到各个销售渠道。零售商通过线下门店、电商平台等渠道向消费者展示和销售智能音箱。

任务要求：

1.根据智造科技智能音箱的物料结构，绘制智能音箱的供应链网络结构。

2.根据智能音箱的供应链网络结构分析智能音箱供应链的基本要素。

3.分析说明智能音箱供应链流程。

4.根据智能音箱的销售、制造特性，确定智能音箱的供应链物流的模式。

U 实训评价

班级		姓名		小组			
任务名称		项目五综合实训					
考核内容	评价标准	参考分值（分）	学生自评（分）	小组互评（分）	教师评价（分）	考核得分（分）	
知识掌握情况	理解供应链的特点、分类以及基本结构	5					
	明确供应链设计的要素	5					
	掌握供应链流程	5					
技能提升情况	能基于企业产品物料结构及销售网络等信息绘制供应链网络结构	10					
	能基于供应链网络结构进行分析	10					
	能分析供应链网络结构的基本构成要素	10					
	能通过供应链的"四流"进行供应链流程的分析	10					
	能基于产品特性为产品供应链选择合适的供应链物流的模式	10					
职业素养情况	具有自主学习能力	5					
	具有合作精神和协调能力，善于交流	5					
	具有一定的分析能力	5					
参与活动情况	积极参与小组讨论	10					
	积极回答老师的提问	10					
小计							
合计（学生自评×20%＋小组互评×40%＋教师评价×40%）							

项目六　物流成本核算

📖 项目概览

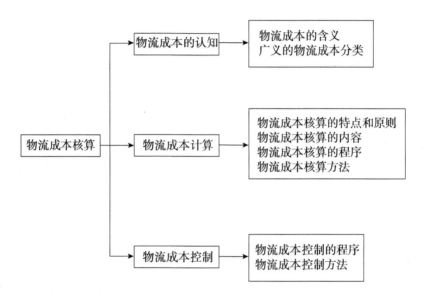

📍 项目目标

知识目标	1.掌握物流成本的分类； 2.掌握物流成本计算； 3.了解物流成本控制
能力目标	能够运用所学知识，进行物流成本计算，有效控制物流成本
素质目标	在掌握工科基础知识的前提下，使学生熟悉法规，掌握现代物流管理理论、信息系统的手段和方法，具备物流管理、规划、设计等较强实务运作能力，成为在物流管理领域从事全过程策划、管理和物流信息化工作的高级复合型管理人才
教学重难点	1.物流成本计算； 2.物流成本控制

项目解析

任务一 物流成本的认知

案例导入

物流成本不降反升

"公路收费暴利、菜价流通成本占七成……"尽管批评物流成本太高从而推高终端价格的质疑屡见报端，但2011年的数据显示，我国物流成本占国内生产总值（GDP）比例偏高的问题，未有明显改善迹象。中国物流与采购联合会发布的《2011年上半年物流运行情况分析》显示，2011年上半年我国社会物流总费用为3.7万亿元，同比增长18.5%，增幅比2011年第一季度提高0.6个百分点，比2010年同期提高0.7个百分点。社会物流总费用与GDP的比率为18%，而2010年上半年以来一直在17.9%左右，同比提高0.1个百分点。

物流成本占GDP的比重，是国际上比较公认的衡量一个国家或地区物流业的发展水平与运作效率的标准。据了解，在人力成本高昂的西方国家，物流成本占GDP的比重一般为8%～10%。我国物流成本在2011年居高不下，国内商品90%以上的时间都用在仓储、运输、包装、配送等环节上，这导致物流效率低下且价格攀高。有分析认为，物流成本占GDP的比重如果能降低1个百分点，就相当于为企业节约出近4000亿元的效益。业内专家指出，物流费用占总成本比例的增长，对于一些中小企业（尤其是一些成本利润较低的企业）的发展是不利的，虽然物流业的增长也是支持GDP增长的一个主要因素。

据中国物流与采购联合会相关人士分析，2011年上半年我国物流成本不降反升，究其原因，一是受原材料、燃料、动力价格和劳动力成本上升影响；二是受贷款利率上调以及企业资金使用效率较低影响；三是当时我国仍处在工业化和城市化的加速阶段，物流需求总体规模依然保持较高水平和较快增速。

数据显示，在社会物流总费用中，2011年上半年运输费用1.9万亿元，同比增长15.5%，增幅虽比2010年同期回落2.9个百分点，但比2011年第一季度加快1.9个百分点，带动了社会物流总费用的较快增长。运输费用加快增长，主要是受油价以及用工成本上涨等因素影响。2010年第四季度以来，国内汽油、柴油价格先后4次上调。2011年6月流通环节柴油价格累计同比上涨22.6%，汽油价格累计同比上涨16.9%。2011年上半年保管费用1.3万亿元，同比增长22.7%，增幅比2010年同期加快6.6个百分点。其中，利息费用5312亿元，增长24%，增幅比2011年第一季度提高1.4个百分点，比2010年同期提高14.7个百分点。利息费用的上升，主要是受利率上调影响，直接提高了企业资金使用的成本。

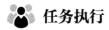 **任务执行**

一、物流成本的含义

物流成本是指伴随着企业的物流活动而发生的各种费用，是物流活动中所消耗的物化劳动和活劳动的货币表现。具体地说，它是产品在实际运动过程中，如包装、装卸、运输、储存等各个活动，所支出的人力、财力和物力的总和。概括地说，物流总成本＝运输成本＋库存费用＋物流管理费用。在企业由于降低物质消耗而增加的"第一利润源"和因节约活动消耗而增加的"第二利润源"被尽量挖掘后，物流作为降低成本的"第三利润源"被提了出来，并在大多数国家受到高度重视。

相关的成本概念列举如下。

（1）生产性流通成本，也称追加成本，是生产性成本在流通领域的继续，为了使物品最终完成生产过程，便于消费而发生的成本。生产性流通成本要追加到产品的价值中去，是必要劳动的追加成本。

（2）纯粹性流通成本，也称销售成本，是流通企业在经营管理过程中，因组织产品交换而发生的成本。纯粹性流通成本同产品的交换行为有关，虽然不创造新的价值，但也是一种必要劳动，是物品价值实现过程所必不可少的。

（3）可变成本，也称直接成本，是指物流成本中随商品流转额变动而变动的那一部分成本，如搬运费、仓储管理费等。这种成本的多少与商品流转额变化直接相关，即商品流转额增加，成本也随之增加，反之则减少。

（4）固定成本，也称间接成本，是指物流成本中不随商品流转额的变动而变动的那一部分成本，如员工工资、福利费、折旧费等。这种成本与商品流转额没有直接关系，在一般情况下，商品流转额变动，它不一定发生变动；或即使发生变动，也不与商品流转额成比例变动。它受商品流转额增减变动的影响较小，成本的绝对金额是相对固定的。

（5）进货成本，是指商品由供货单位到流通企业仓库所发生的运费、装卸费、损耗费、包装费、入库验收费和中转单位收取的成本费用。

（6）商品储存成本，是指物流企业在商品保管过程中所发生的转库搬运、检验、挑选、整理、维护、保养、管理、包装等方面的成本及商品的损耗费用。

（7）销售成本，是指流通企业从商品出库到销售过程中所发生的包装、管理等成本费用。

（8）本企业支付的物流成本，是指企业在供应、销售、退货等阶段，因运输、包装、搬运、整理等发生的由企业自己支付的物流成本。它又可进一步分为自己支付和委托支付两种物流成本。自己支付的物流成本包括材料、人工、燃料动力、管理、折旧、利息支出、维护保养等费用；委托支付的物流成本包括运输、手续、保管和包装等费用。

（9）企业支付的其他物流成本，是指企业采购材料、销售产品等业务所发生的由有关供应者和购买者支付的包装、发货、运输、验收等费用。

（10）物流环节成本，是指商品在空间位置转移所经过环节而发生的成本，包括包装、运输、保管、装卸及流通加工等费用。

（11）信息流通成本，是指为实现产品价值，处理各种物流信息而发生的成本，包括与库存管理、订货处理、客户服务等有关的成本。

（12）物流管理成本，是指为了组织、计划、控制、调配物资活动而发生的各种管理成本，包括现场物流管理成本和机构物流管理成本。

（13）供应物流成本，是指企业为生产产品而购买各种原材料、燃料、外购件等所发生的运输、装卸、搬运等方面的成本。

（14）生产物流成本，是指企业在生产产品时，由于材料、半成品、成品的位置转移而发生的搬运、配送、发料、收料等方面的成本。

（15）销售物流成本，是指企业为实现商品价值，在商品销售过程中所发生的储存、运输、包装及服务成本。

（16）退换货物流成本，是指商品销售后因退货、换货所产生的物流成本。

（17）废品物流成本，是指因废品、不合格产品的物流而产生的物流成本。

二、广义的物流成本分类

物流成本分类方法主要分为狭义和广义两种。

狭义的物流成本分类方法，在一定程度上满足了企业计算物流成本的需要。但是值得注意的是，客户服务成本是企业在进行物流成本管理时必须考虑的成本要素；各类物流成本之间具有此消彼长的关系，试图降低单个活动的成本也许会导致总成本的变化，管理层必须考虑所有物流成本的总和，才能实现有效的管理和真正的成本节约。

由于现有的物流成本分类方法不但忽略了客户服务成本，而且不能清楚地反映各类物流成本之间的悖反关系。因此，为了提升企业物流成本的管理效率，必须将物流成本管理的视角扩展到广义物流成本的范畴。广义的物流成本分类的具体内容概括如下。

（1）客户服务水平。与客户服务水平相关的成本权衡因素，是丧失销售的成本。丧失销售的成本不仅涉及失去的现有销售，还包括未来的潜在销售所带来的收益。

（2）运输成本。运输成本可以按客户、生产线、渠道类型、运输商、方向（进货或发货）等分类。根据发货量、运输的重量、距离以及出发地和目的地不同，运输成本会产生相应的变化。运输成本还会随着所选择的运输方式的不同而发生大幅度的变动。

（3）仓储成本。仓储成本是由仓储或储存活动、工厂和仓库的选址过程引起的，包括仓库数量和位置的变化而产生的所有成本。

（4）订单处理/信息系统成本。订单处理/信息系统成本与处理客户订单、配送信息和预测需求等活动相关。

（5）批量成本。主要的批量成本是由生产和采购活动产生的，随着生产的批量、订单的大小或频率的改变而变化。

（6）库存持有成本。影响库存持有成本的物流活动包括库存控制、包装以及废品回收和废物处理等。库存持有成本由许多因素组成，除丧失销售的成本之外，库存持有成本是最难确定的。

（7）包装成本。包装成本是指企业为完成货物包装业务而发生的全部费用，包括运输包装费和集装、分装包装费，业务人员的工资福利、包装设施年折旧费、包装材料消耗费、设施设备维修保养费、业务费等。

广义的物流成本分类是从各种物流活动和成本的关系出发，分析成本产生的原因，将总成本最小化，实现有效的物流管理和真正的成本节约。

🛠 课后练习

简述物流成本的含义。

✏ 技能训练

对于降低管理费用，你有什么好的建议？

任务二　物流成本计算

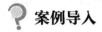 案例导入

临汾物流成本高成因分析

推动物流降本增效，是推进供给侧结构性改革的重要举措，实现转型升级的重要途径。在对临汾现代物流业发展调研中，发现临汾物流成本高的原因比较复杂，既有物流业本身原因，也有其他方面的问题。

一、产业结构和生产力布局是物流费用高的基础性因素

临汾是典型的资源型城市。煤炭产能1.1亿t、焦炭产能3000万t、钢铁产能2000万t。大量的煤炭、焦炭和钢铁消费市场在市外。这个特点客观决定了临汾物流运输强度大、运距长。煤焦铁大宗货物运到东南部，矿粉及大量生产生活物资再运回来，每年产生庞大的物流量，据测算仅煤焦铁大宗货物每年的物流量就达250亿元的规模。

对于临汾这样处于内陆的资源型工业城市，经济其实是"运输经济"。煤炭企业物流费用高居成本之首，达到50%以上，物流成本直接影响着企业的效益和区域经济发展质量。物流成本一般包括运输成本、保管成本、管理成本。运输成本是控制物流成本的重要环节，占到全部物流成本的一半以上。临汾大量物流主要由铁路运输和公路运输承担，与东南沿海城市相比，铁路和公路运输成本本身比水运成本高。比如从临汾和山东沿海城市同时发往成都的钢铁产品，前者是陆路运输，后者是水路运输，到成都时，从临汾发出的钢铁产品，吨钢运费要比从山东沿海城市发出的高约200元。

二、运输结构不合理是推高物流费用的重要因素

铁路长途运输比公路运输便宜，但由于存在多次短途运输，特别是煤焦铁铁路运输效率低，大量本应铁路承担的中长距离运输由公路承担。到连云港港、天津港、日照港，煤焦铁大宗货物大部分采用公路运输。2016年临汾货运总量18369万t，其中公路货运量占货运总量的80%左右。

山西立恒钢铁集团股份有限公司年产钢500万t、材500万t、铁500万t、焦200万t，企业60%原料、80%销售产品都由汽车来承运。就铁运和汽运来说，以山西通才工贸有限公司为例，该公司物流成本占企业总成本的28%~30%，与东部城市的同类型企业相比，物流成本明显偏高。企业物流成本偏高，在铁运和汽运两方面各有不同原因。在

铁路运输方面,主要是铁路运费上涨幅度较大。铁路运费是以吨钢每千米为单价计算的,前期因钢铁行业低迷,国家针对钢铁行业出台了一系列优惠政策,通过优惠,吨钢每千米运费不到0.1元。该政策于2016年底取消后,铁路运费恢复到吨钢每千米运费0.12元,到2017年3月,钢铁市场稍有好转,铁路运费随即在吨钢每千米运费0.12元的基础上上浮了10%。对于还在恢复过程中的钢铁企业来说,铁路运费在短时间内涨幅较大,物流成本骤增。

三、物流业的标准化、信息化、组织化、集约化程度低

临汾物流企业之前存在小、散、弱问题,大量企业从事运输、仓储、装卸单一业务,综合服务能力不强。临汾2016年注册运营载重汽车38325辆,只有一台车的个体运输户占到公路运输市场份额的90%。由于信息化滞后,无法实现装卸、搬运、配送、交易等物流信息的即时传递与处理。整体物流技术装备水平低,各种物流功能、要素之间难以做到有效衔接和协调发展。车找不到货、货找不到车,货运汽车空驶率达到40%。山西立恒钢铁集团股份有限公司建设了聚鑫物云网络"56用车"平台,整合车、货资源,短短几年时间,企业物流成本下降了8%,仅物流运费一项就为公司节省资金1.4亿元。可见物流费用降低空间是非常可观的。

集约化程度低,中间环节多,载体链接差。现代物流是让物流资源全部进入市场进行流通,通过市场优化资源和配置。铁路、公路、集装箱、机场、物流园等都是物流资源的载体,不同的载体连接点不同,甚至完全分离,相互之间转换起来很困难,需要不断地重新装卸、运输和组织,由此提高了物流成本。

四、物流业管理成本占相当大的比重

一是在土地使用上,物流企业获得的土地价格高于工业项目;二是申报、审批、办理各种许可、证件收费名目繁多;三是物流各环节税率不统一,不合理收费多,税费重复征收,加重企业负担。比如煤炭坑口价仅占到煤炭港口平仓价的49%,而在煤炭从煤矿运到秦皇岛等主要煤炭集散港口的中间环节成本中,短途汽运费用占8%、铁路运输费用占20%、港口费用占5%。

从铁路运输成本构成看,包括货物集装站服务费、铁路计划费、铁路运输费、点装费、代理费等。从公路运输成本构成看,包括燃油费、过路过桥费、日常维修费、司乘工资、装卸费、亏吨扣款、信息费、运输税费、车辆保险及年检费等,这还不包括各类罚款。比如公路运输,物流成本中燃油费占40%,通行费占30%,人工成本占20%,车辆保险损耗占10%。一辆车拉35t的货,从临汾去广州来回约4000km,如果回程空车和实车的成本费用相差近9000元。物流企业普遍运营成本过高,利润率能做到5%已经可观,大多在3%左右。由于收费过高,各类物流企业为了降低成本,在考虑选择公路或铁路运输过程中,不得不舍近求远,甚至绕道,以时间成本换取物流费用

的降低。比如：从临汾送货到西安，如果走高速公路，一天即可往返，但是高速公路收费高，只能选择一级公路，往返就需一昼夜，造成司机长时间驾驶，存在安全隐患，物流运输时间延长，企业运营成本增加。公路收费里程长，站点密、收费高，大大降低了物流运输效率，提高了物流成本。

五、物流基础设施不配套、管理手段落后、物流人才缺乏

经过多年的发展，临汾在交通运输、仓储设施、信息通信和货物包装等物流基础设施方面有了一定的发展。但总体上来说，物流基础设施还比较落后，物流基础设施的规划和建设缺乏协调性、系统性、兼容性。

2000年临汾就开始制定物流业发展五年规划，提出了阶段性目标与任务，比如在县（市、区）建立若干个综合性、专业性物流园区和物流中心等，但当时县级层面上大多数都还没有制定过现代物流业专项规划，统筹不够、衔接不够、落实不够，物流项目建设在总体上仍处于分散无序的状况，园区和企业布局上零散，经营和定位上多为单打独斗，"点式经营""信息孤岛"局面广泛存在。配送中心的管理、物流管理模式和经营方式的优化等与一线、二线城市相比，存在着较大的差距，加之服务网络和信息系统也不健全，严重影响物流配送服务的准确性与时效性，从而提高了物流成本。

物流从业人员素质不高。以前，物流企业运作水平低，多为人工、机械化与半机械化操作，属于靠力气吃饭的行业，劳动密集型的运作方式使物流企业对员工素质要求较低，高中、中专、技校毕业即可胜任工作，这也造成物流从业人员受教育水平普遍较低。物流专业人员相对较少，对新技术与新装备掌握和运用不够，也在一定程度上制约了当时物流业的发展。

六、超限规定导致企业运输成本大幅度上升

在公路运输方面，主要是超限规定实施后对每车可载限额有要求，短途运输成本上涨明显。2016年9月21日，《超限运输车辆行驶公路管理规定》实施，其将2004年发布的《关于进一步加强车辆超限超载集中治理工作的通知》中规定的四轴载货汽车和四轴挂车的车货总量40t，改为四轴载货汽车限定为31t，四轴挂车限定为36t。从40t到31t，以车重13t计，原来可装27t货，现在限装18t，装货总量下降1/3，物流成本自然随之上涨。以钢铁产品从临汾发到太原、西安为例，2016年9月前，吨钢运输成本为60~70元，规定实施后，成本上升了50%，钢铁企业原本盈利状况就不理想，物流成本骤升使之压力更大。

如何降低物流成本，提出以下几点建议。

一是积极建议国家层面上出台降本增效政策，比如建立铁路运费淡、旺季和高速公路分时段收费调价机制，从整体上降低收费标准。

二是加强政府规划引领，科学布局物流园区和物流配送中心，加强和完善物流配

送体系基本设施建设。

三是出台促进现代物流业发展的政策，切实降低物流成本。

四是通过信息网络平台建设，整合各类物流资源，做大做强行业网络平台，特别是煤焦铁大宗货物物流平台。引进移植、培育、扶持一批具有竞争力的大型物流企业集团和物流服务名牌。引导中小物流企业通过联盟、联合、兼并、重组、参股等形式实现合作共赢。

五是积极鼓励采掘业和制造业分离外包物流业务，大力发展第三方物流。

六是充分发挥临汾四通八达的交通优势，发展多式联运，有效降低物流成本。

任务执行

一、物流成本核算的特点和原则

1.物流成本核算的特点

物流成本核算是根据企业确定的成本计算对象，采用相应的成本计算方法，按照规定的成本项目，通过一系列物流费用的汇集与分配，从而计算出各物流环节成本计算对象的实际总成本和单位成本的过程。物流成本核算具有以下特点：物流成本核算主体多层次；物流成本核算对象复杂；物流成本核算确认计量多样化；物流成本核算项目多样化。

2.物流成本核算的原则

物流成本核算是物流会计核算的一项重要工作，面对物流成本核算复杂多变的特点，为了在特定经济环境下进行合理的账务处理，就必须做出必要的假设条件，这种假设也是物流成本核算原则确立的基本前提。

（1）物流成本核算的假设前提有核算主体假设，持续经营假设，核算分期假设和货币计量假设。

（2）物流成本核算的一般原则。其包括客观性原则、相关性原则、一贯性原则、可比性原则、及时性原则、权责发生制原则、谨慎性原则、实质重于形式原则及重要性原则。

二、物流成本核算的内容、程序和方法

1.物流成本核算的内容

企业物流的一切活动最终体现为经济活动，经济活动必然要求进行经济核算，计

算成本、考核业绩。所以物流成本核算贯穿于企业整个物流活动的全过程。由于企业的物流活动包括运输、仓储、装卸搬运、包装、流通加工、配送和信息处理等多个环节，决定了企业物流成本核算必然包括以下内容：①仓储成本核算；②运输成本核算；③配送成本核算；④包装成本核算；⑤装卸搬运成本核算；⑥流通加工成本核算；⑦信息处理成本核算；⑧其他物流成本核算。

2.物流成本核算的程序

（1）企业物流成本的确认。企业物流成本的确认包括：①采购供应成本的确认；②生产活动物流成本的确认；③企业内物流成本的确认；④销售物流成本的确认；⑤回收物流成本的确认。

（2）企业物流会计的核算。企业物流会计的核算包括：①成本核算的一般程序；②企业物流会计的账户设置；③企业物流会计的账务处理；④物流成本会计的财务核算；⑤物流成本会计信息的报告。

3.物流成本核算方法

（1）一般物流成本的核算方法。物流成本核算的主要方法有按支付形态计算物流成本、按功能计算物流成本、按适用对象计算物流成本三种。

（2）隐性物流成本的核算方法。隐性物流成本是一种隐藏于经济组织总成本之中、游离于财务审计监督之外的成本，是由于经济主体的行为而有意无意造成的具有一定隐蔽性的将来成本和转移成本，是成本的将来时态和转嫁的成本形态的总和。隐性物流成本的核算方法主要涉及标准成本制定、隐性物流成本的计算与账务处理。

✂ 课后练习

1.某企业本月流通加工产品2000件，实际耗用甲材料102000kg，其标准用量为50kg/件，该材料的实际价格为9.50元/kg，标准价格为10元/kg，试计算其直接材料成本差异。

2.某物流公司仓库本月流通加工产品2000件，实际使用工时19000h，支付工资152000元，直接人工的标准成本是70元/件（每件标准工时是10h，标准工资率为7元/h），试计算其直接人工成本差异。

✏ 技能训练

1.训练目的

掌握物流成本的计算，并进一步熟悉物流成本的控制。

2.训练内容

A公司是一家食品生产企业。截至2010年底，该公司资产总额4123万元，2010年实现销售收入1.01亿元，实现利润总额6152万元。内部设有会计部（兼做信息工作）、人事部、采购部、生产部、品控部、仓储部和销售部7个部门，共有员工140人，其中采购人员5人、生产人员70人、营销人员20人，其余为管理人员。该公司有一个总面积约10000m²的仓库，用于储存食品货物，而运输业务和装卸搬运业务均由外部人员承包，公司支付运费和装卸搬运费。该公司的成本费用科目有生产成本、制造费用、销售费用、管理费用、财务费用、营业外支出和其他业务成本，其中营业外支出2010年12月无发生额。

请根据数据对A公司进行物流成本核算。

3. 训练步骤

（1）获取A公司2010年12月相关成本费用发生额及明细资料，并逐项分析哪些费用与物流成本相关。

（2）对与物流成本相关的费用内容进行汇总，将公司的物流成本相关费用明细汇成总表。

（3）物流成本资料分析及物流成本核算。根据会计明细账、记账凭证、原始凭证及其他相关资料，对表中与物流成本相关的费用逐项进行分析，并设物流成本辅助账户，按三个维度计算物流成本。

（4）由于运输业务和装卸搬运业务均由外部人员承包，在计算时，要先计算好各业务所占的比例。

任务三　物流成本控制

案例导入

杭州仓库：控制仓储成本，降低物流成本的中心环节

在市场竞争日益激烈的今天，高昂的物流成本一直是制约物流企业发展壮大的重要短板。如何有效地降低物流成本，也成为物流企业的重要课题。

相对于整个供应链来说，仓储是推动生产发展、满足市场供应不可缺少的一个环节。而就整个物流环节来说，仓储成本是物流成本中比较容易控制和管理的。要控制物流成本，最好的切入点就是仓储这个环节，进行仓储成本控制是降低物流成本的最好方式。

仓誉电仓认为：进行仓储成本控制，一定要弄清仓储在自身企业当中的重要性、存在的一些问题，只有理清楚这些方面，才能够制定相应的成本控制对策，进行成本控制。

从供应链的角度来看，物流是连接供给方与需求方的基础，当两边出现不一致的情况时，就需要仓储的存在，调节不平衡的供求关系。对某些生产型企业来说，仓储还是调节生产线、提高效率的重要环节。

一、仓储成本控制方向

1.设备成本管控

货物的进出仓主要依靠装卸搬运工作来完成，很多设备的价格都很昂贵。仓储部门需要依据实际情况进行设备的采购，不要一味为了提升效率而忽略成本的考量，无意间增加了设备成本。

2.作业成本管控

作业成本管控涉及仓储精细化环节，需要对仓储作业每一个环节进行信息化记录，同时制定相应的策略来提升效益，从而降低成本，如通过货品归类码放提示来提升拣货及出库效率等。

3.人工成本管控

人工成本管控主要指提升效益，进行合理的人员结构调整。通过信息化系统对每一个作业进行相应的数据记录，与相关操作人员进行绑定，可以准确地分析出该工作人员的作业情况。通过数据汇总，可以较为清晰地判断分析出目前人员的分配情况是否合理。

二、仓储成本控制措施

1.应用成熟的仓储管理准则

先进先出是仓储管理准则之一，它能保证每个被储物的储存期不至于过长，降低仓储物品的保管风险，减少货物破损等问题的出现。

2.提升货物存储率

科学化堆垛以及合理规划库区库位，都是提升货物存储率的方式。其主要目的在于减少储存设施的投资，提升仓储效益。

3.应用信息化系统提升工作效益

通过WMS系统指导现场工作人员进行操作，将极大地提升人员的工作效率，同时依据标准化流程作业也规避了人工管理方式上所出现的一些弊端。

4.严格的人员管理

工资是仓储成本的重要组成部分，劳动力的合理使用是降低仓储成本的重要一环。

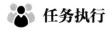 **任务执行**

物流成本控制就是在物流成本的形成过程中，对物流活动过程进行规划、指导、限制和监督，使之符合有关物流成本管理的法规、政策、目标、计划和定额，及时发现偏差，采取措施校正偏差，将各项消耗控制在预定的范围内。一般情况下，物流成本控制可按成本发生的时间先后划分为事前控制、事中控制和事后控制三类，即物流成本控制过程中的设计阶段、执行阶段和考核阶段。

一、物流成本控制的程序

物流成本控制的程序可以分为以下四个步骤。

1.制定控制标准

对物流过程中的料、工、费制定数量界限，即目标成本。

2.执行控制标准

在物流管理中，按照制定的控制标准控制各物流环节的消耗与支出。

3.揭示成本差异

通过揭示成本差异，分析超支或节约原因，区分哪些是可控费用，哪些是不可控费用，进一步修改控制标准。对于例外情况应及时上报，并进一步分析，找出出现差异的原因和责任者，从而进行处理。

4.进行成本反馈

在物流成本控制中，要将成本差异的情况及时反馈到有关部门并及时进行处理。

以上几个步骤相互联系，循环往复，构成物流成本控制的循环，在物流成本控制的各阶段都是如此。

二、物流成本控制方法

物流成本控制方法有很多，在物流成本控制工作中运用较多的是标准成本法。标准成本法是以预先运用技术测定等科学方法制定的标准成本为基础，将实际发生的成本与标准成本进行比较，核算和分析成本差异，并将其纳入财务会计的主要账簿体系的一种成本核算方法。采用标准成本法，揭示成本差异产生的原因，从而采取有效措施。

1.标准成本法的特点

标准成本法的特点是集成本计划、成本核算、成本控制和成本分析于一体，突出了成本控制的核心地位，本质上它是一种成本管理方法。

2.标准成本的种类

标准成本是通过精确调整、分析与技术测定而制定的，是用来衡量实际成本工作效率的一种目标成本。标准成本按其制定的基础，分为以下几种。

（1）理想的标准成本。它是在最优生产条件下，利用现有设备能达到的最低成本。这种标准成本很难成为现实，因为它排除了工作中的一切失误、浪费和耽搁（如设备故障、工作停顿等），要求太高，实际工作中不能将其作为考核的依据。

（2）基本的标准成本。它是以上一年度或者某一年度的实际成本为参照确定出来的标准成本。这种标准成本一经制定，多年保持不变，使各期成本有一个共同的比较基础。但随着时间的推移，它不能反映现在应达到的标准，而成为一种过去的标准，所以在实际工作中很少采用。

（3）实际（现行）标准成本。实际标准成本以物流企业现实生产条件为基础，是根据产品的各项标准消耗量（如材料、工时等）及标准费用率计算出来的成本。在制定这种标准成本时剔除了一些不可避免的不利因素，如机器故障、工作停顿等。要达到这种标准并非易事，但绝非高不可攀，经过努力是可以达到的，因而在实际工作中得到广泛的应用。

3.标准成本的制定

产品的标准成本，是由产品的直接材料、直接人工和制造费用组成的。制定标准成本时，应根据事先搜集的历史成本及相关资料，按成本项目分别确定单位产品的数量标准（用量标准）和价格标准（标准单价），将两者相乘计算出相应的成本标准，经汇总后最终确定单位产品的标准成本。

无论是哪一个成本项目，在制定其标准成本时，都需要分别确定其数量标准和价格标准。数量标准包括直接材料、直接人工和制造费用的用量标准，价格标准包括材料价格标准、工资率标准和制造费用分配率标准。

（1）直接材料的标准成本。直接材料的标准成本，是用统计方法、工业工程法或其他技术分析方法确定的。它是在现有技术条件下提供某种服务所需耗费的材料费用，其中包括必不可少的消耗，以及各种难以避免的损失。

直接材料的价格标准是预计下一年度实际需要支付的进料单位成本，包括发票价格、运费、检验费和正常损耗等成本，是取得材料的完全成本。

①直接材料的用量标准。直接材料的用量标准，由运输、仓管部门和使用原材料的员工根据使用过程中的实际损耗制定。

②材料的标准单价。材料的标准单价包括材料的买价和运杂费、检验费、正常损耗等，通常由成本会计人员会同采购人员根据预计的市场价格及其变动趋势、各

生产商报价和批量采购的优惠等相关因素共同制定。直接材料的标准成本的计算公式为：

$$直接材料的标准成本 = 直接材料的用量标准 \times 材料的标准单价$$

（2）直接人工的标准成本。制定直接人工的标准成本，就是要确定单位产品的标准工时和每一工时直接人工的价格标准（标准工资率）。直接人工的标准成本的计算公式如下：

$$直接人工的标准成本 = 单位产品的标准工时 \times 标准工资率$$

①标准工时。标准工时是指在现有物流运作技术条件下，提供某种服务所需要的时间，包括直接服务操作必不可少的时间，以及必要的间歇和停止时间，如工间休息时间、调整设备时间、不可避免的不良服务耗用工时等。标准工时应以作业研究和工时研究为基础，参考有关统计资料来确定。

②标准工资率：

$$标准工资率 = \frac{预计直接人工工资总额}{标准工时总额}$$

标准工资率可能是预定的工资率，也可能是正常的工资率。如果采用计件工资制，标准工资率等于预定的每件产品支付的工资除以标准工时。如果采用月工资制，需要根据月工资总额和可用工时总量来计算标准工资率。

（3）制造费用标准成本，分为固定制造费用标准成本和变动制造费用标准成本。

$$固定制造费用标准成本 = 工时标准（用量标准）\times 标准分配率（价格标准）$$

$$变动制造费用标准成本 = 工时标准（用量标准）\times 标准分配率（价格标准）$$

4.成本差异计算与分析

成本差异是指产品的实际成本与产品的标准成本之间的差额。当实际成本超过标准成本时，是不利差异，或称逆差，用（＋）表示；当实际成本低于标准成本时，是有利差异，或称顺差，用（－）表示。对于逆差，应及时找出原因，提出进一步的改进措施，以便尽早消除；对于顺差，也应及时总结经验，巩固成绩。

由于实际成本是根据实际用量（数量）和实际价格计算的，而标准成本是根据标准用量（数量）和标准价格计算的，因此成本差异可以概括为"实际用量 × 实际价格"和"标准用量 × 标准价格"之差。

成本差异 ＝ 实际成本 － 标准成本

＝ 实际价格 × 实际数量 － 标准价格 × 标准数量

＝（实际价格 － 标准价格）× 实际数量 ＋ 标准价格 ×（实际数量 － 标准数量）

＝ 价格差异 ＋ 数量差异

有关数据之间的关系如图6-3-1所示。

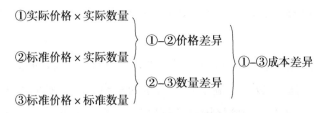

图6-3-1　成本差异数据之间的关系

（1）直接材料成本差异的分析。构成直接材料成本差异的因素有两个，即材料价格差异和材料用量差异。

$$材料价格差异=实际数量 \times （实际价格-标准价格）$$

$$材料用量差异=标准价格 \times （实际数量-标准数量）$$

$$直接材料成本差异=材料价格差异+材料用量差异$$

（2）直接人工成本差异的分析。构成直接人工成本差异的因素有价格差异（通常为工资率差异）和工时差异（通常为人工效率差异）。其计算公式如下：

$$工资率差异=（实际工资率-标准工资率） \times 实际工时$$

$$人工效率差异=标准工资率 \times （实际工时-标准工时）$$

$$直接人工成本差异=工资率差异+人工效率差异$$

（3）制造费用成本差异分析。

①构成变动制造费用成本差异的因素是效率差异和耗费差异。

$$效率差异=标准分配率 \times （实际工时-标准工时）$$

$$耗费差异=实际工时 \times （实际分配率-标准分配率）$$

$$变动制造费用成本差异=耗费差异+效率差异$$

②构成固定制造费用成本差异的因素详见以下公式。

固定制造费用成本差异是指在实际产量下，固定制造费用的实际发生额脱离标准发生额而产生的差异。

a.两因素法。

$$耗费差异=固定制造费用实际数-固定制造费用预算数$$

$$能量差异=固定制造费用预算数-固定制造费用标准数$$

$$=（运营能量工时-实际产量标准工时） \times 标准分配率$$

b.三因素法。

$$固定制造费用实际数=实际产量 \times 单位实际工时 \times 实际分配率$$

$$固定制造费用预算数=生产能力产量 \times 单位标准工时 \times 标准分配率$$

$$=运营能量工时 \times 标准分配率$$

$$固定制造费用中间数=实际产量 \times 单位实际工时 \times 标准分配率$$

固定制造费用标准数＝实际产量 × 单位标准工时 × 标准分配率

耗费差异＝固定制造费用实际数 – 固定制造费用预算数

闲置能量差异＝固定制造费用预算数 – 固定制造费用中间数

效率差异＝固定制造费用中间数 – 固定制造费用标准数

✖ 课后练习

简述物流成本控制的程序。

✐ 技能训练

试完成物流成本调查报告，模板如下。

物流成本调查报告

苏宁易购集团股份有限公司（简称苏宁）1990年创立于江苏南京，是中国3C家电连锁零售企业的领先者，国家商务部重点培育的"全国15家大型商业企业集团"之一。经过数十年的发展，现已成为我国较大的商业企业集团。

截至××××年，苏宁连锁网络覆盖中国×××个城市，并进入日本市场，拥有××××家连锁店，员工××万人，××××年销售收入×××亿元，位列中国上规模民营企业500强榜单第××位，中国企业500强第×××位。

苏宁始终保持稳健高速的发展，自2004年7月上市以来，得到了投资市场的高度认可，是全球家电连锁零售业市场价值最高的企业之一。

物流配送服务——物流是连锁经营的核心竞争力。苏宁在全国建立了区域配送中心、城市配送中心、转配点全国三级物流网络体系，依托运输管理系统、仓库管理系统等先进信息系统，实现了长途配送、短途调拨与零售配送到户一体化运作，平均配送半径200km，日最大配送能力80多万台，并率先推行准时制送货，24h送货到户。

以"网络集成化、作业机械化、管理信息化"为目标，苏宁在全国大力建设以机械化作业、信息化管理为主要特征的第三代物流基地。第三代物流基地集物流配送中心、呼叫中心、培训中心、后勤中心等于一体，支撑半径80~150km零售配送服务，每年50亿元~200亿元的商品周转量，成为苏宁大服务与大后方平台。

信息化是苏宁的核心竞争力。苏宁视信息平台为企业神经系统，建立了集数据、语音、视频、监控于一体的信息网络系统，实现了海内外数百个城市、数万个店面和数十万人的一体化管理。

秉承"自主培养、内部提拔"的人才培养理念，苏宁高度注重人才梯队建设，制订了多项人才梯队计划，保障了企业持续快速发展。苏宁坚持打造学习型企业，建立了企业文化、业务能力与领导力等培训内容模块，涵盖入职、在职、脱岗、E-Learning自学以及厂商联合、校企合作、外部机构合作多种形式的培训体系，并在南京、杭州、北京等地自建现代化培训中心与苏宁大学，培训范围覆盖企业各级干部与岗位员工。

1.苏宁物流配送现状

（1）物流配送模式。

苏宁从最初的完全自营物流配送模式已转为自营物流与第三方物流相结合的模式，其中仍以自营物流为主，其占比较多。苏宁在北京地区的各门店通常承诺送货时限100km控制在12h以内。

（2）物流信息技术的应用。

苏宁仓库的运作方式是机械化作业，信息处理计算机化。企业的物流信息系统中包括运输管理、仓储管理、财务管理、设备管理、订单处理以及配送管理功能。苏宁应用SAP系统（企业财务管理软件）。信息管理平台能够对所有数据进行实时监控，掌握公司业务的运作情况。

库存管理系统对机械操作的自动管理将使进货和出货的差错率几乎为0。信息管理下的配送车辆，反应能力和送货能力大大提高。此外，SAP系统下的RF（无线射频）模块、GPS模块等都相继开发使用，使苏宁的信息化管理水平得到进一步提升。苏宁还将基于SAP系统进行进一步整合以充分发挥其作用，进一步提高配送效率，满足顾客的需求。苏宁的物流配送流程以财务为中心，将营销、物流和采购等统一在一个平台之下。在这个平台下，POS机的收款信息能立刻传到配送中心，由配送中心做出反应，产生配送指令。在先进的物流信息系统的支撑下，苏宁对商品的流向进行了精确的控制。

专业化、信息化物流战略：苏宁第三代物流基地的建设，采用全自动、机械化的立体仓储系统的集成方案，通过库内立体化仓储系统、机械化运输系统、信息管理平台的实施，建成国内电器连锁行业先进的物流配送中心，成为苏宁物流配送系统运作和发展的标志性工程。

2.评价苏宁物流配送特点及存在的问题

（1）苏宁物流配送的特点。

大家电需要安装、调试，工作人员需要具备特殊技能，对售后服务要求高。家电需求随机、服务地域分散。家电配送用户多、交通路线复杂，如何组合成最佳路线、如何使配装和路线有效搭配等，是家电配送工作的难点与重点。

家电是具有销售季节性特点的产品。因此，家电零售行业的库存及运输车辆都需要根据销售的淡旺季而进行调整。家电零售企业物流配送对及时性要求高。家电零售行业是一个需要快速周转的行业，通过快速周转获得大批量销售来取得厂商资源，信息化、实时化就显得非常重要。

（2）苏宁物流配送存在的主要问题。

①信息系统不健全，信息流通不畅。我国物流信息化的发展还有很大空间，苏宁物流配送系统的现代化程度有待进一步提升，制约了物流配送系统的高效运行。由于信息流的不畅通，企业在物流运输的环节缺少有效的管理控制。

②配送中心运营效率低下。家电零售连锁企业的优势在于可以通过强大的销售网和销售能力向厂家大量包销或买断，取得低成本优势，进而取得价格优势。而其专业化的服务、良好的品牌知名度都有赖于家电连锁的规模，规模成为决定成败的关键要素之一。

这也是近年来苏宁大力开展"圈地运动"的原因。但这种"放卫星"式的扩张及业态模式的简单复制并没有体现出配送中心的规模优势，反而增加了物流成本，加大了企业的经营风险，未能实现有限资本的收益最大化。

③配送中心选址不科学。苏宁在配送中心选址上，缺乏对选址决策重要性的认识，只简单地考虑仓储租金，很少结合配送成本、配送效率和服务质量来分析。从表面看，一次性固定的仓储租金投资少了，但实际上由于仓库的位置偏僻，交通状况较差，送货路程较长，送货成本就高，对承运方而言，单车月均送货量小，送货效率受到影响，为了确保车辆合理的收益，可接受的配送运价就高。

◇ 项目实训

ⓒ 实训目标

技能目标	能够根据任务要求选择正确的物流成本核算方法，实施物流成本核算；能够运用作业成本法准确计算各项作业成本，实施物流成本控制
素养目标	具备成本节约意识；具备严谨科学的数据思维；实施物流成本预算和决策时，注重细节，顾全物流成本控制的全局

🔍 实训任务

RX物流公司在深圳开设有子公司，子公司独立运营。深圳RX物流位于深圳宝安区，所有订单均为代工，具有自主采购权，客户70%来自非洲、中东、南美等发展中国家，30%为国内客户。员工总数62人，负责采购的员工有2人，国内销售2人，国外销售1人。物流部员工2人，所有运输、仓储都外包给B物流。物流部员工小李负责国内物流部分，主要包括从供应商提货至工厂，从工厂送货至第三方公司仓库，工厂送货至客户仓库。员工小王负责国外物流部分，其涵盖的内容稍广泛一些，主要包括从工厂送货至深圳物流园，原材料进口报关、出口报关。两人之间工作上几乎没有交集。深圳RX物流选择的供应商85%都集中在龙华区，公司产品主要为空运，距离工厂比较近的机场为深圳宝安国际机场和香港国际机场。销往国外的货物主要是送往深圳物流园。

为深圳RX物流提供物流服务的B物流，某月提取的职工培训经费为14500元。该月发生的作业包括运输作业、仓储作业、包装作业、装卸搬运作业、流通加工作业、物流信息作业、物流管理作业和非物流作业，从事各项作业的人数分别为5、4、3、8、5、2、3、30。

根据深圳RX物流2023年的数据，运输费用占总物流费用的70%，其余30%为仓储费、包装费、装卸费、保险、过路过桥费、港口杂费等，诸如过路过桥费、保险、港口杂费等都属于不可控物流成本，基本无改善的地方，而运输费用则属于可控范围，现摘取部分提货费，来源于2024年3月收到的B物流开具的账单（见表6-3-1）。

表6-3-1　　　　　　　　　　2024年3月物流账单摘取

费用明细	时间	取货地	到达地	运费（元）	装卸费（元）	总计（元）
提货费	2024.3.8	龙华A公司仓库	RX工厂	300		300
	2024.3.8	龙华B公司仓库	RX工厂	300		300
	2024.3.10	龙华B公司仓库	RX工厂	300		300
	2024.3.15	RX工厂	深圳机场	250	50	300
	2024.3.15	RX工厂	某客户	250		250

1.根据案例背景以及相关材料，分析深圳RX物流在物流成本环节可能存在的问题，并提出解决方案。

2.请根据案例背景、相关材料以及作业成本法的相关知识，运用作业成本法对B物流的物流费用进行分析。

U 实训评价

班级		姓名		小组				
任务名称			项目六综合实训					
考核内容	评价标准	参考分值（分）	学生自评（分）	小组互评（分）	教师评价（分）	考核得分（分）		
知识掌握情况	理解物流成本核算的方法	5						
	掌握物流成本控制的程序	5						
	明确常见的物流成本控制的方法	10						
技能提升情况	能基于案例分析该企业在物流成本控制环节所存在的问题	15						
	能基于物流成本控制环节所存在的问题提出合理的解决方案	15						
	能基于作业成本法的原理分析并计算B物流的物流费用	15						
	能基于作业成本法的计算结果，进行物流成本控制总结	10						
职业素养情况	具有自主学习能力	5						
	具有成本节约意识，善于交流	5						
	具有一定的分析能力	5						
参与活动情况	积极参与小组讨论	5						
	积极回答老师的提问	5						
小计								
合计（学生自评×20%+小组互评×40%+教师评价×40%）								

项目七　物流市场开发与客户服务

📖 项目概览

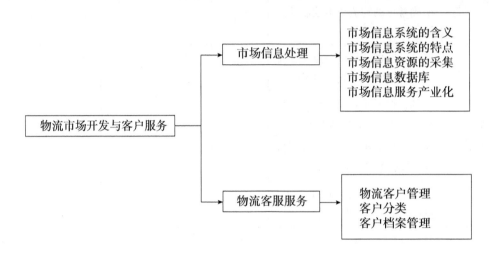

📍 项目目标

知识目标	1.掌握市场信息处理； 2.掌握客户档案管理
能力目标	能够进行物流市场开发与客户管理
素质目标	使学生熟悉法规，掌握现代物流管理理论、信息系统相关手段和方法，具备物流管理、规划、设计等较强实务运作能力，培养学生成为在物流管理领域从事全过程策划、管理和物流信息化工作的高级复合型管理人才
教学重难点	客户档案管理

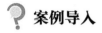 **项目解析**

任务一 市场信息处理

案例导入

德国物流市场情况

德国慕尼黑国际物流、交通运输及远程信息处理博览会是全球物流行业大展会。自1978年起举办，每两年一届，展会囊括物流服务、航空货运、公路铁路运输、港口及船运物流、厂内物流、物流设备、IT和供应链管理等各个相关领域，以涵盖"大物流"整体产业链的视野，该展会提供了包括海陆空客运及货运、室内物料搬运与传送以及远程信息处理技术等领域的全方位展示。自2003年它将欧洲航空货运展及欧洲铁路运输大会纳入展会后，2005年开始，著名的国际海运大会也加入进来，海、陆、空三大领域国际性大会的结盟无疑进一步把慕尼黑国际物流、交通运输及远程信息处理博览会推向了行业内全球峰会的地位，参加该展会有助于完善展会涵盖范围，特别对仓储设备生产行业有拔群的效果。

德国是世界经济发达的国家之一，经济总量次于美国、中国，居世界前几位。德国联邦统计局公布的数据显示，受国内消费及投资增加、出口业繁荣等因素提振，德国经济仍保持稳定增长，2018年全年GDP增长率为3%。德国是欧盟人口较多的国家，约有8400万人口，是世界第三大市场。

据欧盟统计局统计，2017年1—2月，德国货物进出口额为3911.4亿美元，比2016年同期（下同）增长4.0%。其中，出口2144.6亿美元，增长3.8%；进口1766.8亿美元，增长4.2%。贸易顺差377.8亿美元，增长1.9%。1—2月，德国与中国的贸易顺差为5.2亿美元，而2016年同期为逆差。截至2017年2月，中国是德国第五大出口目的地和第二大进口来源国。

任务执行

一、市场信息系统的含义

市场信息系统是由人、设备及其程序，通过信息交流，在市场营销活动中，为决策者提供可靠信息而形成的一种有机的组织程序。系统是由若干要素相互联系、相互作用形成的有机整体。而构成市场信息系统的要素主要包括信息的传递者、信息处理设备、信息交流过程和信息内容等。这些要素在市场营销活动中组成了连续的互为影响的一种有组织的程序。

按市场信息来源可以分为内部和外部的市场信息；按市场信息反应的时间可分成历史信息、现时信息和未来信息三种；按市场信息收集途径，可分成原始信息和加工信息；按市场信息的内容性质分类，又可分为商品供应信息、商品需求信息、市场竞争信息、市场管理信息、市场商品价格变动信息、商品运输和存储信息、货币流通信息等。

二、市场信息系统的特点

市场信息系统具有以下特点。

（1）客观性。客观性是指客观的真实存在。市场活动是商品交换行为，必然会产生供给与需求两方面。从供给的角度来看，一方面会产生供给的信息，另一方面又需要得到需求的信息；而从需求的角度来看，一方面会产生需求的信息，另一方面又需要得到供给的信息。而供给与需求的信息又不可避免地通过一定的媒介进行传播，从而使市场信息系统客观存在。

（2）广泛性。在市场经济体制下，商品生产与交换贯穿各个领域，而市场信息系统也随之在这广阔的时空中发挥着巨大的作用，并伴随其发展而壮大。市场信息系统所拥有的信息面之大，决定了其范围的广泛性。

（3）能动性。市场信息系统的能动性在于：第一，市场信息系统通过各种媒介的传播，广泛被民众所接触，形成了生产与销售、需求与消费的信息流，从而刺激了生产与销售、需求与消费的发展；第二，市场信息系统以其独特的作用及经济手段参与了市场经济活动，为市场经济活动穿针引线，将生产与销售、需求与消费有机地衔接起来，从而避免了其各自的盲目性。

（4）开放性。市场信息系统是一个开放的系统，它不断地与社会各界进行着物质、能量与信息的交换。通过外部环境物质、能量与信息的输入与输出，保证了市场信息系统中的物质、能量与信息不断更新与壮大，并使其所拥有的信息在社会上发挥巨大的作用。

三、市场信息资源的采集

狭义的市场信息资源指市场信息本身及其载体；广义的市场信息资源除了市场信息内容本身以外，还包括与其紧密相连的信息设备、信息人员、信息系统、信息网络等。市场信息资源的开发，是在外延上发掘信息源、开拓信息渠道、建立数据库、加速信息流，在内涵上不断充足和加工市场信息本身。

同其他资源一样，市场信息资源也有合理配置的问题，即市场信息资源在时间、空间和数量上的合理配置。市场信息资源配置从信息内容来讲，要注重有关属性和资信方面的信息开发。技术诀窍的不平均分布称为知识差距。有关属性知识的不平衡性称为信息问题。

在市场信息资源的采集中应注意六项原则：①主动、及时原则；②真实、可靠原则；③针对、适用原则；④系统、连续原则；⑤适度、经济原则；⑥计划、预见原则。

企业是信息服务业蓬勃繁荣的主要的生力军。市场信息资源开发问题本质上是一个创新问题，只有非常灵活的企业机制才能支持鼓励创新的市场业务。市场信息资源的采集是指根据特定目的和要求，将分散在不同时空的有关市场信息采掘和积聚起来的过程，它是市场信息资源能够得以充分开发和有效利用的基础。

市场信息源通常包括：①个人信息源；②实物信息源；③文献信息源；④数据库信息源；⑤组织机构信息源。

· 个人信息源特点：及时性、强化感知性、主观随意性。

· 实物信息源特点：直观性、真实性、隐蔽性、零散性。

· 文献信息源特点：系统性、稳定性、易用性、时滞性。

· 数据库信息源特点：多用性、动态管理性。

· 组织机构信息源特点：权威性、垄断性。

企业信息采集主要有内部途径和外部途径两大方面。

（1）企业内部信息采集途径主要有：①管理监督部门；②研究开发部门；③市场营销部门；④"葡萄藤"渠道（指传播小道消息的非正规组织信息渠道）；⑤内部信息网络。

（2）企业外部信息采集途径主要有：①大众传播媒介；②政府机关；③社团组织；④各种会议；⑤个人关系；⑥协作伙伴；⑦用户和消费者；⑧外部信息网络。

市场信息分为动态信息与静态信息、公共信息与非公共信息。动态信息是指直接从个人或实物信息源中发出，且大多尚未用文字符号或代码记录下来的信息；静态信息是指经过人的编辑加工并用文字符号或代码记录在一定载体上的信息。

动态信息采集常用的方法：问卷调查法、访谈法、参观考察法、专家咨询法等。静态信息采集常用的方法：采购法、信息检索法等。

问卷调查法一般包括问卷设计、选取样本和实施调查三个步骤。问卷调查法主要采取抽样调查方式来选取样本。经常采用的抽样调查方式包括概率抽样和非概率抽样。概率抽样又可具体分为随机抽样、类型抽样。非概率抽样在抽样中加入了某些人为的主观标准，其经济性和可行性较好。

市场信息整序的目的就是把无序信息转化为有序信息，形成更高级的信息产品，以满足人们的特定需要。市场信息整序活动一般包括优化选择、确定标识、组织排序、改编重组四个方面。一般来说，优化选择将考察市场信息在相关性、可靠性、先进性、适用性等方面与用户需求的匹配程度，通过比较法、分析法、核查法、摘录法、专家评估法等对所有收集的市场信息进行择优选择。

我们把对信息的外表或内容特征进行描述的各种结果称为数据项。信息的外表特征包括名称、类型、表现形式、生产者、产地、日期、编号等；信息的内容特征是指该项信息所涉及的中心事物和学科属性等。选取数据项应遵循：①完整性原则；②标准化原则；③方便性原则；④低冗余原则。

常用的信息组织与排序方法主要有：①分类组织法；②主题组织法；③号码组织法。信息改编与重组的方法主要有汇编法、摘录法和综述法三种。汇编法：选取原始信息中的篇章、事实或数据等进行有机排列而形成信息产品。摘录法：对原始信息内容进行浓缩加工，即摘取其中主要事实和数据而形成二次信息产品。综述法：对某一课题某一时期内的大量有关资料进行分析、归纳、综合而形成具有高度浓缩性、简明性和研究性的信息产品。按编写手法不同，综述可分为叙述性综述和评论性综述。

市场信息分析就是根据特定问题需要，对大量相关信息进行深层次的思维加工和分析研究，形成有助于新信息问题解决的信息劳动过程。市场信息分析的工作程序通常由提出选题、设计研究框架、信息收集与整序、信息分析与综述、编写研究报告等阶段组成。

四、市场信息数据库

市场信息数据库是指能够提供与市场活动有密切联系的各类信息的数据库，即有关公司、厂商、产品供销、市场行情、贸易统计、金融活动、经济政策和法规、专利、商标、标准等方面信息的数据库。市场信息数据库已占联机数据库的主导地位。

以市场为驱动力，以用户为主导，走商品化、市场化道路，优先发展经济、商业、金融等领域的数据库，已成为数据库发展的方向。开发信息资源，大力发展数据库产业，应当是当前我国信息产业发展的一个重点，并从宏观和微观两个层面上加以科学管理。

市场信息数据库的宏观管理，主要应注意：①制定合理的宏观发展规划和整体发展战略；②扩大资金来源渠道，如企业投资、风险投资、利用外资等；③完善数据库产业的政策法规，保护数据库产品的知识产权。

市场信息数据库微观管理的关键问题是数据库产品质量。必须通过对市场信息采集、处理、组织、服务的标准化来实现对市场信息质量的控制：①市场信息采集科学化；②市场信息处理标准化；③数据库服务形式多样化。

五、市场信息服务产业化

市场信息服务产业化的动因如下。

产业的形成、发展及其演化主要受生产力发展水平制约，由生产力发展水平所决定的技术进步和社会需求两个方面影响。

（1）从技术进步来看，信息技术在传输、处理、储存等方面取得了全面的发展，为市场信息采集、处理、储存和传输等环节提供了强大的技术基础，为市场信息服务产业的发展提供了技术支持。

（2）从社会需求来看，企业经营机制的转换、政府职能的转变以及人民生活水平的提高和信息技术手段的普及，都使信息需求急剧增加，迫切需要数量更多、质量更高、更新速度更快的各种各样的市场信息服务。

现代市场信息服务的产业化发展呈现的特征：①市场信息服务主体的多元化；②市场信息服务内容的多样化；③市场信息服务手段的现代化。

在市场信息服务企业的竞争中，提供信息的质量远胜于数量，对市场信息的开发深度远胜于广度。市场信息服务的精髓也在于以节省用户的时间为核心，而不是以增加信息为核心。市场信息服务产业事实上是非常典型的知识产业，是以信息专家为核心的业务。专家队伍决定了市场信息服务企业的竞争力。

✂ 课后练习

简述市场信息系统的特点。

✎ 技能训练

训练1：寻找与识别潜在物流客户。

（1）寻找潜在物流客户前的准备工作。

（2）寻找潜在物流客户。

（3）识别潜在物流客户。

（4）建立潜在物流客户档案。

训练2：接近物流客户。

（1）接近物流客户前的准备工作。

（2）约见物流客户。

（3）接近物流客户。

任务二　物流客户服务

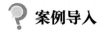 **案例导入**

物流企业：向客户关系管理要利润空间

国际知名物流公司纷纷进入中国市场后，各大物流公司抢占市场的竞争使得客户资源愈显宝贵。据统计，企业的客户满意度如果有5%的提高，企业的利润将会翻一番；而2/3的客户离去则多半是因为企业对他们的关心不够；企业向潜在客户推销产品的成功率大约为15%，向现有客户推销产品的成功率则达到50%，而企业向潜在客户推销产品的花费大约是向现有客户推销产品的花费的8倍。

美国的著名推销员乔·吉拉德在商战中总结出了"250定律"。他认为每一位顾客身旁大约有250个亲朋好友。如果你赢得了一位顾客的好感，就意味着赢得了250个人的好感；反之得罪了一位顾客，也就意味着失去了250位顾客。因此物流企业经营者都认为，客户关系管理是企业成功和提升竞争力的重要因素之一。

任务执行

现代企业的竞争优势不是单一企业的优势，而是一种网络优势。企业经营网络的构造是当今竞争战略的主要内容，物流客户服务作为一种特有的服务方式：一方面以商品为媒介，打破了供应商、生产商、批发商和零售商之间的隔阂，有效地推动商品从生产到消费全过程的顺利流动；另一方面，物流客户服务通过自身特有的系统设施等不断将商品销售、在库等重要信息反馈给流通中的所有企业，使整个流通过程能不断协调适应市场变化，进而创造出一种超越单个企业的供应链价值。

一、物流客户管理

物流客户管理是在客户需求的拉动下，为使物流竞争力最强而借助信息技术和管理技术，将物流业务伙伴的业务流程相互集成，从而实现产品设计、原材料采购、产品制造、仓储配送、分销与零售集成化，并进行优化管理，进而实现客户价值最大化的管理模式。

1.物流客户管理的原则

在物流客户管理的过程中，需要遵循以下原则。

（1）动态管理。

客户是多层次、多类型的，客户同时又是变化的。因此，客户档案建立后，就应当及时维护和更新。针对不断变化的客户情况，要对客户的资料加以调整，剔除过时的或已经变化了的资料，及时补充新的资料，对客户的变化进行跟踪，使物流客户管理保持动态性。此外，注意对客户的筛选，留住大客户，淘汰无利润、无发展潜力的客户。

（2）突出重点。

突出重点，一是要加强对重点客户的管理，管理人员要透过客户资料找出重点客户；二是针对不同类型的客户建立不同的客户档案；三是对不同类型的客户应采用不同的策略和管理办法。

（3）灵活运用。

客户资料的收集管理，目的是在经营过程中加以运用。所以，在建立客户资料卡或客户管理卡后，应以灵活的方式及时、全面地提供给管理人员及其他有关人员，使他们能进行更详细的分析，提高客户管理的效率。

2.物流客户管理的内容

（1）客户基本资料的管理。

客户基本资料的管理涉及客户最基本的原始资料的管理。主要包括客户的姓名、地址、电话；企业所有者、法人代表；性格、兴趣、爱好、家庭情况、学历、年龄、能力；创业时间、与本公司交易时间；企业组织形式、业种、资产等。这些资料是物流客户管理的起点和基础，主要是通过营销人员进行客户访问而搜集起来的。在档案中要反映客户的特征，主要包括服务区域、发展潜力、经营观念、经营方向、经营政策、企业规模、经营特点等。

（2）客户关系管理。

客户关系管理的目的就是追求客户满意，培养客户的忠诚度，在此基础上，最终建立起比较稳定、相互都受益的伙伴关系。客户获得了满意的服务，而物流企业则获得了利润。更为重要的是在满意的服务中，最终赢得了客户，实现了盈利目标：物流额增加，物流费用降低，建立了稳定的客户关系网络。此外，由于物流企业的服务，客户在很多方面都相继受益，诸如缩短了决策时间，减少了冲突，节省了费用，盈利增加。客户关系管理应注意加强与客户的感情沟通，处理好客户的抱怨，达到客户满意度最大化。

（3）客户风险管理。

客户风险管理是指控制贷款的回收，防止因客户倒闭和有意逃债而引发的债务风险。为此，企业要制定相应的风险管理制度，将经营风险降到最低。

（4）客户管理的办法。

对客户进行管理，需要采用一定的管理办法。一般来讲，客户管理的办法主要有巡视管理、关系管理与筛选管理。

巡视管理。管理客户，首先必须了解客户。而要了解客户，就要多与客户进行接触，倾听客户意见。接触的途径就是实施巡视管理。

关系管理。指导物流管理人员如何与客户打交道。如果物流管理人员能与客户搞好关系，那么他就能与客户做成交易，进而培养客户的忠诚度，建立长久的业务关系。

筛选管理。筛选管理是指管理人员每年年末对其掌握的客户进行筛选。筛选管理的目的就是将重点客户（大客户）保留，而淘汰无利润、无发展潜力的客户。在筛选时管理人员应将客户数据调出来，进行增补删改，将客户每月的交易量及交易价格详细填写，并转移到该客户下一年的数据库上。有些客户数据库里仅填写了客户姓名及地址，其他资料则空缺，此时就应将客户有关情况记录进去，诸如客户公司的主管人员的性格志向、营业情况、财务状况，甚至将竞争对手情形一并记入。这些数据资料十分重要，是管理人员开展物流营销工作不可或缺的。当市场不景气时，管理人员更要加强对客户的筛选。在筛选客户时，管理人员可以从以下几个方面衡量客户，作为筛选依据。

①客户全年购买额。将1—12月份的交易额予以统计。

②收获性。客户毛利额的大小。

③安全性。管理人员要了解业务款能否足额回收，客户今年的业务款没有结清，哪怕他发誓明年购买量是今年的几倍、十几倍，都要他结清业务款。

④未来性。管理人员要了解客户在同行中的地位及其经营方法，看其发展前途。

⑤合作性。管理人员要了解客户的购买率、付款情况等。

（5）为每个大客户选派精干的业务代表。

对许多企业来说，重点客户（大客户）占了企业大部分经营额，管理人员与重点客户打交道，除了进行业务访问外，还要做其他一些事情，如对重点客户的业务提供有价值的建议等。因此，很有必要为每个重点客户安排一名专职的业务代表。这名业务代表既要承担管理人员的职责，又要充当公关经理的角色。业务代表的职责：一是协调好重点客户组织机构中所有对购买有影响的人和事，以顺利完成任务；二是协调好企业各部门的关系，为重点客户提供最佳的服务；三是为重点客户的业务提供咨询与帮助。

（6）加强对客户的追踪。

对客户的追踪是与客户建立长久关系的有效途径。美国销售培训大师汤姆·霍普金斯认为，对客户的追踪有四种方法。一是电话追踪。电话追踪是最常见和成本最低的方法，同时也是最难将追踪活动转化为长久关系的追踪方法。二是邮件追踪。这是一种常见的追踪方法，但是邮件应别具特色。三是温情追踪。每个人都喜欢得到别人的感谢，并且我们都同意这个世界上缺乏宝贵的正面激励，所以应利用追踪系统让客户知道你感谢他们为你带来生意。温情追踪应该成为销售保留节目的永久部分，一般采取短信致谢、电话道谢等形式。四是水平追踪。水平追踪是在不同的时间采用不同的追踪手段对同一客户进行追踪的方法。

二、客户分类

从客户的角度来看，客户可划分为以下三类。

第一类是常规客户，或称为一般客户。这些客户主要受价格因素的影响，希望从企业那里获得直接好处，获得满意的客户价值。他们是经济型客户，消费具有随意性，讲求实惠，如果别的商店的价格比你低，他们就会马上离你而去。价格，是企业与客户关系的主要影响因素，这直接影响企业的短期现实收益。

第二类是潜力客户，或称为伙伴客户，这类客户希望与企业建立一种长期伙伴关系，建立一种战略联盟，希望从与企业的关系中增加价值，从而获得附加的财务利益和社会利益，采用的是"双赢"战略。

第三类是关键客户，或称为重要客户。这类客户除了希望从企业那里获得直接的客户价值外，还希望从企业那里得到社会利益，这类客户更关心商品的质量、价值和服务，他们是企业比较稳定的客户，虽然人数不占多数，但能给企业带来可观利润并且成为企业最大的利润来源。

客户档案管理的对象就是客户，即企业的过去、现在和未来的直接客户与间接客户，都应被纳入企业的客户管理系统。

（1）从时间序列来划分：包括老客户、新客户和潜在客户。以老客户和新客户为重点管理对象。

（2）从交易过程来划分：包括曾经有过交易的客户、正在进行交易的客户和即将进行交易的客户。对于第一类客户，不能因为交易中断而放弃对其档案进行管理；对于第二类客户，需逐步充实和完善其档案管理内容；对于第三类客户，其档案管理的重点是全面搜集和整理客户资料，为即将展开的交易业务做准备。

（3）从客户性质来划分：包括政府机构（以国家采购为主）、特殊公司（与本公司有特殊业务等）、普通公司、顾客（个人）和交易伙伴等。这些客户因其性质、需求特点、需求方式、需求量等不同，对其实施档案管理的方式也不尽相同。

（4）从交易数量和市场地位来划分：包括主力客户（交易时间长、交易量大等），一般客户和零散客户。不言而喻，客户档案管理的重点应放在主力客户上。

每个企业都或多或少拥有自己的客户群，不同的客户具有不同的特点，客户档案管理也具有不同的做法，从而形成了各具特色的客户档案管理系统。

三、客户档案管理

客户档案管理流程如图7-2-1所示。

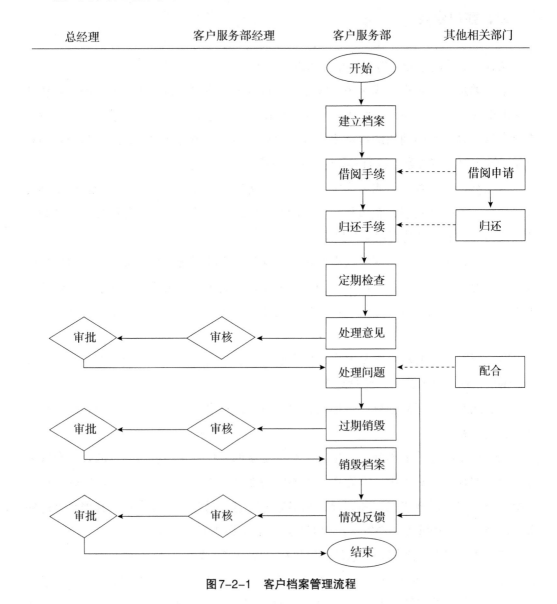

图7-2-1　客户档案管理流程

客户档案管理是企业营销管理的重要内容，客户档案管理的内容和方法如下。

1.客户档案管理的内容

正如客户自身是复杂多样的一样，客户档案管理的内容也是复杂的，不能一概而论。归纳起来，将客户档案管理的基本内容总结为以下几项。

（1）客户基础资料，即企业所掌握的客户最基本的原始资料，是客户档案管理最先获取的第一手资料。这些资料，是客户档案管理的起点和基础。客户基础资料的获取，主要是通过推销员进行客户访问而搜集起来的。在客户档案管理系统中，大多采取建立客户卡或客户管理卡的形式。

客户基础资料主要包括客户的姓名、地址、电话；企业所有者、经营管理者、法人（这三项应包括其个人性格、嗜好、家庭情况、学历、年龄、能力等方面）；创业时间、与本公司交易时间、企业组织形式、业种、资产等方面。

（2）客户特征。服务区域、销售能力、发展潜力、经营观念、经营方针与政策、企业规模（职工人数、销售额等）、经营和管理特点等。

（3）业务状况。主要包括目前及以往的销售实绩、经营管理者和业务人员的素质、与其他竞争公司的关系、与本公司的业务联系及合作态度等。

（4）交易活动现状。主要包括客户的销售活动状况、存在的问题、保持的优势、未来的对策；企业信誉与形象、信用状况、交易条件、以往出现的信用问题等。

以上四个方面构成了客户档案管理的基本内容，客户档案管理基本上是围绕着这四个方面展开的。

2.客户档案管理的方法

（1）建立客户档案卡。

客户档案管理的基础工作是建立客户档案卡（又称客户卡、客户管理卡、客户资料卡等）。采用客户档案卡的形式，主要是为了填写、保管和查阅方便。客户档案卡主要记载各客户的基础资料，这种资料的取得，主要有三种方式。

①推销员进行市场调查和客户访问时整理汇总。

②向客户寄送客户资料表，请客户填写。

③委托专业调查机构进行专项调查。

根据这三种渠道反馈的信息，进行整理汇总，填入客户档案卡。

在上述三种方式中，第一种方式是最常用的。第二种方式由于客户基于商业秘密的考虑，不愿提供全部翔实的资料，或者由于某种动机夸大某些数字（如企业实力等），所以对这些资料应加以审核。但一般来讲，由客户提供的基础资料绝大多数是可信的且比较全面的。第三种方式主要用于搜集较难取得的客户基础资料，特别是危险客户的信用状况等，但需要支付较多的费用。

通过推销员进行客户访问建立客户档案卡的主要做法是：编制客户访问日报（或月报），由推销员随身携带，在进行客户访问时，即时填写，按规定时间上报，企业汇总整理，据此建立客户的和综合的档案卡。此外，还可编制客户业务报表和客户销售报表，以从多角度反映客户状况。

为此，企业需制定推销员客户信息报告制度（其中包括日常报告、紧急报告和定期报告）和客户信息报告规程。

（2）客户分类。

利用上述资料，将企业拥有的客户进行科学的分类，目的在于提高销售效率，使企业营销工作更顺利地展开。客户分类的主要内容列举如下。

①客户性质分类。分类的标识有多种，主要原则是便于销售业务的展开。例如，按所有权划分（全民所有制、集体所有制、个体所有制、股份制、合资等）；按客户性质划分（批发店、零售商、代理店、特约店、连锁店、专营店等）；按客户地域划分（商业中心店、交通枢纽店、居民区店、其他店铺等）。

②客户等级分类。企业根据实际情况，确定客户等级标准，将现有客户分为不同的等级，以便进行商品管理、销售管理和货款回收管理，分等级制定客户档案管理制度。

③客户路序分类。为便于推销员巡回访问、外出推销和组织发货，首先将客户划分为不同的区域。然后，再将各区域内的客户按照经济合理原则划分出不同的路序。

（3）客户构成分析。

利用各种客户资料，按照不同的标识，将客户分类，分析其构成情况，从客户角度全面把握公司的营销状况，找出不足，确定营销重点，采取对策，提高营销效率。客户构成分析的主要内容列举如下。

①销售构成分析。根据销售额等级进行分类，分析在公司的销售额中，各类等级的客户所占比重，并据此确定未来的营销重点。

②商品构成分析。通过分析公司商品总销售量中，各类商品所占的比重，以确定对不同客户的商品营销重点和对策。

✂ 课后练习

练习为客户建立档案。

✏ 技能训练

试填写客户档案信息表（见表7-2-1）和各年度汇款情况一览表（见表7-2-2）。

表 7-2-1 　　　　　　　　　　客户档案信息表

客户类别：　　　　　　　　　　　　档案编号：

客户资料		财务资料
通信地址：		户名：
邮编：		税号：
公司地址：		
邮编：		开户行：
客户负责人：		
电话：		账号：
业务负责人：		发票地址：
电话：		
传真：		电话：
发货地址：	邮编：	公司性质：
		经营项目：
发货方式：	收件人：	主要负责人：
储运负责人：	联系电话：	电话：

备注：

表 7-2-2 　　　　　　　　　　各年度汇款情况一览表

时间	发货	退货	退货率	回款	增长率	备注
2013年						
2014年						
2015年						
2016年						
2017年						
2018年						

续表

时间	发货	退货	退货率	回款	增长率	备注
2019年						
2020年						
2021年						
2022年						
2023年						
2024年						

◇ **项目实训**

⑥ **实训目标**

技能目标	能熟练收集客户的基本信息； 能对客户信息进行分类整理，建立清晰的客户档案； 能运用数据分析工具对客户信息进行深度分析，识别客户特征和行为模式； 能通过对客户档案进行深入分析，准确理解客户的需求和偏好； 能运用有效的沟通技巧与客户建立和维护良好的关系
素养目标	具备数据收集、整理和分析能力，勇于尝试新技术和工具，具备客户隐私保护意识，具备出色的沟通技巧，具备创新精神以及协同合作能力

🔍 **实训任务**

任务一：客户管理

在当前的汽车维修行业中，售后服务已成为衡量企业竞争力的重要指标。这不仅关乎企业所提供产品和服务的质量和完整性，更直接影响着客户对企业的满意度和忠诚度。在此背景下，构建一套高效、精准的客户管理体系显得尤为重要。

为了实现这一目标，我们需要聚焦、深化和完善客户管理策略，确保每一位客户都能获得全面、细致且个性化的服务体验。在这一目标下，首先，我们需要整理并更新客户资料，构建完善的客户档案。这些档案将详细记录客户的车辆信息、维修历史、联系方式等关键数据，为我们提供深入了解客户需求的基础数据。其次，基于客户档案资料，我们将深入分析并研究每位客户的需求和偏好，更准确地把握市场动态和客户需求变化，为后续的服务提供有力支持。

任务二：客户维护

随着汽车维修行业的不断发展和市场竞争的日益激烈，客户对于服务质量、维修效率以及售后体验的要求日益提高。仅仅提供基本的维修服务已不足以满足客户的需求。企业需要通过细致入微地维护客户来增强客户黏性，提升客户满意度，进而在激烈的市场竞争中脱颖而出。

为了保持与客户的紧密沟通，我们将通过电话、信函等多种方式与客户取得联系。通过定期的回访和关怀，我们不仅能够及时了解客户的使用情况和反馈意见，还能为客户提供更加贴心的服务支持。除此之外，还有哪些客户维护的手段来帮助汽车维修公司维护客户呢？

任务要求：

1.收集、整理并更新客户资料，构建完善的客户档案。

2.基于客户档案资料，深入分析并研究每位客户的需求和偏好。

3.分析说明客户维护的手段及方法。

🔲 实训评价

班级		姓名		小组				
任务名称			项目七综合实训					
考核内容	评价标准		参考分值（分）	学生自评（分）	小组互评（分）	教师评价（分）	考核得分（分）	
知识掌握情况	理解客户档案建立的方法及重要性		5					
	明确客户维护的手段及方法		5					
	理解客户关系管理的重要性		5					
技能提升情况	能熟练收集客户的基本信息		10					
	能对客户信息进行分类整理，建立清晰的客户档案		10					
	能运用数据分析工具对客户信息进行深度分析，识别客户特征和行为模式		10					
	能通过对客户档案进行深入分析，准确理解客户的需求和偏好		10					
	能运用有效的沟通技巧与客户建立和维护良好的关系		10					

考核内容	评价标准	参考分值（分）	学生自评（分）	小组互评（分）	教师评价（分）	考核得分（分）
职业素养情况	具有自主学习能力	5				
	具有合作精神和协调能力，善于交流	5				
	具有一定的分析能力	5				
参与活动情况	积极参与小组讨论	10				
	积极回答老师的提问	10				
小计						
合计（学生自评×20%＋小组互评×40%＋教师评价×40%）						

项目八　数字化与智能化应用

项目概览

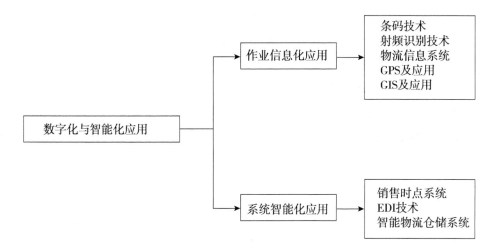

项目目标

知识目标	1.掌握作业信息化应用； 2.掌握系统智能化应用
能力目标	1.掌握自动识别系统； 2.了解智能运输系统； 3.掌握POS系统和EDI技术
素质目标	培养学生具有扎实的信息技术基础知识、较高的英语水平和计算机基础技能，在掌握工科基础知识的前提下，使学生熟悉法规，掌握现代物流管理理论、信息系统的手段和方法，具备物流管理、规划、设计等较强实务运作能力，成为在物流管理领域从事全过程策划、管理和物流信息化工作的高级复合型管理人才
教学重难点	1.掌握自动识别系统； 2.掌握POS系统和EDI技术

项目解析

任务一　作业信息化应用

案例导入

智能物流

智能新技术在物流领域的创新应用模式不断涌现，成为未来智能物流大发展的基础，不仅推动了电子商务平台的发展，还极大地推动了行业发展。智能物流的理念开阔了物流行业的视野，将快速发展的现代信息技术和管理方式引入行业中，它的发展推动着中国物流业的变革。

智能物流对物流行业、企业运营以及消费者体验都产生了深远的影响。智能物流站在行业的前沿，以敏锐的嗅觉，把握物流行业的发展方向，通过物流信息平台的搭建，率先实现物流行业信息化，为物流行业领航掌舵。

2010年，国家发改委委托中国工程院做了一个物联网发展战略规划的课题，课题列举了物联网在十个重点领域的应用。物流是其中的热门应用领域之一，"智能物流"成为物流领域的应用目标。随后，物联网迅速在物流业界热起来了。

然而，现阶段对智能物流的诠释比较多的还是在技术层面，例如信息技术或传感器在物流中的应用等，呈现出技术推动的特色。而任何一种技术在产业界大面积的推广，一定要有双驱动——除了技术驱动外，还应该有产业驱动。

从物流领域来看，物联网只是技术手段，目标是物流的智能化。谈到"智能"二字，我们对智能的认识是一个逐渐深化的过程。早期人们认为自动化等同于智能化。随着科技的发展，出现了一些新的智能产品，如智能洗衣机等，它能够从现场获取信息，并代替人做出判断和选择，而不仅仅是流程的自动化，此时的智能化是"自动化＋信息化"。

然而发展到互联网出现，进入物联网时代，智能的含义又更进了一步。仅仅通过自动采集信息来做出判断和选择已经不够了，还要与网络相连，随时把采集到的信息通过网络传输到数据中心或者指挥中心，由指挥中心做出判断，进行实时的调整，这种动态管控和动态的自动选择，才是这个时代的智能。也就是说，智能应该具有三个特征，即自动化、信息化和网络化。

智能物流的出现，标志着信息化在整合网络和管控流程中进入了一个新的阶段，即达到了动态的、实时进行选择和控制的管理水平。这个水平一定是大家马上都需要的，所以一定要根据自身的实际水平和客户需求来确定信息化的定位，这肯定是未来的发展方向。

任务执行

电子数据交换技术和国际互联网的应用，提升了物流的质量、效率和效益，同时这也取决于信息管理技术。物流的信息化涉及商品数据库的建立、运输网络合理化、销售网络合理化、物流中心管理电子化、电子商务和商品条码技术的应用等。物流的信息化可实现信息共享，使信息的传递更加方便、快捷、准确，提高整个物流系统的经济效益。现代物流由于信息系统的支持，借助仓储和运输等系统，借助各种物流设施，共同构建了一个纵横交错的物流网络，物流覆盖面不断扩大，规模经济效益日益显现，社会物流成本逐渐下降。

智能物流利用条码技术、射频识别技术、传感器技术、全球定位系统等先进的物联网技术，通过网络通信技术平台广泛应用于物流运输、仓储、配送、包装、装卸等基本活动环节，实现货物运输过程的自动化运作和高效率优化管理，提高物流行业的服务水平，降低成本，减少自然资源和社会资源消耗。物联网为物流业提供了一个很好的平台，该平台能将传统物流技术与智能化系统相结合，从而能够更好、更快地实现物流的信息化、智能化、自动化、透明化及系统化。智能物流在实施的过程中强调的是物流过程数据智慧化、网络协同化和决策智慧化。智能物流在功能上要实现六个"正确"，即正确的货物、正确的数量、正确的地点、正确的质量、正确的时间、正确的价格；在技术上要实现物品识别、地点跟踪、物品溯源、物品监控、实时响应。

一、条码技术

任何一种条码都是按照预先规定的编码规则和条码有关标准，由条和空组合而成的。每种条码的码制是由它的起始位和终止位的不同编码方式所决定的，条码阅读器要解译条码符号，首先要判断此符号码制，才能正确译码。为了便于物品跨国家和地区的流通，适应物品现代化管理的需要以及增强条码自动识别系统的相容性，各个国家、地区和行业，都必须制定统一的条码标准。所谓条码标准，主要包括条码符号标准、使用标准和印刷质量标准。这些标准由专门的编码机构负责制定，也有地区性的标准和行业标准。

国际上公认的用于物流领域的条码主要有通用商品条码、储运单元条码和贸易单元128条码三种。

1.通用商品条码

通用商品条码是用于标识国际通用商品代码的一种模块组合型条码。EAN-13码是国际物品编码协会在全球推广使用的一种商品条码，它是一种定长、无含义的条码，没有自校验功能，使用0~9共10个字符，如图8-1-1所示。

图8-1-1　EAN-13码

标准版商品条码符号由左侧空白区、起始符、左侧数据符、中间分隔符、右侧数据符、校验符、终止符、右侧空白区及供人识别字符组成。从起始符开始到终止符结束总共有13位数字，这13位数字分别代表不同的含义，且其不同的组合代表EAN-13码的不同结构。EAN-13码由前缀码、厂商代码、商品项目代码和校验码组成。前缀码是国际组织标识各会员组织的代码，我国为690、691和692；厂商代码是EAN编码组织在EAN分配的前缀码的基础上分配给厂商的代码；商品项目代码由厂商自行编码；校验码为了校验正确性，最后一位为校验位，由前面的数字计算得出。

标准版商品条码所表示的代码结构由13位数字组成，其结构有以下三种形式。

结构一：$X_{13}X_{12}X_{11}X_{10}X_9X_8X_7X_6X_5X_4X_3X_2X_1$。

其中：X_{13}……X_7为厂商识别代码；X_6……X_2表示商品项目代码；X_1为校验码。

结构二：$X_{13}X_{12}X_{11}X_{10}X_9X_8X_7X_6X_5X_4X_3X_2X_1$。

其中：X_{13}……X_6为厂商识别代码；X_5……X_2表示商品项目代码；X_1为校验码。

结构三：$X_{13}X_{12}X_{11}X_{10}X_9X_8X_7X_6X_5X_4X_3X_2X_1$。

其中：X_{13}……X_5为厂商识别代码；X_4……X_2表示商品项目代码；X_1为校验码。

当$X_{13}X_{12}X_{11}$为690、691时，其代码结构同结构一；当$X_{13}X_{12}X_{11}$为692时，其代码结构同结构二。

2.储运单元条码

储运单元条码是专门表示储运单元编码的条码。储运单元是指为便于搬运、仓储、订货、运输等，由消费单元（通过零售渠道直接销售给最终用户的商品包装单元）组成的商品包装单元。在储运单元中又分为定量储运单元和变量储运单元。定量储运单元是指由定量消费单元组成的储运单元，如成箱的牙膏、瓶装酒、药品、烟等。而变量储运单元是指由变量消费单元组成的储运单元，如布匹、蔬菜、鲜肉等。

定量储运单元。定量储运单元一般采用13位或14位数字编码。当定量储运单元同时又是定量消费单元时，应按定量消费单元编码，采用13位数字编码；当定量储运单元内含有不同种类的定量消费单元时，定量储运单元的编码方法采用定量消费单元的编码规则，为定量储运单元分配一个区别于它所包含的定量消费单元的13位数字编码；当由相同种类的定量消费单元组成定量储运单元时，定量储运单元可用14位数字编码进行编码标识。

变量储运单元。变量储运单元编码由14位数字的主代码和6位数字的附加代码组成。变量储运单元编码的主代码和附加代码也可以用EAN-128码标识。

（1）交叉25码。交叉25码在仓储和物流管理中被广泛应用。它是一种连续、非定长、具有自校验功能，且条和空都表示信息的双向条码。由左侧空白区、起始符、数据符、终止符和右侧空白区构成，其中每一个条码数据符由5个单元组成，2个单元是宽单元（用二进制1表示），3个单元是窄单元（用二进制0表示）。交叉25码的字符集包括数字0~9，如图8-1-2所示。

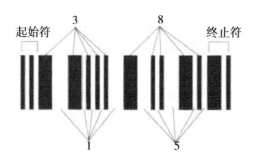

图8-1-2　交叉25码

（2）ITF-14条码和ITF-6条码。ITF条码是一种连续型、定长、具有自校验功能，并且条、空都表示信息的双向条码。ITF-14条码（见图8-1-3）和ITF-6条码由矩形保护框、左侧空白区、条码字符、右侧空白区组成。其条码字符集、条码数据符的组成与交叉25码相同。

图8-1-3　ITF-14条码

3.贸易单元128条码

贸易单元128条码（简称128条码）是一种长度可变的、连续型的字母数字条码。与其他一维条码相比，128条码是较为复杂的条码系统，应用范围较大。

128条码的内容由左侧空白区、起始符、数据符、校验符、终止符、右侧空白区组成，128条码具有A、B、C三种不同的编码类型，可提供ASCII码中128个字元的编码使用。目前所推行的128条码是EAN-128码（见图8-1-4和表8-1-1），EAN-128码是以EAN/UCC-128码作为标准将资料转变成条码符号，并采用128条码逻辑，具有完整性、紧密性、连接性和高度可靠性。应用范围涵盖生产过程中一些补充性的且易变动的信息，如生产日期、批号、计量等。可应用于货运标签、携带式资料库、连续性资料段、流通配送标签等。其优点包括：产品可变性信息的条码化；国际流通的共同协议标准；较佳的产品运输质量管理；更有效地控制生产、配送及销售；提供更安全、可靠的供给源等。

图8-1-4　EAN-128码

表8-1-1　　　　　　　　　　　　　　EAN-128码说明

代号	码别	说明
A	应用识别码	（00）代表其后的信息内容为运输容器序号
B	包装性能指示码	3代表无定义的包装性能指示码
C	前置码与公司码	代表EAN的前置码与公司码
D	自行编定序号	由公司指定序号
E	检查码	
F	应用识别码	（420）代表其后的信息内容为配送邮政编码
G	配送邮政编码	

4.条码技术的应用流程

条码技术在配送管理领域应用时，需要根据不同的需求选用不同的软件和条码设备。系统使用的软件可分为两部分：一部分是条码终端使用的软件，另一部分是在配送中心计算机系统或服务器上使用的软件。条码终端使用的软件只完成数据的采集功能，较为简单。配送中心计算机系统或服务器上使用的软件包括数据库系统和配送中心管理软件。另外，系统中还需要配置条码打印机，以便打印各种标签，如货位、货架使用的标签、物品标志用的标签等。配送中心条码技术应用流程如图8-1-5所示。

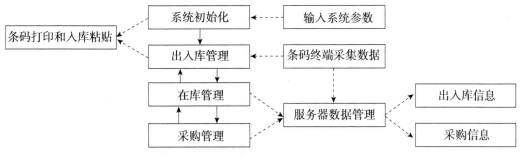

图8-1-5　配送中心条码技术应用流程

二、射频识别技术

射频识别技术是自动识别技术的一种，通过无线射频方式进行非接触双向数据通信，对目标加以识别并获取相关数据。

1.射频识别技术的特点

目前常用的自动识别技术中，条码和磁卡的成本较低，但是都容易磨损，且数据量很小。IC卡虽然数据存储量较大，安全性好，但是价格稍高，也容易磨损。射频识别技术具有以下特点。

（1）全自动快速识别多目标。射频识别技术阅读器利用无线电波，全自动瞬间接取标签的信息。并且可同时识别多个电子标签，从而对这几个标签所对应的目标对象实施跟踪定位。

（2）应用面很广。电子标签很小，可以轻易嵌入或附着在不同形状、类型的产品上，射频识别技术在读取上并不受尺寸大小与形状限制，所以，射频识别技术的应用面很广。

（3）可重复使用。射频识别技术可重复使用，可重复增加、修改、删除电子标签中的数据，不像条码一样是一次性的、不可改变的。

（4）数据记忆量大。电子标签涉及存储设备，因此可以存储的数据是很多的，存储容量也很大。

（5）环境适应性强。射频识别技术的电子标签将数据存储在芯片中，不会或比较少地受到环境因素的影响，从而可以在环境恶劣的情况下正常使用。同时，射频识别技术利用的电磁波可以穿透纸张、木材和塑料等非金属或非透明的材质，并能够进行穿透性通信。射频识别技术不仅有很强的穿透性，而且可以长距离通信，从而进一步增强了环境适应性。

（6）安全性高。射频识别技术电子标签中的电子信息，其数据内容可设密码保护，不易被伪造及修改，因此，使用射频识别技术更具安全性。

2.射频识别系统组成

射频识别系统在具体的应用过程中，根据不同的应用目的和应用环境，系统的组成会有所不同，但从射频识别系统的工作原理来看，系统一般都由信号发射机、信号接收机、编程器、发射接收天线几部分组成，射频识别系统的组成如图8-1-6所示。在射频识别系统中，信号发射机为了不同的应用目的，会以不同的形式存在，典型的形式是标签（Tag）。标签相当于条码技术中的条码符号，用来存储需要识别、传输的信息。另外，与条码不同的是，标签必须能够自动或在外力的作用下，把存储的信息主动发送出去。标签一般是带有线圈、天线、存储器与控制系统的低电集成电路。标签的主要作用是存储物流对象的数据编码，对物流对象进行标识。通过天线将编码后的信息发送给读写器，或者接受读写器的电磁波再反射给读写器。

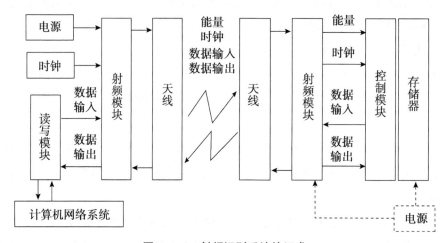

图8-1-6 射频识别系统的组成

标签的基本功能有以下几点。

①具有一定的存储容量，用于存储被识别对象的信息。

②标签的数据能被读入或写入，而且可以编程，一旦编程后，就成为不可更改的永久数据。

③使用、维护都很简单，在使用期限内不需要维护。

（1）信号接收机。

在射频识别系统中，信号接收机一般叫作阅读器。由于支持的标签类型不同与完成的功能不同，阅读器的复杂程度是显著不同的。阅读器基本的功能就是提供与标签进行数据传输的途径。另外，阅读器还具备相当复杂的信号状态控制、奇偶错误校验与更正功能等。标签中除了存储需要传输的信息外，还必须含有一定的附加信息，如错误校验信息等。识别数据信息和附加信息，按照一定的结构编制在一起，并按照特定的顺序向外发送。阅读器通过接收到的附加信息来控制数据流的发送。一旦到达阅读器的信息被正确地接收和译解后，阅读器通过特定的算法决定是否需要信号发射机对发送的信号重发一次，或者停止发射信号，这就是"命令响应协议"。使用这种协议，即便在短时间、很小的空间阅读多个标签，也可以有效地防止"欺骗问题"的产生。

（2）编程器。

只有可读、可写标签系统才需要编程器。编程器是向标签写入数据的装置。编程器写入数据一般是离线完成的，也就是预先在标签中写入数据，等到开始应用时直接把标签黏附在被标识的对象上。也有一些应用射频识别技术的系统，写入数据是在线完成的，尤其是在生产环境中作为交互式便携数据文件来处理时。

（3）发射接收天线。

天线是标签与阅读器之间传输数据的发射、接收装置。在实际应用中，除了系统功率，天线的形状和相对位置也会影响数据的发射和接收，需要专业人员对系统的天线进行设计、安装。

任一射频识别系统至少应包含一根天线（不管是内置还是外置）以发射和接收RF信号。有些射频识别系统是由一根天线来同时完成发射和接收的；还有一些射频识别系统则是由一根天线完成发射，由另一根天线完成接收，所采用天线的形式及数量应视具体应用而定。

3.射频识别系统的基本工作流程

射频识别系统的基本工作流程如下。

（1）读写器将无线电载波信号经过发射天线向外发射。

（2）当电子标签进入发射天线的工作区域时，电子标签被激活，将自身信息的代码经天线发射出去。

（3）系统的接收天线接收电子标签发出的无线电载波信号，经天线的调节器传输给读写器。读写器对接收到的信号进行解调解码，送往后台的电脑控制器。

（4）电脑控制器根据逻辑运算判断该电子标签的合法性，针对不同的设定做出相应的处理和控制，发出指令信号控制执行机构的动作。

（5）执行机构按照电脑的指令动作。

（6）通过计算机通信网络将各个监控点连接起来，构成总控信息平台，可以根据不同的项目设计不同的软件来完成要实现的功能。

三、物流信息系统

由于客户需求的多样化和个性化，必然要求物流运输企业提供多频度、小数量、及时运送的高水准的物流服务，同时物流行业激烈的竞争也要求物流运输企业以适当的成本提供差别化的物流服务。特别是近年来，企业管理的一个重要发展趋势是企业采取选择和集中的经营战略，专注于主业和成长行业，其他业务采取外购和委托方式，例如，把物流运输业务完全委托给专门的物流运输企业去完成，这样，物流运输企业与它的客户就形成了共同利益关系。作为第三方物流的物流运输企业，经营效率直接影响整个供应链的经营效果，因此为了满足客户的需要，为了在激烈的竞争中获得优势，为了提高整个供应链的经营效果，许多物流运输企业，特别是大型物流运输企业都从战略高度出发建立了自己的战略信息系统，应用货物跟踪系统、车辆运行管理系统等物流信息系统，以提高企业的经营效率。下面着重介绍目前物流运输企业广泛采用的物流信息系统。

1.货物跟踪系统

货物跟踪系统是指物流运输企业利用条码和EDI技术及时获取有关货物运输状态的信息（如货物品种、数量、在途情况、交货时间、发货地和到达地、货物的货主、送货责任车辆和人员等），提高物流运输服务的物流信息系统。具体地说，就是物流运输企业的工作人员在向货主取货时、在物流中心重新集装运输时及在向客户配送交货时，利用扫描仪自动读取货物包装或者货物发票上的条码，通过公共通信线路、专用通信线路或卫星通信线路把货物的信息传送到总部的中心计算机，进行汇总整理，这样，所有被运送的货物的信息都集中在中心计算机里。货物跟踪系统提高了物流运输企业的服务水平，其具体作用表现在以下四个方面。

（1）当客户需要对货物的运输状态进行查询时，只要输入货物的发票号码，马上就可以知道有关货物运输状态的信息。查询作业简便迅速，信息及时准确。

（2）通过货物信息可以确认货物是否将在规定的时间内送到客户手中，能及时发现未在规定的时间内把货物交付给客户的情况，便于马上查明原因并及时改正，从而提高运送货物的准确性和及时性，提高客户服务水平。

（3）作为获得竞争优势的手段，提高物流运输效率，提供差别化物流服务。

（4）通过货物跟踪系统得到的有关货物运输状态的信息，丰富了供应链的信息分享源，有关货物运输状态的信息的分享有利于客户预先做好接货以及后续工作的准备。

建立货物跟踪系统需要较大的投资，如购买设备、标准化工作、运行系统的费用等。因此只有实力雄厚的大型物流运输企业才能够应用货物跟踪系统。但是随着信息产品价格和通信费用的降低以及互联网的普及，许多中小物流运输企业也开始应用货物跟踪系统。在信息技术广泛普及的国家，物流运输企业建立网页，客户可通过互联网与物流运输企业联系运货业务并查询运送货物的信息。在我国，许多物流运输企业纷纷建立网页，通过互联网从事物流运输业务。

2. 车辆运行管理系统

在物流运输行业，由于作为提供物流运输服务手段的运输工具（如货车、火车、船舶、飞机等）在从事物流运输业务过程中处于移动分散状态，在作业管理方面会遇到其他行业所没有的困难。但是随着移动通信技术的发展和普及，出现了车辆运行管理系统，以下介绍两种车辆运行管理系统，一种是适用于城市范围内的应用MCA（Multi Channel Access，多信道存取）无线技术的车辆运行管理系统，另一种是适用于全国、全球范围的应用通信卫星、全球定位系统（GPS）和地理信息系统（GIS）的车辆运行管理系统。

（1）应用MCA无线技术的车辆运行管理系统。

MCA无线系统由无线信号发射接收控制部门、物流运输企业的计划调度室和运输车辆组成。通过无线信号发射接收控制部门，物流运输企业的计划调度室与运输车辆能进行双向通话，无线信号管理部门通过科学划分无线频率来实现无线频率的有效利用。由于MCA无线系统发射功率的限制，它只适用于小范围的通信联络，如城市内的车辆计划调度管理。在我国北京、上海等城市的大型出租运输企业都采用MCA无线系统。该系统在接到客户运送货物的请求后，将货物品种、数量、装运时间、地点和客户的联络电话等信息输入计算机，同时根据运输车辆移动通信装置发回的有关车辆位置和状态的信息，通过MCA无线系统由计算机自动地向离客户最近的车辆发出装货指令，由车辆接收装置接收装货指令并打印出来。应用MCA无线技术的车辆运行管理系统不仅能提高物流运输企业效率，而且能提高客户服务的满意度。

（2）应用通信卫星、GPS和GIS的车辆运行管理系统。

在全国范围甚至跨国范围进行车辆运行管理就需要应用通信卫星、GPS和GIS的车辆运行管理系统，物流运输企业的计划调度中心和运行车辆通过通信卫星进行双向联络。具体地说，物流运输企业的计划调度中心发出的装货运送指令，通过公共通信线路或专用通信线路传送到卫星控制中心，由卫星控制中心把信号传送给通信卫星，再经通信卫星把信号传送给运行车辆，而运行车辆通过GIS确定车辆准确位置，找出到达目的地的最佳路线。同时通过车载的通信卫星接收天线、GPS天线、通信联络控制装置和输出装置把车辆所在的位置和状况信息等传回物流传输企业的计划调度中心。物流运输企业通过引进应用通信卫星、GPS 和 GIS 的车辆运行管理系统，不仅可以对车辆运行状况进行控制，而且可以实现全企业车辆的最佳配置，提高物流运输业务效率和客户服务满意度。在地域辽阔的中国，由于应用通信卫星、GPS 和 GIS 的车辆运行管理系统能提高车辆运送效率、缩短等待时间，因而越来越多的企业开始采用这一系统。

物流运输企业中绝大多数是中小企业，而这些企业都以当地业务为主，属于地方企业。当运送范围超过了它的营业区域，在运送货物到达目的地之后回程时，往往找不到需要发往本地区的货物而空车返回。这样对中小企业来说，会增加成本、减少利润，对社会来说，则会造成资源的浪费。而当物流运输业务集中出现时又往往会超出（中小）企业的能力，这时就需要其他企业的支援，否则会降低客户服务水平，造成机会损失，因此需要把零散的中小物流运输企业组织起来，建立一个提供和交流求车和求货信息的系统。

四、GPS 及应用

利用由导航卫星构成的全球定位系统（GPS）进行测时和测距。GPS 能对静态、动态对象进行动态空间信息的获取，空间信息反馈快速，精度均匀，不受天气和时间的限制。GPS 主要用于船舶和飞机导航、对地面目标的精确定时和精密定位、地面及空中交通管制、空间及地面灾害监测等。

我国已经建设拥有自主知识产权的全球卫星导航系统——北斗卫星导航系统。这也是我国自主建立的第一代卫星导航定位系统。2000—2006 年，我国已成功发射了数颗"北斗导航试验卫星"，建成了北斗卫星导航系统。该系统可在服务区域内任何时间、任何地点，为用户确定其所在的地理经纬度信息，并提供双向短报文通信和精密按时服务。目前，该系统已在测绘、电信、水利、公路交通、铁路运输、渔业生产、勘探、森林防火和国家安全等诸多领域逐步发挥重要作用。GPS 在物流产业中的重要作用表现在以下四个方面。

（1）实时监控功能。在任意时刻通过发出指令查询运输工具所在的地理位置（经度、纬度、速度等信息），并在电子地图上直观地显示出来。

（2）双向通信功能。GPS 的用户可使用 GSM（全球移动通信系统）的话音功能与驾驶员进行通话或使用安装在运输工具上的移动设备的汉字液晶显示终端进行汉字消息收发对话。驾驶员通过按下相应的服务、动作键，将信息反馈到 GPS 上，质量监督员可在 GPS 工作站的显示屏上确认其工作的正确性，了解并控制整个运输作业的准确性（发车时间、到货时间、卸货时间、返回时间等）。

（3）动态调度功能。调度人员能在任意时刻通过调度中心发出文字调度指令，并得到确认信息。可进行运输工具待命准备的计划管理：操作人员在途中反馈信息，运输工具未返回车队前做好待命准备，可提前下达运输任务，缩短等待时间。可加快运输工具周转速度的运能管理：将运输工具的运能信息、维修记录信息、车辆运行状况信息，以及司机人员信息、运输工具的在途信息等多种信息提供给调度部门决策，以提高车辆利用率，尽量缩短空车时间和空车距离，充分利用运输工具的运能。

（4）数据存储、分析功能。实现路线规划及路线优化，事先规划车辆的运行路线、运行区域，如何时应该到达什么地方等，并将该信息记录在数据库中，以备以后查询、分析使用。

可靠性分析：汇报运输工具的运行状况，了解运输工具是否需要较大的修理，预先做好修理计划，计算运输工具平均每天差错时间，动态衡量该型号车辆的性价比。

服务质量跟踪：在中心设立服务器，并将车辆的有关信息（运行状况、在途信息、运能信息、位置信息等用户关心的信息）让有该权限的用户能在异地方便地获取。同时，还可将位置信息用相对应的地图传送过去，并将运输工具的历史轨迹印在上面，使信息更加形象化。

依据资料库存储的信息，可随时调阅每台运输工具以前的工作资料，并可根据各管理部门的不同要求制作各种不同形式的报表，使各管理部门能更快速、更准确地做出判断及提出新的指示。

GPS的广泛应用使GPS供应商和物流运输企业实现了利益上的"双赢"战略，减少了投资费用并实现了信息的无地域性共享。

五、GIS及应用

GIS是以地理数据库为基础，在计算机软硬件的支持下，对空间相关数据（资源与环境等的空间信息和属性信息）进行采集、管理、操作、分析、模拟和显示，并采用地理模型分析方法，实时提供多种空间和动态的地理信息，为地理研究和地理决策服务而建立起来的计算机技术系统。GIS工作流程如图8-1-7所示。

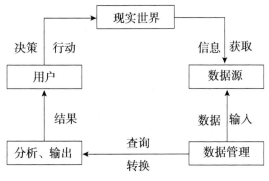

图8-1-7　GIS工作流程

1.GIS在仓库建设规划中的应用

由于GIS本身是把计算机技术、地理信息和数据库技术紧密结合的新型技术，其特征非常适合仓库建设规划，能使仓库建设规划走向规范化和科学化，能使仓库建设的经费得到最合理的运用。仓库GIS作为仓库MIS（管理信息系统）中的一个子系统，它用地理坐标、图标的方式更直观地反映仓库的基本情况，如仓库建筑情况、仓库附近公路和铁路情况、仓库物资储备情况等；它是仓库MIS的一个重要分支和补充。GIS主要解决两个方面的问题。一是解决仓库建设规划审批，二是必须能为规划师和上级有关部门提供辅助决策。从仓库整个的宏观规划来说，它还可以解决仓库的宏观布局问题。GIS应用总体结构如图8-1-8所示。

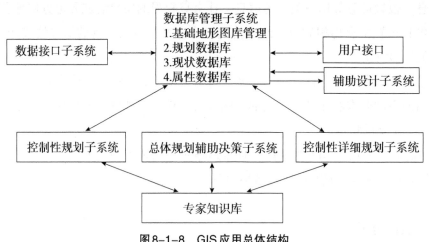

图8-1-8　GIS应用总体结构

图中各模块的功能如下。

（1）用户接口。其提供用户调用系统其他功能的人机界面，要求界面美观实用，符合用户的操作习惯。

（2）数据库管理子系统。其提供各种数据入库及建库管理。它由基础地形图库管理（通过分幅输入、接边和校准，形成一张完整的仓库地形图）、规划数据库（该库主要用来存放容积率、绿化率、限高等要素，以供规划参考，同时，它也存放规划行业的法规文件以供检索）、现状数据库（该库主要用来存放现存的所有建筑地理位置及用地现状，可作为规划用地参考）、属性数据库（该数据库主要存放工作表格、规划设计说明信息、统计数据及各种帮助信息）等模块组成。

（3）数据接口子系统。其主要完成和其他应用系统（如仓库货物管理信息系统、仓库人事管理信息系统等）的数据交换，实现数据共享。

（4）辅助设计子系统。其提供各种线型、型号的设计功能及各种计算模块，为规划设计服务。

（5）专家知识库。其主要存放仓库的入口分布情况、水文地质条件、仓库周围的社会经济情况和规划师的经验性知识等，以供规划决策使用。

（6）总体规划辅助决策子系统。根据用地现状、社会经济条件、人口分布情况、水文地质条件及经验性知识进行定性推理，得到仓库空间布局和用地安排等的总体规划方案，以供上级部门和专家决策使用。

（7）控制性规划子系统。在仓库总体规划指导下，根据数据库管理子系统中的数据和专家知识库中的知识进行定性推理，得出各地块的用地面积、建筑容积率、总建筑面积、建筑间隔、库内交通和艺术风格等系统控制性设想方案，供专家决策使用。

（8）控制性详细规划子系统。该子系统是对仓库建设用地进行细分，并对细分后的各区、片、块建设用地的使用性质和使用强度进行控制，为修建性详细规划提供编制准则与依据，使规划设计、管理、开发有机结合。

2.GIS在铁路运输中的应用

（1）铁路运输地理信息系统的功能。

①铁路运输地理信息系统便于销售、市场、服务和管理人员查看客运站、货运站、货运代办点、客运代办点之间的相对地理位置、运输专用线和铁路干线之间的相对地理位置。用不同颜色和填充模式来区分各种表达信息，使用户看到销售区域、影响范围、最大客户、主要竞争对象、人口状况及分布、工农业统计值等。由此综合，可看到增加运输收入的潜在地区，从而扩大延伸服务。这种可视的方式，能更好地制定市场营销和服务策略，有效地分配市场资源。

②环境分析及动态预测。市场是动态的，市场营销需要动态管理，货运和客运均为动态事件，它们与外界环境密切相关，并随着周围环境（如地理位置、城市规划、产业结构、宏观调控、政策法规等）的不断变化而变化。货运和客运的营销均需考虑地理因素的影响。铁路运输地理信息系统可以通过地理编码功能，将销售数据与地图建立联系，用户单击地图上的任意对象，可同时看到与该对象相关联的所有数据，如用户地址、月度运输计划、主要债务，以及用户、竞争对手分布图，甚至包括周边环境数据（面积、工农业产值、矿产资源、人口分布、人口数量、收入水平等）。运用铁路运输地理信息系统，利用上述周边环境数据，可以进行客货运销售分析，评估经济效益；或建立数学模型，预测货物流量和流向，并显示在地图上。用户可以根据预测结果，对运输及销售进行区域规划。此外，还可以对突发事件进行应急处理，如运用铁路运输地理信息系统实现救灾物资和装备的查询、调配、运输路线选择及运输方式协调等。

③区域规划。没有可视化工具，决策者和市场营销人员仅凭感觉建立网点，则制定不出现实的目标，难以很好地分配人力及财力。运用铁路运输地理信息系统，销售

客户、销售期望，以及领先值可以存储在地理区域数据库中，管理和营销人员可以观察每个现有的和潜在的销售区域业绩，进而实现区域规划。运用铁路运输地理信息系统，在相关区域内调查货源、货运量（包括其他运输形式的货运量），分析货物流向及流量，对于较大规模货运量的区域设置代办点，甚至设置货运专用线，对于较小规模货运量的区域则合并或撤销代办点。

④客户服务。各种运输方式之间的市场竞争，实际上就是客户服务的竞争。同样的运输费用，人们首选客户服务较好的运输方式。诸如地理位置选择、经济发展方向选定、竞争优势比较、人口密度统计，以及有关数据信息采集，就成为铁路运输业获得市场和客户的关键。要保证客户在选择运输或旅行方式时能够随时发现铁路车站和代办点的存在，并方便客户解决需求。联运代理商可根据这些信息了解客、货运需求。不管是对运输大户还是对需要优质服务的分散客户，市场策划及营销人员、决策管理者，必须对他们的需求既要有预见性，又要做出及时的反应。

（2）数据库统计。根据需求分析和数据字典设计数据库。数据库应是开放式的，可以进行扩充和删改，并且可供不同软件平台使用及满足远程客户服务需要。

（3）数据采集。铁路运输地理信息系统的主要作用在于采集大量信息数据。信息数据可分为静态数据和动态数据。静态数据指货场分布、铁路专用线分布、区域面积等；动态数据指客流量、货流量等不断变化的数据。信息数据还可分为空间属性数据和管理属性数据。销售点的坐标为空间属性数据，销售点销售额为管理属性数据。使用手持数字化仪器进行地图数字化（地图比例初定为1：5000），可以实现空间属性数据录入。管理属性数据采集则依据录入程序进行录入；对于来自各管理系统的数据，远程调用后，进行数据转换及整理，从而实现数据入库。

（4）功能设计。功能设计是系统的核心，有以下模块。

①查询及显示模块。可以显示铁路专用线与公路、水系的分布信息，显示货运代办点、客票代售点和车站的分布信息。可以查询基础地理信息、查询货运销售信息和客运销售信息、查询各销售网点的布置及营销业绩、查询铁路线和专用运输信息，也可以通过逻辑表达式选择符合条件的运输信息。

②销售分析模块。汇总各销售网点的销售额，根据销售额和基础地理信息数据，证明各网点存在的合理性，并推荐设置新网点的位置。

③预测模块。根据资源信息和客、货运信息，对销售网点进行规划并计算风险系数，根据风险系数提供合理的销售网点分布，并标识应该维持、撤销和增添的销售网点。建立客运量和货运量的预测模型，预测客运和货运的流向和流量，对销售网点的销售额进行合理分配。

④系统维护模块。通过模块实现自动维护，包括数据库更新和电子地图更新两

部分。

⑤图表输出模块。对各种信息进行汇总，形成不同形式的表格和图形，并进行屏幕显示或打印输出。

（5）系统集成。对于已完成的电子地图和各类数据库，利用ArcView进行桌面地理信息系统开发（包括电子地图显示和信息查询、图表的汇总和输出等），并利用C++语言编写预测模块，调用数据库相关数据，进行预测和风险分析。

3.车辆监控系统

车辆监控系统是集GPS、GIS和现代通信技术为一体的高科技系统。其主要功能是对移动车辆进行实时动态的跟踪，利用无线通信设备将目标的位置和其他信息传送至主控中心，在主控中心进行地图匹配后显示在监视器上。主控中心还能够对移动车辆的准确位置、速度和状态等必要的参数进行监控和查询，从而科学地进行调度和管理，提高运营效率。移动车辆如果遇到麻烦或者其安全受到侵害，可以向主控中心发送报警信息，及时得到附近保安部门的支援，所以车辆监控系统还能够提供车辆安全服务。其在智能交通系统（Intelligent Traffic System，ITS）中的应用是相当广泛的。车辆监控系统包括主控中心和移动车辆设备。公共的部分是移动通信装置和GPS定位装置。移动通信装置可以是大区制的集群系统设备，也可以是小区制的蜂窝设备，再利用无线和有线通信网将监控系统和现有的通信系统联结起来，从而能够实现各种各样的功能。

4.GIS在物流分析方面的应用

GIS在物流分析方面的应用，主要是指利用GIS强大的地理数据功能来完善物流分析技术。国外公司已经开发出利用GIS为物流分析提供专门服务的工具软件。完整的GIS物流分析软件集成了车辆路线模型、最短路径模型、网络物流模型、分配集合模型和设施定位模型等。

（1）车辆路线模型，用于解决在一个起点、多个终点的货物运输中降低物流作业费用，并保证服务质量的问题，包括决定使用多少辆车、每辆车的路线等。

（2）最短路径模型，用于解决物流分析中的核心问题，旨在找到从起点到终点的最短路径，通常基于最少时间、最低费用或其他成本指标。GIS物流分析软件可以利用地图数据和实时交通信息，为物流企业提供最佳的路线规划服务。通过综合考虑地形、道路网络、交通状况等多种因素，迅速计算出从起点到终点的最短路径。

（3）网络物流模型，用于解决寻求最有效的货物分配路径问题，也就是物流网点布局问题。如将货物从 n 个仓库运往 m 个商店，每个商店都有固定的需求量，因此需要确定由哪个仓库提货送给哪个商店所付出的运输代价最小。

（4）分配集合模型，根据各个要素的相似点把同一层上的所有或部分要素分为几个组，用以解决确定服务范围和销售市场范围等问题。如某一公司要设立 z 个分销点，要求这些分销点要覆盖某一地区，而且要使每个分销点的顾客数目大致相等。

（5）设施定位模型，用于确定一个或多个设施的位置。在物流系统中，仓库和运输线共同组成了物流网络，仓库处于物流网络的节点上，节点决定路线。根据供求的实际需要并结合经济效益等原则，决定在既定区域内设立的仓库数量、每个仓库的位置、每个仓库的规模，以及建立仓库之间的物流关系等，运用此模型均能很容易地得到结果。

🛠 课后练习

简述GIS在物流分析方面的应用。

✏ 技能训练

1.训练目的
了解网络货物运输。

2.相关介绍
网络货物运输是指个人或单位利用互联网平台，整合社会上的货运资源（包括车辆、司机等），为货主提供货物运输服务的一种新型物流模式。初期，网络货物运输以个人经营为中心，表现出了小而分散的特点。因为市场份额不集中，所以企业的规模比较小。

基于网络货物运输构建的强大智能信息系统为上游客户提供了全面的解决方案。例如，优化业务流程，提供专业的物流服务。下游客户若有优秀的资源整合能力、信息处理能力、标准化的运营管理能力，则能有效提高合作的稳定性。

3.训练要求
查找网络货物运输的相关资料。

任务二　系统智能化应用

❓ 案例导入

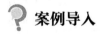

京东物流

在2020年度中国物流与采购联合会科技奖励大会上，作为行业科技进步的领跑者和创新者，京东物流在会上上报的4个创新项目得到了大会的充分肯定，并获得科技进步一、二、三等奖。

　　获得年度科技进步一等奖的京东物流5G应用智能园区——AI视觉技术项目，是全行业智能物流基础设施建设领域的重大技术突破。该项目充分利用5G应用技术的数据传输优势，将移动边缘计算与人工智能相结合，实现物流园区的全球智能视频监控和异常自动识别。机器视觉为物流园区安装了无处不在的智能"天眼"，对风险点和各种情况进行无缝监控，不仅使物流园区更加智能高效，而且提高了整个智能物流产业的可持续发展能力。项目实现效果如图8-2-1所示。

图8-2-1　项目实现效果

　　获得二等奖的《大型自动化仓库解决方案》解决了整个智能物流行业面临的重要发展痛点，目前，在电子商务和物流系统中，成熟的自动化仓储技术主要应用于中小型商品的仓储和管理，大型商品的尺寸和包装差异使其存储难以标准化、自动化和智能化。京东物流提出的解决方案为整个行业解决这一问题提供了新的"思路"。

　　获得三等奖的两个项目构成了后勤系统的两个智能指挥网。"京东物流智能调度平台"是一个具有"先知"能力的基本调度系统。它基于运筹学的智能调度引擎，综合运用大数据、人工智能预测等技术，实现整个物流系统的高效调度（见图8-2-2）。这种智能大脑指导从接单到发货的整个过程，使路线安排和发车频率井然有序。

图8-2-2　调度示意

京东物流新研发了一种非接触式的自动识别技术。该项技术采用RFID电子标签替换原有的商品条码，基于RFID技术批量、射频非视距读取能力，实现批量盘点及批量复核，可应用于各种复杂环境。

京东物流充分发掘应用场景，打造更加丰富、更具实用性，全新升级的智能大脑，通过自研算法引擎充分发挥该技术在仓储领域的应用优势。智能终端如图8-2-3所示。据预测，智能仓储解决方案将使仓内盘点效率提升10倍以上，复核效率提升5倍，仓库运营的整体效能将增长300%。这意味着，京东物流在"以简驭繁"理念的引导下，在大件仓储自动化领域实现了新的突破。

图8-2-3　智能终端

任务执行

智能化是物流自动化、信息化的一种高层次应用。物流作业过程中包含大量的运筹和决策，如库存水平的确定、运输（搬运）路径的选择、自动导引车的运行轨迹和作业控制、自动分拣机的运行、物流配送中心经营管理的决策支持等问题，都需要借助智能化专业系统才能解决。物流的智能化已成为新经济时代物流发展的一个新趋势。

智能物流是利用集成智能化技术，使物流系统能模仿人的智慧，具有思维，具备感知、学习、推理判断和自行解决问题的能力。

智能物流的未来发展将会体现出四个特点。①智能化。在物流作业过程中的大量运筹与决策的智能化。②一体化和层次化。以物流管理为核心，实现物流过程中运输、存储、包装、装卸等环节的一体化和智能物流系统的层次化。③柔性化。智能物流的发展会更加突出"以顾客为中心"的理念，根据消费者需求变化来灵活调节生产工艺。④社会化。智能物流的发展将会促进区域经济的发展和世界资源优化配置，实现社会化。智能物流系统的四个智能机理，即信息的智能获取、智能传递、智能处理、智能运用。

一、销售时点系统

销售时点系统（POS系统），最早应用于零售业，后来逐渐扩展至金融、文旅等服务性行业，利用POS系统的范围也从企业内部扩展到整个供应链。现代POS系统已不仅仅局限于电子收款技术，它要考虑将计算机网络技术、电子数据交换技术、条码技术、电子监控技术、电子收款技术、电子信息处理技术、远程通信技术、自动仓储配送技术、自动售货技术、自动备货技术等一系列科技手段融为一体，从而形成一个综合性的信息资源管理系统。

扫描二维码，查看"销售时点系统，销售的加速器"微视频，初步理解销售时点系统。

1.POS系统的组成

POS系统包含前台POS系统和后台管理信息系统两大基本部分。

（1）前台POS系统。通过自动读取设备（主要是扫描器），在销售商品时直接读取商品销售信息（如商品名称、单价、销售数量、销售时间、销售店铺、购买顾客等），实现前台销售业务的自动化，对商品交易进行实时服务和管理。通过通信网络和计算机系统将商品销售信息传送至后台，通过后台管理信息系统的计算、分析与汇总等掌握商品销售的各项信息，为企业管理者分析经营成果、制定经营方针提供依据，以提高经营效率。

（2）后台管理信息系统。它负责整个商场进、销、调、存管理以及财务管理、库存管理、考勤管理等。它可根据商品进货信息对厂商进行管理，又可根据前台POS系统提供的销售数据，控制进货数量，合理周转资金，还可分析统计各种销售报表，快速准确地计算成本与毛利，也可以对售货员、收款员业绩进行考核，是员工分配工资、奖金的客观依据。因此，商场现代化管理系统中前台POS系统与后台管理信息系统是密切相关的，两者缺一不可。

2.POS系统的运行

POS系统的运行有以下五个步骤。

（1）店里销售的商品都粘贴表示该商品信息的条码或光学字符识别（Optical Character Recognition，OCR）标签。

（2）在顾客购买商品结账时，收银员使用扫描器自动读取商品条码或OCR标签上的信息，通过店铺内的微型计算机确认商品的单价，计算顾客购买总金额等，同时返回给收银机，打印出顾客购买清单和付款总金额。

（3）各个店铺的销售时点信息通过增值网络（Value Added Network，VAN）以在线联结方式即时传送给总部。

（4）在总部，物流中心和店铺利用销售时点信息来进行库存调整、配送管理、商品订货等作业。通过对销售时点信息进行分析来掌握消费者购买动向，找出畅销商品和滞销商品，并以此为基础，进行商品品种配置、商品陈列、价格设置等方面的作业。

（5）在零售商与供应链的上游企业（批发商、生产厂家、物流业者等）结成协作伙伴关系（也称为战略关系）的条件下，零售商利用VAN在线联结的方式把销售时点信息即时传送给上游企业。这样上游企业可以利用销售现场最及时、准确的销售信息制订经营计划、做出决策。例如，生产厂家利用销售时点信息进行销售预测，掌握消费者购买动向，找出畅销商品和滞销商品，把销售时点信息和订货信息进行比较、分析，把握零售商的库存水平，以此为基础制订生产计划和零售商连续库存补充计划（Continuous Replenishment Program，CRP）。

二、EDI技术

1.EDI与物流EDI的概念

在现代企业管理活动中，每个企业每天都要与供应商、客户或者企业内部各部门之间进行通信或数据交换，每天都产生大量的纸张单证。纸张单证是企业管理中重要的信息流，而这些单证中有相当大一部分数据是重复出现的，需要反复地键入，如订单、发票、运单、采购单、银行对账单等。在企业交易量与信息量日益扩大的情形下，单靠传统的纸张单证、物理邮寄及人工处理已不能适应现代发展需要。正是在这种背景下，电子数据交换技术应运而生。

电子数据交换（Electronic Data Interchange，EDI）又称无纸贸易，是20世纪80年代发展起来的集计算机应用、通信网络和数据标准化为一体的产物。它是指商业贸易伙伴之间，将标准化、协议规范化和格式化的经济信息通过电子数据网络，在单位的计算机系统之间进行自动交换和处理。它是电子商业贸易的一种工具，将商业文件按统一的标准编制成计算机能识别和处理的数据格式，在计算机系统之间进行传输。

国际标准化组织（International Organization for Standardization，ISO）对EDI的定义：将贸易（商业）或行政事务处理按照一个公认的标准变成结构化的事务处理或信息数据格式，从计算机到计算机的电子传输。物流EDI是指货主、承运业主以及其他相关的单位之间，通过EDI系统进行物流数据交换，并以此为基础实施物流作业活动。

近年来，EDI在物流领域中被广泛应用。物流EDI的参与对象有货主（如生产厂家、贸易商、批发商、零售商等）、承运业主（如独立的物流承运企业等）、实际运送货物的交通运输企业、协助单位（如政府有关部门、金融企业等）和其他的物流相关单位（如配送中心等）。物流EDI的框架结构如图8-2-4所示。

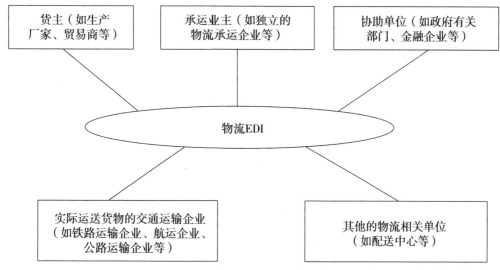

图8-2-4　物流EDI的框架结构

EDI不仅是用电子单据取代纸张单据、用电子数据传输取代传统数据传输（邮寄、电话、人工投递等）的方法，而且更是一种用电子数据输入取代人工数据输入的方法。EDI的目的不仅要消除纸张，还要消除处理的延误及数据的重复输入。在传统的物流数据流通过程中，关联双方及各有关管理部门之间往往要大量地进行重复数据抄写或输入。因此，产生了大量的时间延误、准确率低、劳动力消耗多和信息到达不确定等问题。而EDI本质在于通过EDI方式把物流的各个环节连接起来，形成一个统一的有机整体，从而使得物流的各个环节都能共享一次性输入的数据，解决传统的物流过程中的上述问题。因此，应用EDI可以降低企业业务处理差错，缩短业务运转时间，降低物流运营成本，改善顾客服务质量，降低库存成本，加速资金流动，提高企业竞争能力。

2.EDI系统的基本模块

在EDI的过程中，所交换的报文都是结构化的数据，整个过程都是由EDI系统完成的。EDI系统结构如图8-2-5所示。

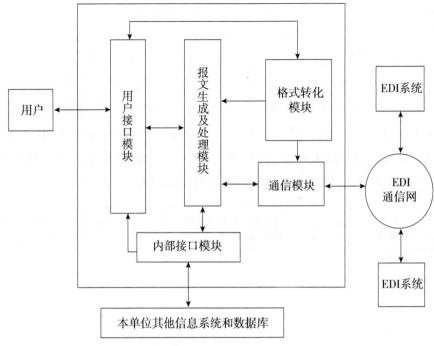

图 8-2-5 EDI 系统结构

（1）用户接口模块。业务管理人员可用此模块进行输入、查询、统计、中断、打印等，及时地了解市场变化，调整策略。

（2）内部接口模块。这是 EDI 系统和本单位其他信息系统和数据库的接口，一份来自外部的 EDI 报文，经过 EDI 系统处理之后，大部分相关内容都需要经内部接口模块送往其他信息系统，或查询其他信息系统才能给对方 EDI 报文确认的答复。

（3）报文生成及处理模块。该模块有两个功能。

①接收来自用户接口模块和内部接口模块的命令和信息，按照 EDI 标准生成订单、发票等各种 EDI 报文和单证，经格式转化模块处理之后，由通信模块经 EDI 通信网发给其他 EDI 用户。

②自动处理从其他 EDI 系统发来的报文。在处理过程中要与本单位信息系统相连，获取必要信息并给其他 EDI 系统答复，同时将有关信息传送给本单位其他信息系统。如因特殊情况不能满足对方的要求，经双方 EDI 系统多次交涉后不能妥善解决的，则把这一类事件提交用户接口模块，由人工干预决策。

（4）格式转化模块。所有的 EDI 单证都必须转化成标准的交换格式，格式转化过程包括语法上的压缩、嵌套、代码的替换以及必要的 EDI 语法控制。在格式转化过程中要进行语法检查，对于语法出错的 EDI 报文应拒收并通知对方重发。

（5）通信模块。该模块是 EDI 系统与 EDI 通信网的接口，包括执行呼叫、自动重发、合法性和完整性检查、出错报警、自动应答、通信记录以及报文拼装和拆卸等功能。

3.EDI的基本功能

（1）命名和寻址功能。

EDI的终端用户在共享的名字当中必须是唯一可标识的。命名和寻址功能包括通信与鉴别两个方面。

在通信方面，EDI是利用地址而不是利用名字进行通信的。因而要提供按名字寻址的方法，这种方法应建立在开放系统目录服务的基础上。在鉴别方面，有若干级必要的鉴别，即通信实体鉴别，如发送者与接收者之间的相互鉴别等。

（2）安全功能。

EDI的安全功能应包含在上述所有模块中。它包括以下内容：①终端用户以及所有EDI参与方之间的相互验证；②数据完整性；③EDI参与方之间的电子（数字）签名；④否定EDI操作活动的可能性；⑤密钥管理。

（3）语义数据管理功能。

完整语义单元（CSU）是由多个信息单元（Information Unit，IU）组成的。CSU和IU的管理服务功能包括：①IU应该是可标识和可区分的；②IU必须支持可靠的全局参考；③能够存取指明IU属性的内容，如语法、结构语义、字符集和编码等；④能够跟踪和对IU定位；⑤对终端用户提供方便和始终如一的访问方式。

三、智能物流仓储系统

智能物流仓储系统以立体仓库和配送分拣中心为表现形式，由高层货架、堆垛机系统、输送机系统、检测阅读系统、通信系统、自动分拣系统、计算机监控管理系统等组成，综合了自动控制、场前自动分拣及场内自动输送，通过货物信息自动录入、管理和查验的软件平台，实现仓库内货物的物理运动及信息管理的自动化及智能化。

1.高层货架

高层货架是高架仓库的承重构筑物，不仅具备必要的强度、刚度和稳定性，而且必须具有能满足仓库设备运行工艺要求的较高的制造和安装精度。不同类型的高架仓库使用不同结构的高层货架。合理使用高层货架有利于提高空间利用率。

2.堆垛机系统

堆垛机是立体仓库的主要搬运设备，它在高层货架中运行。堆垛机的性能直接影响到立体仓库的作业效率和可靠性。堆垛机运行节拍的平稳性，以及系统的智能性是衡量设备的重要参数。

3.输送机系统

输送设备完成立体仓库货架外的输送，它内与堆垛机衔接，外与其他搬运车或直接到站台的远途运货车衔接。输送机系统一般由输送机、移载机、升降机、提升机构成。

4.EMS系统

EMS系统由铝合金轨道、车组、道岔、滑导取电装置、升降装置及电控等组成。车组间可实现内积放和线体分段积放；线体布置灵活，可根据客户需要实现空中或者地面布线要求；能够快速、高效地实现工件的输送和上、下件；整体结构美观、简洁、环保。

5.穿梭车系统

穿梭车可以在立体仓库周围，配合输送设备，沿固定轨道进行高速货物搬运。它速度快，灵活性强，可多车协调工作。

6.机器人系统

运用机器人技术可实现物品的码垛、上下料、运输，效率高，操作准确，可在恶劣环境下工作。

7.自动分拣系统

自动分拣系统是先进配送中心所必需的设施条件。具有很高的分拣效率，通常每个小时可分拣商品6000~12000箱；可以说，自动分拣系统是提高物流配送效率的一项关键因素，目前已经成为大中型物流中心不可缺少的一部分。

8.自动导引车

自动导引车（AGV）可接收搬运命令，利用各种自动导引方式选择运行路线和速度，在一定范围内进行搬运作业，遇障碍物可自行停车等待或绕行。

9.专用物流设备

根据不同物料特殊的搬运需求，研制出各种专用物流设备，如化纤用纱锭自动落筒搬运车、气瓶输送和搬运设备、EMS小车等。

10.计算机监控管理系统

计算机监控管理系统的主要功能是对出入立体仓库的物流进行高动态管理和调度，及时、准确地完成货物出入库，同时对物流信息实现同步管理。

随着新一代RFID技术、传感器技术、GPS、云计算技术等广泛应用于物流运输、仓储、包装、装卸搬运、流通加工、配送、信息服务等各个环节，物流系统将更加智能化、网络化、自动化、可视化、系统化，中国物流仓储自动化在未来几年还将会有更大的发展空间。

🛠 课后练习

1.POS系统具有哪些功能？

2.简述EDI系统的基本模块。

✏️ 技能训练

1. 训练目的

通过实物接触，加深学生对物流的各类信息技术的认知。

2. 训练内容

跟踪调查不同种类的产品，查找其从生产到流通至用户手中，运用到了哪些信息技术。统计使用最多的信息技术，并了解其运作原理。

3. 训练要求

（1）学生分组调查，对比发现的信息技术数量。

（2）列出与物流环节最紧密的信息技术。

（3）引导学生发掘各信息技术带来的成果。

◇ 项目实训

ⓖ 实训目标

技能目标	能够识别条码类型并掌握条码结构； 能够分析射频识别系统组成； 能够分析仓库入库作业薄弱环节并提出改进措施； 能够分析GPS在物流环节的应用； 能够制定优化方案，实施并评估效果
素养目标	信息源的获取、处理和应用能力，创新意识与实践能力，团队合作精神与沟通能力，职业道德和职业精神，敬业的爱岗思想

🔍 实训任务

任务一：条码技术的应用

上海威力科技有限公司是一家集存储、流通加工、运输、配送为一体的综合型物流公司。有一批水杯计划入库，为方便仓库统一高效管理货物，每种货物在入库时均需要制作货物条码。请你按照下列信息，说明该货物条码属于什么条码，并说明该条码的结构。条码编辑信息如表8-2-1所示。

表8-2-1　　　　　　　　　　　　　　条码编辑信息

货物名称	水杯
货物条码	6914356556842
标签规格	50mm × 40mm

条码规格	37.29mm × 26.26mm
打印机类型	标签打印机

任务二：射频识别技术的应用及改进

在基本了解了条码技术后，公司仓储部经理安排张亮了解射频识别技术，并分析仓库入库作业的薄弱环节，应用射频识别技术对仓库入库作业环节进行改造。

上海威力科技有限公司的入库作业环节分为以下几步。

（1）录入入库计划：录入入库货物基本信息，具体包括货物数量、尺码、重量等信息。

（2）登记送货车辆：此环节主要是控制进入收货区的车辆，防止过度拥挤而降低效率。

（3）入库理货：清点货物，记录具体货物信息，包括扫描、货物组托堆码等。

（4）货物入库：将货物移入库内存放，进行储位分配、货物上架等。

任务三：GPS在物流环节的应用

近期，上海威力科技有限公司投资引入了无人搬运车、自动化装配线及GPS监控管理系统等智能物流系统与设备。公司承接了一批进口水果的集装箱运输业务，希望能利用相关技术尽可能降低运输过程中存在的不可预测问题，提升对生鲜商品的运输效率，保证进口水果的运输质量。通过分析传统冷链物流运输中存在的问题，请基于GPS监控管理系统提出相应的优化方案。

任务要求：

1.根据给出的商品条码，分析条码类型，说明条码结构。

2.分析射频识别系统的组成，并分析上海威力科技有限公司入库作业的薄弱环节，并针对性地提出改进措施，同时优化入库作业流程。

3.说明GPS在物流环节中的应用，并指出优化的具体措施。

Ⅱ 实训评价

班级		姓名		小组			
任务名称			项目八综合实训				
考核内容	评价标准	参考分值（分）	学生自评（分）	小组互评（分）	教师评价（分）	考核得分（分）	
知识掌握情况	理解条码的结构及其应用	5					
	明确仓库入库作业流程	5					
	掌握射频识别技术、GPS在物流环节的应用	5					

续表

考核内容	评价标准	参考分值（分）	学生自评（分）	小组互评（分）	教师评价（分）	考核得分（分）
技能提升情况	能够识别条码类型并掌握条码结构	10				
	能够分析射频识别系统组成	10				
	能够分析仓库入库作业薄弱环节并提出改进措施	10				
	能够分析GPS在物流环节的应用	10				
	能够制定优化方案，实施并评估效果	10				
职业素养情况	具有自主学习能力	5				
	具有合作精神和协调能力，善于交流	5				
	具有一定的分析能力	5				
参与活动情况	积极参与小组讨论	10				
	积极回答老师的提问	10				
小计						
合计（学生自评×20%＋小组互评×40%＋教师评价×40%）						

参考文献

［1］王述英.物流运输组织与管理［M］.2版.北京：电子工业出版社，2011.

［2］崔大巍.物流采购管理［M］.北京：中国人民大学出版社，2011.

［3］何海军.企业物流管理［M］.北京：北京理工大学出版社，2009.

［4］刘伟，徐旭.现代物流概论［M］.北京：人民邮电出版社，2011.

［5］霍红，马常红.物流管理学［M］.北京：中国物资出版社，2008.

［6］王淑荣.物流信息技术［M］.2版.北京：机械工业出版社，2011.

［7］李建萍，陈御钗，朱琳.物流技能实训教程［M］.大连：大连理工大学出版社，2011.

［8］王淑娟，吴蔚，万立军，等.物流客户关系管理与服务［M］.北京：清华大学出版社，2011.